新时代
高校学生工作研究

黄志兴 ◎ 著

中国科学技术大学出版社

内容简介

本书立足新时代背景,从高校学生工作实际出发,阐述新时代大学生社会主义核心价值观教育、大学生传承红色基因、大学生励志教育、大学生党支部建设、高校学生干部队伍建设等问题,重点聚焦高校学生工作的重点、痛点、难点,并坚持理论与实践相结合的原则,结合实例分析给出问题解决之道,以期为高校学生工作的具体路径探索作出贡献。

图书在版编目(CIP)数据

新时代高校学生工作研究 / 黄志兴著. -- 合肥:中国科学技术大学出版社,2024.10. -- ISBN 978-7-312-06155-4

Ⅰ.G645.5

中国国家版本馆CIP数据核字第20244UB211号

新时代高校学生工作研究
XINSHIDAI GAOXIAO XUESHENG GONGZUO YANJIU

出版	中国科学技术大学出版社 安徽省合肥市金寨路96号,230026 http://press.ustc.edu.cn https://zgkxjsdxcbs.tmall.com
印刷	安徽省瑞隆印务有限公司
发行	中国科学技术大学出版社
开本	710 mm×1000 mm 1/16
印张	14.25
字数	271千
版次	2024年10月第1版
印次	2024年10月第1次印刷
定价	68.00元

前言

伴随着我国高等教育的迅猛发展,高校学生工作面临着许多新问题和新要求。为了适应高等教育的发展,确保高校立德树人根本任务的完成,高校学生工作者必须深入地研究高校学生工作,不断提升高校学生工作的科学化水平。

我在高校从事学生工作15年,先后担任辅导员、党务干事、党支部书记及学院学生科长、团委书记、党委副书记,对高校学生工作有比较全面的了解。为了有效地处理好学生工作所面临的问题,我一直坚持开展高校学生工作的理论与实践研究。为了促进与高校学生工作同仁、专家的交流,我利用3年的时间将10多年的研究成果整理出版,以期为提升高校学生工作的质量和科学化水平贡献自己的一份力量。

本书共4篇17章,第一篇围绕"大学生社会主义核心价值观教育"的主题展开,包括"坚持用社会主义核心价值观引领社会思潮""社会主义核心价值观引领高校校园文化的着力点""大学生社会主义核心价值观教育的策略""大学生社会主义核心价值观认同的价值维度、影响因素、优化路径"等内容;第二篇围绕"大学生传承红色基因"的主题展开,包括"传承红色基因的三维向度""高校推进大学生传承红色基因的立体路径""大学生红色文化认同的时代价值、影响因素与增进路径""以红色文化厚植爱国主义的价值意蕴、逻辑理路与实践进路""红色资源融入大学生党支部建设的价值维度与实践路径"等内容;第三篇围绕"大学生励志教育"的主题展开,包括"家庭经济困难大学生励志教育的价值与策略""大学生红色励志教育的价值维度""大学生红色励志教育的实践路径与质效提升策略""井冈山精神促进大学生成长的价值维度与实践路径"等内容；第四篇围绕"高校学生工作的其他方面"展开，包括"高校党支部'思想+专业'双引导模式""高校安全预防工作的着力点""胜任力理论视域下高校学生干部队伍建设创新""家庭经济困难大学生就业困境与出路"等内容。本书的附录部分对高校学生工作相关的法律法规文件进行了梳理，希望能够帮助同仁更好地理解和把握高校学生工作的总体要求。

高校学生工作质量事关社会主义建设者和接班人的培养质量，不断提升高校学生工作的科学化水平是高校的职责所在。广大高校学生工作者只有以问题为导向，长期深入地开展理论与实践研究，才能进一步发现和应用高校学生工作规律，从而提升高校学生工作质量和科学化水平。

本书是江西省社科基金专项项目"红色文化资源的教育功能及其实现机制"（SZ22206）及映山红育人工作室、黄志兴工作室的研究成果。希望本书的出版能够起到抛砖引玉的作用，带动更多的高校学生工作同仁围绕高校学生工作的方方面面开展理论与实践研究，从而不断提升高校学生工作质量和科学化水平。

黄志兴
2024年3月

目 录

前言　i

第一篇
大学生社会主义核心价值观教育研究　1

第一章　坚持用社会主义核心价值观引领社会思潮　3
第二章　社会主义核心价值观引领高校校园文化的着力点　28
第三章　大学生社会主义核心价值观教育的策略　33
第四章　大学生社会主义核心价值观认同的价值维度、影响因素、
　　　　　优化路径　38

第二篇
大学生传承红色基因研究　45

第五章　传承红色基因的三维向度　47
第六章　高校推进大学生传承红色基因的立体路径　59
第七章　大学生红色文化认同的时代价值、影响因素与增进路径　69
第八章　以红色文化厚植爱国主义的价值意蕴、逻辑理路
　　　　　与实践进路　75
第九章　红色资源融入大学生党支部建设的价值维度
　　　　　与实践路径　86

第三篇
大学生励志教育研究　93

第十章　家庭经济困难大学生励志教育的价值与策略　95
第十一章　大学生红色励志教育的价值维度　102
第十二章　大学生红色励志教育的实现路径与质效提升策略　110
第十三章　井冈山精神促进大学生成长的价值维度与实践路径　122

第四篇
高校学生工作的其他方面研究　131

第十四章　高校党支部"思想+专业"双引导模式研究　133
第十五章　高校安全预防工作的着力点　142
第十六章　胜任力理论视域下高校学生干部队伍建设创新　148
第十七章　家庭经济困难大学生就业困境与出路　157

附录
高校学生工作相关的法律法规文件　163

参考文献　219

后记　221

第一篇

大学生社会主义核心价值观教育研究

- ⊙ 坚持用社会主义核心价值观引领社会思潮
- ⊙ 社会主义核心价值观引领高校校园文化的着力点
- ⊙ 大学生社会主义核心价值观教育的策略
- ⊙ 大学生社会主义核心价值观认同的价值维度、影响因素、优化路径

本篇要览

  2013年12月,中共中央办公厅印发《关于培育和践行社会主义核心价值观的意见》,明确提出"培育和践行社会主义核心价值观,是推进中国特色社会主义伟大事业、实现中华民族伟大复兴中国梦的战略任务",要"把社会主义核心价值观纳入国民教育总体规划,贯穿于基础教育、高等教育、职业技术教育、成人教育各领域,落实到教育教学和管理服务各环节,覆盖到所有学校和受教育者","用社会主义核心价值观引领社会思潮、凝聚社会共识","加强社会思潮动态分析,强化社会热点难点问题的正面引导,在尊重差异中扩大社会认同,在包容多样中形成思想共识"。

  2022年10月,党的二十大报告指出,要"广泛践行社会主义核心价值观。社会主义核心价值观是凝聚人心、汇聚民力的强大力量","用社会主义核心价值观铸魂育人,完善思想政治工作体系,推进大中小学思想政治教育一体化建设。坚持依法治国和以德治国相结合,把社会主义核心价值观融入法治建设、融入社会发展、融入日常生活"。

第一章　坚持用社会主义核心价值观引领社会思潮

当前,我国正处于进一步改革发展的关键时期,各种社会思潮相互激荡,人们思想活动的独立性、选择性、多变性、差异性增强,人们的价值取向呈现多样化的趋势。面对新形势、新任务,只有立足国内现实、把握时代潮流,坚持用社会主义核心价值观引领多样化的思想观念和社会思潮,才能为全面建设社会主义现代化国家提供有力的思想保证。

一、社会主义核心价值观和社会思潮

(一) 社会主义核心价值观

1. 社会主义核心价值观的科学内涵

生活在社会关系中的每个人都会形成自己的价值观念,并且无处不受到它的影响和支配。同样,对于国家社会来说,也需要有社会成员普遍认同的价值观来维系。从人类社会发展历程来看,从原始社会到社会主义社会,任何一种社会形态的发展,都内在地要求社会成员具有与发展阶段相吻合的价值观念。当一个社会缺乏广泛认同的共同价值观,社会发展就会难以为继。社会主义核心价值观是与社会主义社会相适应的价值观念体系,是维护社会稳定的思想基础、推动社会发展的精神动力,代表着社会的发展方向,反映着时代的基本特征,统领着整个国家的价值观念和社会思潮。

2. 社会主义核心价值观的基本内容

2012年11月,中国共产党第十八次全国代表大会报告明确提出"三个倡导",即"倡导富强、民主、文明、和谐,倡导自由、平等、公正、法治,倡导爱国、敬业、诚信、友善,积极培育社会主义核心价值观"。

3. 社会主义核心价值观的基本特征

社会主义核心价值观是社会主义意识形态的集中体现，是一个内涵丰富、四位一体的有机整体。它具有以下基本特征：

(1) 统领性。社会主义核心价值观是社会主义意识形态的核心，居于意识形态领域的指导地位，具有统领性，是构建社会主义文化的根本指针。随着改革开放的深入，我国的社会经济成分、分配方式和利益关系发生重大变革，人们思想观念的差异性不断增强，社会思潮空前活跃，封建主义残余思想沉渣泛起，资本主义的腐朽观念也乘机而入，各种思想文化相互交融、相互激荡十分突出。如果任由社会思潮发展，整个社会就会陷入无序或混乱。社会主义核心价值观集中反映了社会主义社会的基本价值取向和行为准则，具有明确的统领性。

(2) 包容性。社会存在的丰富多样决定了反映社会存在的社会思潮必定呈现多样性。社会思潮的多样化可能带来价值观念的混乱和社会行为的无序，但是多样化的社会思潮也为社会主义核心价值观发展完善提供了丰富资源，也为社会活力的迸发创造了思想条件。坚持以社会主义核心观引领社会思潮不是消灭其他的价值观念，而是在尊重差异、包容多样的前提下，批判地继承，抵制和消解其消极方面，同时吸收其合理成分。唯此，才能在"百花齐放、百家争鸣"的方针指引下，实现社会主义文化的大发展、大繁荣。

(3) 针对性。价值观是对特定社会存在的反映，社会思潮的兴起往往源于它契合了现实的需要。社会主义核心价值观要实现对各种社会思潮的有效引领，必须针对它们所反映的现实进行把握并予以有效回应。只有立足社会现实、反映社会呼声、发现问题解决问题，社会主义核心价值观才能有效统领社会思潮，占据意识形态领域的制高点。在改革开放的今天，由于受到多种价值观的影响，个别人的价值观念出现混乱、价值目标开始涣散，这些对国家的长治久安、对和谐社会的构建都产生了不利影响。社会主义核心价值观针对价值观念的现状敏锐反应，对现实进行了积极有效的回应。

(二) 社会思潮

1. 社会思潮的内涵与现状

所谓社会思潮，一般是指在一定时期内，反映某一阶级或阶层的利益和要求、由诸多个人意识组成并发展起来的、得到广泛传播并对社会生活产生积极或消极影响的思想趋势或思想潮流。①社会思潮是对特定社会存在的反映,往往是特定人群思想观念的集合和系统化,反过来,它又强化了特定的思想观念,对人类文化和社会发展会产生不同性质、不同程度的影响。伴随着"经济体制深刻变革,社会结构深刻变动,利益格局深刻调整,思想观念深刻变化"②,人们的思想空前活跃,各种价值体系相互激荡,各种社会思潮纷纷登场,其中不乏负面思潮和错误理论,对我国主流意识形态形成了严峻的挑战和冲击。因此,必须加强社会主义核心价值观的建设和发展,积极探索引领社会思潮的有效途径。

2. 社会思潮的主要特征

改革开放以来,我国社会经济体制发生根本转变,社会全面转型。这一时期,建设成果举世瞩目,但也面临一些问题,有些方面的关系还没理顺,因此我国当前的社会思潮也不可避免地存在一些混乱和无序。

第一,多元多样性。社会思潮作为一种意识,是对社会存在的反映。社会存在的丰富多彩必然导致社会思潮的多元多样。伴随着社会主义市场经济体制的建立和完善,我国的所有制结构和分配方式都发生了重大变革,利益格局发生深刻调整,组织形式和生活方式日益多样化,地区差异、行业差异、部门差异日益显现,这些使得处于不同社会阶层的人们在世界观、人生观、价值观上出现了许多不同。这些差异反映到社会意识中来,便导致了社会思潮的多元多样性。另外,在与经济体制改革并行的政治民主化进程中,国家大力提倡解放思想、广开言路,为多样化社会思潮的生存和发展提供了空间。除了国内的影响,中外交流的不断加强和西方思潮的极力渗透,也使得人们的思维方式和价值观念受到强烈冲击,有些人的价值观念变得纷乱,这为多样化的社会思潮提供了群众基础。

第二,利益相关性。社会思潮的产生有着深刻的经济社会根源,利益的不同导致立场的不同,立场的不同导致思想观念的不同。改革开放是一场深刻的革命,中华大地发生了翻天覆地的变化,利益格局发生重大调整,利益冲突日益频繁,使人们原有的利益归属、价值判断等受到强烈冲击,情绪上的波动和思想上的困惑在所难免。每个利益群体都极力寻找和支持维护自身利益的社会思潮,力图在舆论上为自身的利益合理性辩护。因此,社会思潮往往是特定利益群体价值观念的集合和强化。

---

① 易新涛. 有效引导社会思潮 努力构建和谐社会[J]. 理论月刊,2007(10):31-34.
② 中共中央关于构建社会主义和谐社会若干重大问题的决定[EB/OL]. www.gov.cn/gongbao/content/2006/content_453176.htm.

第三,互动多变性。作为意识形态的一部分,社会思潮有其自身的价值取向和相对独立性,但也不可避免地会受到其他社会思潮的影响。在经济全球化、世界多极化的背景下,科技进步日新月异,综合国力包括软实力的竞争日益剧烈,世界各国的思想文化相互渗透、相互激荡,意识形态领域呈现出互动多变的博弈态势。随着5G通信技术的发展以及微信等新型传媒的出现,信息化网络化的思想交流方式日益丰富。这使得人类的信息传播方式发生了革命性的变革,超越了传统媒体的时空局限。互联网的迅速发展,特别是无线网络的日益普及,使网络信息的覆盖范围、传播速度、影响程度都大大提升,但网络信息传播的开放性、隐蔽性、随意性和发散性,使信息来源难以预测,信息内容难辨真伪,信息流向难以控制。互联网成为信息的数据库和思想观念的大熔炉。在网络上,人们既发布和传播信息和思想观点,也接受和内化新的价值观念。

第四,正误混杂,腐蚀性强。在我国当前的意识形态领域中,各种社会思潮相互影响、相互激荡,是一个错综复杂的系统。爱国主义思潮、科学社会主义思潮、生态主义思潮等积极的、进步的社会思潮得到了发展。同时,在某些领域,错误的社会思潮也大行其道。资本主义腐朽思想为一部人所推崇,金钱至上、个人主义、拜金主义等思想在一定范围内盛行;封建思想在一部分地区死灰复燃;资产阶级自由化思想也为一部分人推崇。在很长一段时期内这些错误的、落后的、反动的、消极的社会思潮活跃于社会意识形态领域之中,为特定阶层或群体的人们所推崇,对社会和人们产生巨大的影响,对人们的思想观念具有巨大的腐蚀作用,对社会稳定、经济发展也具有很强的破坏作用。

二、社会主义核心价值观引领社会思潮的必要性和可能性

(一)必要性分析

1. 应对意识形态领域挑战的必然要求

伴随着我国发生的深刻变革,出现了多种经济成分,出现了多样化的分配方式,出现了不同的社会阶层,出现了或稳定或临时的利益群体。社会地位的分化和利益立场的不同使得人们的利益诉求不同,反映到意识形态领域就表现为人们的利益主张不同,思想观念不同,人们思想活动的独立性、选择性、多变性和差异性明显增强,每个利益群体都寻求和强化维护自身利益的社会思潮。

对个人利益和立场的过度维护使得正确的价值观念被扭曲,使得一部分人对奉献与索取、进取与享受、文明与愚昧、勤俭与奢侈、诚实与虚伪、守法与违法、美善与丑恶等观念或模糊或错位,使得国家统一思想和形成社会共识的难度加大。

伴随着不同国家和民族的文化互相交流、彼此融会、借鉴学习的趋势迅速发展,不同国家的意识形态、文化传统、价值观念、道德规范、宗教信仰、社会思潮的流转、冲撞和斗争也日益加剧。某些国家凭借其强大的经济实力和先进的信息技术强化自己的话语霸权,加紧在意识形态领域进行渗透活动,千方百计地向其他国家特别是发展中国家输出自己的政治制度、意识形态、价值观念,在许多地区频频上演"颜色革命"。同时,以个人主义和自由主义为代表的资本主义腐朽思想为一部分人所追捧,对我国的主流价值观念构成挑战,这些都要求我们积极探索以社会主义核心价值观引领社会思潮的有效途径。

2. 夯实思想道德基础、提高国家竞争力的必然选择

共同的思想价值基础,是一个群体、一个民族、一个国家赖以存在和发展的思想前提。没有共同的价值基础,群体就会瓦解、社会就会动荡、国家就会分裂。坚持以社会主义核心价值观引领社会思潮,是巩固全党全国人民团结奋斗的共同思想基础的需要。在意识形态领域,由于知识水平和个人觉悟的不同,人们的思想观念、道德意识和价值取向呈现出层次性。如果无视人们思想道德的层次性,用一个标准要求所有的社会成员,显然是不行的,但是否可以因为存在多层次的思想道德而降低甚至否定先进性的要求呢?答案是否定的,那么,怎样引领人们多样化的思想道德观念呢?社会主义核心价值观将会有效地解决这个问题。社会主义核心价值观既考虑了社会主义道德建设上的先进性要求,又反映了社会主义道德建设上的广泛性要求;既代表了先进文化的前进方向,又兼顾了群众多层次的思想状况;既体现了全国人民一致的愿望和追求,又涵盖了不同的群体和阶层的思想观念,具有强大的统领能力和引领功能,是联结全国各族各阶层人民的精神纽带。坚持以社会主义核心价值观引领社会思潮,明确了我们共同的思想价值基础和道德要求,将有力地推动共同思想道德基础的夯实。

随着经济全球化不断深入,各国经济既相互融合又相互竞争,不同文化既相互借鉴又相互激荡。纷繁复杂的社会思潮既挑战着国家主权,又冲击着人们的国家观念、民族认同感。现代国家之间的竞争是综合国力的竞争,不仅表现为经济实力和军事实力的竞争,还包括科技实力和文化实力等软实力的竞争。软实力已和政治、经济竞争力一起成为世界各国综合国力竞争的重要因素。在软实力中,最关键的就是主流价值观念的统领能力,它直接关系着民族的凝聚力和国家的竞争力。坚持以社会主义核心价值观引领社会思潮,就是要保证社会主义核心价值观的统领地位,进而凝聚民心、鼓舞斗志,提高国家竞争力,在激烈的国际竞争中维护民族和国家的利益。

3. 了解民情社意、增强党和国家凝聚力的必由之路

坚持以社会主义核心价值观引领社会思潮是我们党了解、掌握社情民意的重要途径,也是我们党制定正确的路线、方针政策的必要前提。[①]社会思潮往往和一定层面的社会需求相联系,反映特定人群的利益诉求和思想观念。通过对各种社会思潮的研究和引领,我党可以及时了解我国社会各阶级、阶层的广大群众的想法、关注和愿望,可以准确地把握群众的生存状况和社情民意,从而科学地制定和调整政策。作为在一定历史时期内对社会生活有着广泛影响的社会思潮,从来都是对特定群体利益生存状况和利益诉求的反映,一个国家在一定的时期里所流行的社会思潮,常常反映了国民的思想状况和理论水平。因此,社会思潮总能反映该社会一定时期的社情民意。

群众路线是我党的一大法宝,一切来自群众、一切为了群众、一切依靠群众,高度尊重民意是我党执政为民的基本前提。坚持以社会主义核心价值观引领社会思潮,就是我们党了解社情民意、充分调动群众积极性的过程。在"从群众中来,到群众中去"的基础上制定的路线方针政策,必然充分反映群众的诉求,得到群众的拥护。坚持以社会主义核心价值观引领社会思潮是不断增强党民主执政能力的重要条件。民主执政的重要标志在于不是依靠武力镇压的方式来维持社会运行,而是主要依靠软力量,特别是核心价值观的凝聚力和整合力来消除隔阂、化解矛盾、调控冲突、保持社会稳定。社会主义核心价值观是党的政治理论和目标在现时代的生动体现,从理论层次再次证实了党的执政地位的历史合理性和现实合法性。坚持以社会主义核心价值观引领社会思潮的过程,就是要引导人们科学认识和评价社会思潮的过程,就是不断提高全国各族人民的政治参与性、政治鉴别力和政治敏锐性的过程,就是增强党的凝聚力和执政能力的过程。

---

① 张理海. 坚持以社会主义核心价值体系引领社会思潮[J]. 西安政治学院学报,2006(6):5-14.

(二)可能性分析

1. 社会思潮之间的差异性提供了"引领"的逻辑起点

历史唯物主义告诉我们社会存在决定社会意识。社会思潮作为特定群体价值观念的集中表现,是社会意识的一种表现形式,必然由所处时代的社会存在来决定。随着时代的发展,社会存在也不断地发生改变,这就决定了社会思潮也必然随着变化。社会存在的丰富多彩决定了社会思潮必然呈现出多样性和差异性,正是多样化社会思潮之间的差异性提供了社会主义核心价值观对社会思潮进行引领的逻辑起点。[①]

对于社会思潮的多样性和差异性,我们必须辩证地看待。首先,多样性和差异性社会思潮的存在是社会进步的一种体现,它丰富了社会思想文化并促进其发展。多样化的社会思潮代表了不同群体的利益诉求和思想观念,使各种观点都能获得平等的表达机会。在多样化社会思潮的相互激荡中,在各种思想观点相互碰撞中,往往能摩擦出智慧的火花,促进社会思想文化的不断发展。社会主义核心价值观正是在批判地继承多样化社会思潮的过程不断完善和发展自身,进而在与多样化社会思潮的共存和竞争中表明自己,取得意识形态领域的主导权。同时,我们还需看到,由于多样化社会思潮的性质各异,效果多样,既有可能推动社会发展,也有可能阻碍社会发展,既有可能在意识形态领域扮演主角,也有可能扮演配角。因此,如果任由它们自生自长,这种纯粹的共存与竞争会导致"盲目淘汰",造成意识形态领域的无序,导致人们思想观念的混乱,影响思想文化的发展。

2. 社会思潮消极作用的存在提供了"引领"的空间

从对社会发展的作用来看,多样化社会思潮各自扮演的角色是不同的,既有积极作用,也有消极作用。改革开放以来,伴随市场经济发展而出现的一些社会思潮,促进了人们观念的更新,增强了人们的竞争意识和效率意识,促进了我国的经济取得长足发展和巨大进步。但是由于市场经济的自发性和盲目性,导致人们对个人利益的疯狂追逐,使人们的思想观念产生了巨大变化,极少数人在是非、善恶观念上发生了不同程度的扭曲,形成了极少部分不健康不文明的社会思潮,比如拜金主义思潮、个人主义思潮、自由主义思潮。这些思潮腐蚀着人们的

[①] 曹继建,姜华. 坚持社会主义荣辱观 引领新时期社会思潮[J]. 广东工业大学学报(社会科学版),2007(3):24-27.

思想,造成了一定程度的道德滑坡和社会无序。

正是由于一部分与社会发展不协调的、错误的、落后的、腐朽的社会思潮的出现,正是由于它们对社会发展的消极作用是显而易见的,为社会主义核心价值观引领多样化社会思潮提供了空间,决定了社会主义核心价值观必须并且能够有所作为,从而有效抵制或化解社会思潮的消极作用。

3. 社会主义核心价值观具备引领社会思潮的能力

社会主义核心价值观引领社会思潮的前提是具备引领社会思潮的能力。社会主义核心价值观是我国的主流价值观,统领着其他的价值观念,占据着意识形态领域的制高点,具备引领社会思潮的能力。

社会主义核心价值观的引领能力首先缘于它的先进性和科学性。社会主义核心价值观从国家、社会、公民三个不同层次阐明了主体的价值诉求,凝聚了现阶段全社会的价值共识;继承了中华优秀传统文化,吸收了世界文明有益成果,体现了民族性、时代性与开放性的高度统一;为绝大多数人谋利益,契合了马克思主义"人民主体"的精神要旨;将"富强"与"和谐、平等、公正"结合在一起,彰显了"共同富裕"的中国特色社会主义根本原则。

社会主义核心价值观的引领能力还缘于它具有广泛的适用性和包容性。社会主义核心价值观是一个内涵丰富、层次分明的有机整体,在突出了理想信念的同时强调了行为规范,在突出先进性要求的同时兼顾了广泛性要求,在强调统一性的同时照顾了不同群体的特殊诉求,在倡导创新的同时弘扬了传统精华,在适应现实要求的同时注重长远的发展。社会主义核心价值观在尊重差异的基础上最大限度地包容了社会价值观念的多样性,具有强大的整合力和引领力,必能实现对社会思潮的有效引领。

社会主义核心价值观具有鲜明的开放性和与时俱进的创造性特征,这是其引领当代社会思潮的又一重要保证。[①]唯物辩证法告诉我们,运动是绝对的,静止是相对的,事物是不断变化发展的。社会主义的核心价值观是在批判地继承中建构起来的,它不是一个封闭的完美体系,而是一个开放的系统,必将随着实践的发展而与时俱进。随着实践的发展,马克思主义中国化将产生新的成果,我们的奋斗目标和道德要求将不断提升。社会主义核心价值观的开放性决定了它必将在时代的发展中不断完善自身的体系,强化对其他价值观念的统领能力,始终具有勇立潮头、引领潮流的主动性、能动性和创造性。

---

① 张理海. 坚持以社会主义核心价值体系引领社会思潮 [J]. 西安政治学院学报,2006 (6):5-14.

三、社会主义核心价值观引领社会思潮的原则

（一）在实然与应然的辩证统一中确立引领方向

所谓"实然",就是"事实",在语言形式上表现为以"是"或"不是"为联系词的句子;所谓"应然",就是"价值判断"问题,在语言形式上表现为以"应当(应该)"或"不应当(不应该)"为联系词的句子。①应当说,人类从产生那天起,就实际地面对着"实然应然"问题。因为世界的现实与人的需求之间必然存在着矛盾,人的活动总是力图使世界理想化,而理想与现实之间又总是存在着一定的差距。人总是不满于实然的规定,而按照应然的要求,不断地进行自我超越,不断地改造和完善实然的状态,奔向理想的应然境界。坚持以社会主义核心价值观引领社会思潮就是基于实然的应然超越。

1. 社会主义核心价值观,是应然的必然追求

社会主义核心价值观是社会主义制度的内在精神和生命之魂,在所有社会主义价值目标中处于统领和支配的地位。只有深刻认识和正确把握社会主义核心价值观,才能有效引领社会思潮,才能抓住社会主义价值需要、价值创造和价值实现的关键,才能在文化建设和意识形态建设中突出重点、抓住根本,才能进一步形成全社会共同的理想信念和道德规范,形成全民族奋发向上的精神力量和团结和睦的精神纽带。

坚持社会主义核心价值观是保证我国现代化建设社会主义方向的必然要求。当今时代,政治多极化和经济全球化的趋势深入发展,世界各国在综合国力激烈竞争的同时,意识形态领域也是风云激荡,各种社会思潮粉墨登场。在复杂多变的国际环境中,我们要求得发展而不迷失方向,就必须有正确价值观的指引,社会主义核心价值观以其系统的价值理念和鲜明的社会主义特征,确保我国现代化建设沿着正确的方向前进。

坚持社会主义核心价值观是促进民族团结、社会稳定、国家和谐必不可少的推动力量。一个社会要有序协调发展和保持团结稳定,除了建立组织和制度,还必须建构主流价值体系并占据意识形态领域的制高点,进而形成全国各族人民一致的价值认同。在社会主义核心价值观的指导下,取得全社会广泛而深刻的

---

① 吴伦水,詹木生. 实然、应然与实践 [J]. 韶关学院学报,2007(4):77-80.

价值认同,可以使人们超越民族、血缘、语言、习惯、地域等方面的差异,消除彼此之间的分歧和隔阂,增强社会成员的归属感和向心力,促进民族团结和国家安定。①

2. 面对实然的挑战,社会主义核心价值观必须实现超越

论及实然,我们必须看到,改革开放和社会主义市场经济的实践,打破了原有价值观念赖以存在的社会经济基础,各种社会思潮涌现,全社会的价值观念、价值取向出现了一些新的变化和新的趋势②:一是集体本位转向个人本位。长期以来,集体本位价值观是我国的本位价值观,在中国社会居于一元的、主导的地位。这种价值观以集体意志来衡量个人的价值,来规范人们的思想和言行。这种以社会、集体为本位和中心的价值观,在一定程度上压制了作为个体的人。随着社会主义市场经济的发展,原有的社会结构发生了变化,社会利益主体日益多元化,使得个人的独立性、自主性地位得以确立,个人意识开始觉醒。越来越多的人重视并积极追求其个人的价值尊严和利益需求,自我意识、成就欲望明显增强。原有的以无私奉献、无条件绝对服从集体为核心的集体本位价值观,正在向以追求个人利益、个人自我价值实现为核心的个人本位价值观转变。二是对理想的追求转向对利益的关切。在很长一段时期,广大党员乃至社会公众的最高价值规范是为实现共产主义、解放无产阶级以至全人类而奋斗终生,我们老一辈无产阶级革命家及许多干部、工人、农民、知识分子坚信并履行了这一信仰。然而,在社会转型的今天,在多样化社会思潮的冲击下,这一价值观念的普遍性、主导性日益被削弱。当下人们更为关注的是自身的生存状态和现实的利益。以往理想主义的、英雄主义的价值观正在弱化,而注重个人和追逐金钱的现实主义、世俗主义价值观却受到许多人的推崇。多样化社会思潮带来的这些新变化和新趋势难免会引发社会价值观的混乱,导致社会整体责任感下降和社会行为的无序,并有可能在思想和行为的相互影响中形成恶性循环,催生出更多复杂的问题。

面对社会思潮实然的挑战,社会主义核心价值观应然必须实现超越。坚持以社会主义核心价值观引领社会思潮存在着应然与实然的差距与矛盾,这将会使得社会主义核心价值观对社会思潮的引领呈现出波浪式前进和螺旋式发展的状态。但是,由实然向应然趋近的趋势是不会画上休止符的。社会主义核心价

---

① 本报评论员. 建设社会主义核心价值体系[N]. 光明日报,2006-10-24 (1).
② 曹宏伟,王盛辉. 社会转型期青年价值观现状及对策[J]. 山东省青年管理干部学院学报,2006(2):21-24.

值观的应然受制于社会主义建设规律和发展趋势的规定,是人们基于对实然状态的认识所得出的理论观点,是对可取的或想要的社会状态的构想。而实然则是社会现实运行中所表现出来的实践状况和存在状态。应然建基于实然之上,但又高于实然。社会主义核心价值观的应然作为合目的和合规律性的统一,指导和统摄着实然,实然又反过来体现和实践着应然。社会主义核心价值观作为一种理想、一种追求,为社会主义的实践活动和实际运动提供了基本范式,对现实运行的社会进行描绘和批判,必将有效引领纷繁复杂的社会思潮,而其作为一种价值目标,最终将在人们的认识活动和实践活动中逐步实现。实然向应然的转化需要诸多条件,这就使得应然与实然相互区别,甚至在条件不具备的状况下相互脱节以至背离。[1]我们必须深入研究实然,不断地创造条件,以达到实然与应然的异质趋近,在实然与应然的辩证统一中确立正确的引领方向。

(二)在尊重差异和包容多样的有机结合中明确引领前提

1. 尊重差异、包容多样是坚持以社会主义核心价值观引领社会思潮的题中应有之义

历史唯物主义告诉我们,社会存在决定社会意识,社会存在自身的丰富多彩决定了社会思潮必然呈现差异性和多样性。这是一种客观存在,不以人的意志为转移。坚持以社会主义核心价值观引领社会思潮,必须正视这种客观存在,尊重社会思潮的差异性,包容社会思潮的多样性。反之,如果无视社会思潮的差异性和多样性,实行一言堂,不分青红皂白一律予以压制,只能是万马齐喑,对社会思潮的有效引领也就无从谈起。实践证明,对于多样化的社会思潮,任其自生自长不行,围堵打压也不行,只能在尊重差异、包容多样的前提下积极引领。"阴阳互生,和时生物""和而不同,协调有序",现实世界是多样的统一,社会主义核心价值观实现引领必须把握多样化社会思潮的统一性。尊重差异、包容多样就是要把握社会思潮的统一性,引导社会思潮的多样性。这是对矛盾的普遍性和特殊性原理的正确应用,是对文化领域"百花齐放、百家争鸣"方针的正确把握。

尊重差异、包容多样,是实现社会主义核心价值观有效引领社会思潮的重要前提。[2]社会思潮是对社会存在的反映,是特定群体的利益诉求,是社情民意的

---

[1] 王强.构建和谐社会:辩证法视阈中的应然与实然[J].南昌大学学报(人文社会科学版),2007(3):35-37.

[2] 国防大学邓小平理论和"三个代表"重要思想研究中心:坚持以社会主义核心价值体系引领社会思潮[N].光明日报,2006-12-16(1).

系统表达。只有充分地尊重多样化社会思潮的差异,才能把握统一性,实现有效的引领。我们必须尊重不同国家、不同民族的文化差异,虚心继承人类文明成果;必须尊重不同群体、不同行业、不同阶层之间的价值差异,允许不同观点的平等表达;必须尊重不同主体的个性差异,充分调动个体积极性、主动性和创造性。只有尊重差异、包容多样,才能引领社会思潮在相互交融互补中形成最大限度的思想共识。坚持以社会主义核心价值观引领社会思潮,就是要通过善意引领,使充满差异性和多样性的社会思潮按照社会主义核心价值观指引的方向,更好地统一起来,不断巩固马克思主义在意识形态领域的主导性。

尊重差异、包容多样是对历史经验教训的总结。"百家争鸣",乃有战国的文化繁荣;"独尊儒术",便有刘汉以后的文化衰颓;大唐对异域文化的兼收并蓄,遂有盛唐文明辉耀千古;清政府在外来文明前的闭关自守,终致近代中国的积贫积弱。① 历史经验教训表明,坚持以社会主义核心价值观引领社会思潮,不是否定和压制不同的思想观念,而是在尊重差异、包容多样的前提下,对多样化的社会思潮进行认真分析、科学评价,抵制和化解其消极影响,鼓励和吸收其合理成分。作为主流和统领的社会主义核心价值观正是在与多样化社会思潮的共存和竞争中发展和完善自己,在理论高度实现超越的基础上,具备了引领的能力和正当性。

2. 尊重差异、包容多样,最大限度地形成社会思想共识

任何国家社会,不管其意识形态领域多么复杂多样,总会有一种价值观占据主导地位,并统领着其他的价值观和社会思潮,对整个社会的思想文化发挥着强大的引领和整合作用。人类文明发展的历史表明,同一社会虽然可以有多元并存的社会思潮和价值观念,但国家力图构建和强化的核心价值观却往往是一元的、统一的,其目标就是要最大限度地形成社会思想共识,夯实思想道德基础,增强国家的凝聚力和竞争力。

尊重差异、包容多样,最大限度地形成社会思想共识,有利于增强社会主义核心价值观的感召力,永葆其在意识形态领域的先进性,巩固和加强其对多样化社会思潮的统领地位;有利于增强社会主义核心价值观的亲和力,把不同阶层、不同群体的思想观点,统一到构建社会主义和谐社会上来;有利于增强社会主义核心价值观的凝聚力,最大限度地动员全国各族人民同心同德、齐心协力不断把中国特色社会主义伟大事业推向前进。由于社会地位和社会经历的不同,处于

---

① 张理海. 坚持以社会主义核心价值体系引领社会思潮[J]. 西安政治学院学报,2006(6):5-14.

不同群体和不同阶层的人们在思想观念方面存在各种各样的差异并且都倾向于在不同的社会思潮中予以表达。如果任由社会思潮的发展，任由这种差异的产生和扩大，那么就有可能造成人民群众的离心离德，甚至发生内耗，离散社会主义现代化建设的力量，甚至阻碍中国特色社会主义事业的发展。因此，在坚持以社会主义核心价值观引领社会思潮的过程中，必须尊重差异、包容多样，最大限度地形成社会思想共识，在价值认同中充分调动广大人民群众的积极性、主动性和创造性，齐心协力建设中国特色社会主义。

尊重差异、包容多样，最大限度地形成社会思想共识，必须及时澄清人们的认识误区、解决人们的思想问题。群众的头脑，马克思主义不去占领，非马克思主义的东西就会去占领；正确的思想意识不去占领，错误的思想观点就得以盘踞。坚持以社会主义核心价值观引领社会思潮，必须以社会主义核心价值观作为判断标准和行为准则，批判抵制错误思潮，剖析揭露错误思想，及时澄清人们思想认识的误区和模糊地带，帮助群众形成正确的思想认识，在有效地抵制和化解社会思潮消极作用的同时，极力促成群众对社会主义核心价值观的认同。尊重差异、包容多样，不是无原则地退让和讨好。尊重是理性对待，不是示弱、畏惧；包容是沟通交流，不是包庇、纵容。在引领过程中，被尊重、被包容的社会思潮，彰显着丰富多彩的优秀传统文化、人类有益文化的成果、绚丽多姿的思想"百花"。[①]对于多样化社会思潮，我们应认真分析、科学评价、批判地继承。对于合理的成分要大胆吸收，对于错误腐朽的东西要坚决反对，让社会主义核心价值观在与多样化社会思潮的共存竞争中表明自己，统领其他价值观念，牢牢把握思想舆论的话语权。

（三）在统领与多样的相互激荡中调适引领冲突

1. 社会思潮的复杂多样性凸显引领冲突

在历史的推进中，人类社会经历了原始社会、奴隶社会、封建社会、资本主义社会、社会主义社会五种社会形态的演变。在人类社会由低级形态向高级形态的演变中，社会的生产方式、经济的发展水平、社会的组织模式、人们的生活方式和水平都发生了巨大的变化。与此相对应，人们的认知水平和思想观念也发生了巨大的改变。在经济和社会转型过程中，很大一部分人原有的社会角色、工作性质、利益归属、生活压力都承受了未曾预期的改变和冲击，这部分人原有的理

---

① 梅荣政，王炳权.坚持以社会主义核心价值体系引领社会思潮[J].思想理论教育导刊，2007(6)：8-12.

想信念、价值信仰、道德认同、自我认知都发生了巨大的变化,甚至发生了根本性的动摇。历史唯物主义告诉我们社会存在决定社会意识,有什么样的社会存在,就有什么样的社会意识。作为社会意识一部分的社会思潮是对社会存在的反映,社会存在的多样化决定了社会思潮也必然呈现多样性。

社会思潮的多样性主要表现在:一是社会思潮的共时化。社会思潮作为文化观念,植根于本民族文化土壤,但又难免受到异域文化影响。在全球化背景下,民族文化与异域文化之间呈现出日益激烈的矛盾和冲突。原来在不同历史时期以及不同文化背景下存在的社会思潮被全球化进程挤压在同一个平面上,使本国的、外国的及传统的、现代的社会思潮混杂在一起,互相碰撞,互相激荡。在这样的文化氛围下,社会思潮必然呈现多样化。二是社会思潮的丰富化。社会思潮作为一种社会意识,它源于社会生活。由于社会生活的丰富性,必然导致社会思潮丰富多样。全球化不仅扩展了人们的活动领域,使更多的对象、领域纳入人的实践范围,扩展了人们的思维空间,使人们能更多地用立体的、发散的思维方式去观察和思考事物。这就使人们既从不同角度去观察和思考不同事物和现象,又从不同角度去观察和思考同一事物和现象,甚至对同一事物和现象的不同发展阶段也采取不同视角去观察和思考。

社会思潮多样性带来了社会思潮的复杂性,表现为多样化的社会思潮既带来了积极的影响,也带来了消极的影响。从积极的方面来看,社会思潮多样化为社会主义核心价值观的脱颖而出提供了前提条件。人类文明的发展是一个循序渐进的过程,是一个继承发展的过程,有比较才能有鉴别,有竞争才能有发展,真理总是同谬误相比较而存在、相斗争而发展的。因此,当各种思潮纷纷登场亮相时,真理的夺冠之路也就开始了[1],社会主义核心价值观正是在与多样化社会思潮的共存和竞争中表明自己并取得意识形态领域的统领地位的。同时,社会思潮多样化为科学意识形态的形成提供了理论来源。从人类认识的发展规律来看,科学理性的认识是在加工整理感性材料的基础上形成的。纷繁复杂的社会思潮往往包含很多对社会的初步的、感性的认识材料,往往反映了最敏感、最尖锐、最深层次的社会问题,往往包含了一些合理的成分、反映了一些真实的存在。所有这些为科学理论的形成准备了丰富的素材。可以说,没有对多样化社会思潮的批判继承,就没有社会主义核心价值观的完整体系。

从消极的方面来看,眼花缭乱的多样化社会思潮,很容易让人们无所适从,使一些人思想困惑、信仰迷失,给主导价值观的确立增加了困难。在多样化社会

---

[1] 张国祚. 论多样化社会思潮的引领[J]. 求是,2007(14):52-54.

思潮的影响下,新旧观念的剧烈碰撞冲突,带来了一些新情况、新问题。例如,在发展市场经济的过程中传统的道德观念一再被冲破,拜金主义等思潮把市场交换原则扩展到一切生活领域的倾向,使整个社会陷入道德失范,使人们的传统道德是非观念发生动摇,以至于陷入"道德困惑"之中。这些无疑会使人们对主流意识形态产生种种质疑,从而削弱主流意识形态的主导性。这些消极作用的存在,使得多样化社会思潮和社会主义核心价值观的矛盾日益凸显。

2. 坚持社会主义核心价值观的统领性

多样性社会思潮的复杂性凸显了引领的矛盾。面对矛盾和问题,我们必须积极应对,认真研究和正确区分多样化社会思潮的积极作用和消极影响,兴利除弊,虚心吸收合理的因素,坚决抵制和批判错误思潮。对于不同性质的社会思潮要区别对待,对于积极向上的社会思潮要予以鼓励,给予其足够的发展空间和影响空间;对于腐朽的落后的社会思潮要严格限制,坚决打击。

第一,要不断加强社会主义核心价值观的引领功能。一方面,要加强社会主义核心价值观的理论研究和理论创新,保证社会主义核心价值观的科学性和先进性。真理终将为群众接受,保证了社会主义核心价值观的科学性和先进性,也就增强了社会主义核心价值观的说服力和转化教育的力量。另一方面,要在尊重差异包容多样的前提下,认真研究、理性对待多样化的社会思潮,在包容中进行有效的整合。

第二,要用发展的社会主义核心价值观指导新的实践。实践是理论的目的,是理论发展的动力,是检验理论正确与否的唯一标准。倡导社会主义核心价值观的目的和意义在于指导实践。不断发现新问题,解决新问题是理论创新的根本目的。对时代课题进行合理的解答和系统论证,实质上就是理论创新的过程。坚持社会主义核心价值观引领社会思潮,必须主动深入实践,总结经验,指导实践,接受实践的检验,在实践中完善和发展自身,不断提高说服力和感召力;必须关注并回答中国特色社会主义伟大事业建设过程中出现的现实问题和思想问题,在解决问题中表明和凸显自身,赢得广泛的社会认同与支持。

第三,要始终坚持"三贴近"的基本原则,充分体现社会主义核心价值观的人民性。社会主义中国是人民的国家,人民是国家的主人。中国共产党是工人阶级的先锋队,是中华民族的先锋队,始终代表最广大人民群众的根本利益。社会主义核心价值体观不同于其他价值观一个根本之处,就在于它的人民性,在于它始终反映和维护最广大人民的根本利益。理论只有由群众掌握,才有战斗力、说服力。群众路线是我国革命和建设取得胜利的一大法宝。社会主义核心价值观的建设应当始终坚持以人为本,贴近生活、贴近实际、贴近群众,坚持从群众中来到群众中去,努力将意识形态的理想因素与现实内容以及人民群众的利益需求有机地统一起来;应当牢记群众利益无小事,高度关注民生问题,关注人民群众的实际问题,全心全意为人民服务,在服务和帮助群众当中赢得人们的理解和支持。

(四) 在自发与自觉的有效整合中实现引领目标

1. 价值自发与价值自觉

坚持以社会主义核心价值体观引领社会思潮、建设社会主义核心价值观是一种价值追求,而价值追求有价值自发和价值自觉两个阶段,价值自发是价值追求的低级阶段,价值自觉是价值追求的高级阶段。[①]

所谓价值自发,是人们在不认识事物的本质和规律的情况下,不假思索,不用别人暗示,盲目地追求某种价值的状态,它是一种由自发心态和本能决定的倾向。价值自发表现为三个方面:一是价值本质理解的主观性。价值范畴是价值哲学的逻辑起点和基石,对价值本质的不同理解,表明人的价值追求处于不同的层面。把价值的本质理解为满足主体的需要,或把价值理解为人们的欲望、人们感兴趣的对象,或把价值理解为使人的情感产生愉快的东西等,都是主体自发性在价值理论上的表现。以满足主体需要或者以满足主体的欲望、兴趣,使主体愉快为标准去确定价值,是人们的一种不假思索、不用人暗示的自发倾向,是人的自发性的表现。二是价值理论的逻辑矛盾性。崇拜自发性,就必然忽视逻辑一贯性。例如,认为价值是对主体需要的满足,但事实上,主体需要并非天然合理。张岱年先生曾说"需要也有高下之分"[②],把价值理解为满足主体需要,存在着内在的逻辑矛盾。三是价值追求的单纯功利性。认为价值是客体对主体的有用性,或把价值的本质理解为满足主体的需要、是人们兴趣的对象,而不管需要是否健康、兴趣是否有益等,都是只重视功利价值、工具价值,只重视眼前局部的直接的需要或兴趣的满足,忽视长远的、根本的、整体的价值,忽视真善美的价值,忽视人的自由而全面的发展。正是自发的价值追求导致现阶段各种社会思潮鱼龙混杂,人们的价值观念呈现出一种复杂、混乱的倾向。而这种倾向必然模糊社会主义核心价值观建设的方向性,不利于社会主义核心价值观对社会思潮的有效引领。

所谓价值自觉,就是人们在正确认识事物的本质和规律基础上,积极、主动、深思熟虑和理性地追求功利与真善美的统一,追求社会与自然的和谐发展,追求

---

① 王伦光. 价值追求与和谐社会构建[M]. 杭州:浙江大学出版社,2006:60.
② 张岱年. 论价值的层次[J]. 中国社会科学,1990(3):3-10.

有利于人的健康、全面发展的价值。价值自觉是在人们认识事物本质和规律的基础上形成的,首先表现为主体意识的觉醒。人的主体意识是指人在认识和改造外部世界和人本身,并创造着自己历史的活动中表现出来的能动性、创造性和自主性。能动性是人的主体意识最基本的内涵,它是指人所具有的自觉地、主动地认识世界的特性。创造性是主体能动性的突出表现,是指人能够根据人类生存发展的需要,在认识客观事物及其规律的基础上,通过对客观世界原有事物加以改造,或对现存的可以利用的材料进行加工制作,造就出新的事物来。自主性是人的主体意识的最高层次,指作为主体的人在认识和实践活动中,能够依据主客观条件和自身的需要最大限度地支配自己的活动,主导客观对象的发展变化。自主性,实质上也就是"根据对自然界的必然性的认识来支配我们自己和外部自然界"[①],正是价值自觉对价值自发的主观性、逻辑矛盾性和单纯功利性的超越,使其能够引导价值自发,使人们得以理性对待和正确评价各种社会思潮,促进社会主义核心价值观对社会思潮的有效引领。

2. 在自发与自觉的有效整合中实现引领目标

人的价值追求是一个从自发到自觉的发展过程。坚持以社会主义核心价值观引领社会思潮,要把社会主义核心价值观融入法治建设、融入社会发展、融入日常生活。[②]价值自发与价值自觉,它们既相互区别,又相互联系。价值自发是价值自觉的基础,是价值追求过程中一开始必然产生的现象。价值自觉是对价值自发的扬弃,它内在地包含、吸收了价值自发的一些合理因素,而不是一概否定价值自发追求的内容。人的价值追求是从价值自发到价值自觉转化的过程,但人的价值追求从自发到自觉的转化是有条件的,而不是无条件的。这个条件一是认识客体事物的本质和规律;二是从价值自发产生的后果中吸取经验教训,改正错误、追求真理,具有彻底的批判精神。没有这样的条件,就不会实现由价值自发到价值自觉的转化。面对纷繁复杂的社会思潮,人们的起初追求是自发的、盲目的,随着人们认识的深入,逐渐把握了事物的本质和规律,由自发的追求向自觉的追求转化,由感性认识向理性认识深入。坚持社会主义核心价值观引领社会思潮,就是要在价值自发与价值自觉的有效整合中,把人们对社会思潮不加分别的盲目追求转变为对社会主义核心价值观的自觉追求。

---

① 马克思,恩格斯. 马克思恩格斯选集:第3卷[M]. 北京:人民出版社,1972:154.
② 习近平. 高举中国特色社会主义伟大旗帜　为全面建设社会主义现代化国家而团结奋斗:在中国共产党第二十次全国代表大会上的报告[N]. 人民日报,2022-10-26 (1).

四、社会主义核心价值观引领社会思潮的途径

（一）宣传理论，夯实引领的思想基础

1. 广泛宣传社会主义核心价值观

实践表明，对于意识形态这块阵地，马克思主义思想不去占领，非马克思主义思想甚至反马克思主义思想就必然会去占领；先进的思想观念不去占领，落后的腐朽的思想观念就必然会去占领；社会主义核心价值观不去占领，其他的社会思潮就必然会去占领。在意识形态领域没有真空地带。正确的思想观念和价值理念只有被人民群众普遍理解、接受和掌握并转化为社会群体意识，才能为人们所自觉遵守和奉行。坚持以社会主义核心价值观引领社会思潮首先要加大对社会主义核心价值观的研究和宣传力度，营造浓厚的舆论氛围，使其家喻户晓、妇孺皆知。充分运用现代媒体的独特优势，采取多种载体和形式，广泛宣传社会主义核心价值观的基本内容和重大意义，广泛宣传广大干部群众建设社会主义核心价值观的生动实践和新鲜经验。

学校是宣传的第一主阵地，社会主义核心价值观宣传必须进入学校、进入教材、进入课堂，进入各种学校活动。社会是宣传的第二主阵地，要加强社会科学和新闻出版工作，要充分发挥报刊、广播影视、文学艺术、互联网等大众传媒的作用，大力宣传社会主义核心价值观的深刻内涵和精神实质，积极推广以社会主义核心价值观引领社会思潮的生动实践和新鲜经验，努力营造学习、实践社会主义核心价值观的舆论氛围，让全体公民加入以社会主义核心价值观引领社会思潮的行列中来。要尝试在市民公约、乡规民约、职业规范、学生守则等具体行为准则和各项行业管理制度中融入社会主义核心价值观的精神因素，并使之成为每个公民的行为标准，使遵守社会主义核心价值观成为社会成员的自觉行动。我们还要抓住全球化带来的机遇，通过"引进来""走出去"的途径，使社会主义的核心价值观日益科学完善，并且让社会主义核心价值观的先进思想和价值理念在世界范围内传播，不断增强我国社会主义核心价值观在全球意识形态格局中的影响力，积极倡导并致力于人类命运共同体的构建。

宣传社会主义核心价值观要关注社会动态，及时对热点难点问题作出科学合理的解释，深入细致做好群众的思想政治工作，防止由于一些社会矛盾、困惑得不到及时排解而累积起来，造成社会动荡和社会损失。坚持进一步丰富精神

文明创建活动的内涵,努力拓宽社会主义核心价值观引领社会思潮的领域和渠道,提高思想道德活动的创建水平,使人们时刻受到社会主义核心价值观的感染和熏陶,使之真正为广大人民群众所感知、所认同、所接受,并内化为自身的价值观念,外化为自觉的实践行动。

2. 引导群众科学全面认识社会思潮

巩固社会主义核心价值观在意识形态领域的主导地位,就必须坚持马克思主义的科学批判精神,加强对当代中国社会思潮的研究,理性地评价和对待社会思潮。只有科学认识和评价多样化的社会思潮,才能牢牢把握引领社会思潮的主动权。

第一,准确把握社会思潮的一般性质和特点。[①]系统地把握多样化社会思潮的内容,概括总结多样化社会思潮的一般性质和基本特点,是实现社会主义核心价值观、有效引领社会思潮的基础性工作。这项工作的质量关系到能否深入了解社会思潮的总体状况,能否提高对社会思潮的预判能力和增强引领社会思潮的灵活性,以至于能否最大限度地防止错误思潮的形成。这项工作的质量高低对能否深入研究具体社会思潮有着较大的影响。

第二,深入研究各种具体思潮。研究具体思潮,可以知己知彼,增强引领工作的针对性和实效性。深入研究具体的社会思潮,必须了解社会思潮的来龙去脉,了解特定社会思潮的生成、发展、作用和影响。深入研究具体思潮,需要把握社会思潮性质的不同和影响的大小,区别对待,对社会影响大的社会思潮要重点关注,对腐朽落后的思潮要迅速反应、果断采取措施,尽量减小或化解消极影响。深入研究具体思潮,必须把握多样化社会思潮之间的联系和互动机制,促进它们之间的有益联系,切断它们之间的不良的相互影响。深入研究具体思潮,必须对主要的社会思潮进行专门研究,当前必须扎实做好对历史虚无主义思潮、拜金主义思潮和利己主义思潮等社会思潮的引领工作。

第三,科学理性评判社会思潮。由于多样化社会思潮的存在意义和目的不同,它们与人类社会的发展方向或一致或不同,对社会的发展起着或推动或阻碍的作用。对于具体的社会思潮,我们要认真分析、理性对待,不要一棍子打死,对于社会思潮的不同方面要区别对待,对合理的成分要虚心接受,对错误的成分要坚决遏制。

第四,努力把握社会思潮的发展趋向。"凡事预则立,不预则废",坚持以社会主义核心价值观引领社会思潮,不能采用临时扑火的解决办法,而要建立观测和

---

① 梅荣政,王炳权.坚持以社会主义核心价值体系引领社会思潮[J].思想理论教育导刊,2007(6):8-12.

预警机制,尽量做到防患于未然。通过舆情监测机制的建立,我们可以即时监控社会思潮的生成、发展和演变,全面掌握社会思潮的内容、性质和影响,预先估测其发展方向、蔓延速度和可能产生的影响,对于积极的思潮要好好保护和培育,对于不良苗头要果断制止,尽量将其消灭在萌芽状态。

第五,及时澄清人们思想中的认识误区和模糊地带,尽可能地化解社会思潮的消极功能。[①]人们由于思想认识水平的局限性,再加上受多样化社会思潮的鼓动性和迷惑性的影响,容易产生思想上的困惑、形成认识上的误区,这将大大降低社会主义核心价值观对社会思潮的引领效果。这就要求我们始终做到"贴近生活、贴近实际、贴近群众",及时发现问题,耐心地做好思想政治教育工作,澄清人们思想中的认识误区和模糊地带,帮助人们端正思想,提高认识,尽可能化解社会思潮的消极功能,引导社会思潮朝着合理的方向发展。

第六,批判抵制错误思潮,剖析揭露错误思想。一方面要尊重差异、包容多样,另一方面要坚决抵制并摒弃社会思潮中一切腐朽、落后、消极的思想。不仅要揭露社会思潮内容上的错误,还要批判其理论基础,让群众有清醒的认识。不仅要告诫群众防范社会思潮的思想危害,还要提高人们明辨是非的理性思维能力,使之能自觉抵制各种不良社会思潮的影响和侵蚀,积极参与到社会主义核心价值观引领社会思潮的活动中来。

(二) 树立榜样,凸显引领的行为坐标

1. 彰显榜样,树立群众行为的合理参照

中华民族是一个崇尚道德榜样的民族。历史上的民族英雄、志士仁人等,始终是人们崇敬效法的楷模。新中国成立后的社会主义建设中,也涌现出了一批又一批英雄模范人物,如雷锋、焦裕禄、孔繁森等,他们对于高尚精神的塑造和中国社会的发展产生了很大的积极影响。从2002年10月开始,中央电视台每年推出的"感动中国"年度人物评选,在社会上引起了强烈反响。从人民公仆郑培民、航天英雄杨利伟、独臂英雄丁晓兵、爱心歌手丛飞,到乡邮递员王顺友、好军医华益慰、自立自强的优秀大学生洪战辉、参加长征的红军群体等,虽然他们的身份不同,经历不同,但他们的故事都让人热泪盈眶,震撼人们的心灵。在他们身上,我们看到了一种理想、一种信念、一种精神、一种力量,他们以自己的行动从不同角度诠释了社会主义核心价值观的真谛。"感动中国"也好,评选"十大杰出青

---

① 张耀灿,杨静. 以社会主义核心价值体系引领社会思潮的着力点[J]. 思想理论教育,2007(19):9-13.

年""十佳美德之星"等也好,都发挥了榜样的引领作用,有效树立了群众追求的合理参照。坚持以社会主义核心价值观引领社会思潮要进一步彰显榜样,发挥先进典型的带头作用和示范作用,用社会主义核心价值观武装群众,进而实现对社会思潮的有效引领。

2. 知行合一,引领社会风尚

社会主义核心价值观要真正发挥作用,必须融入社会生活中去,让人们在实践中感知它、领悟它、内化它、践行它。离开了生活,离开了实践,再好的价值观念只能是空中楼阁。坚持以社会主义核心价值观引领社会思潮不仅要让社会成员接受社会主义核心价值观,内化为自身的思想价值信念,更重要的是把科学的价值观念落实到行为上,外化为良好的行为规范。无论是在社会上还是在工作或者在家庭中,都应用社会主义核心价值观要求自己,扮演好自身的角色。

社会风气是社会文明程度的重要标志,是社会价值导向的集中体现。树立良好的社会风气是广大人民群众的强烈愿望,也是经济社会平稳发展的必然要求。在我们的社会主义国家中,是非、善恶、美丑的界限绝对不能混淆,坚持什么、反对什么、倡导什么、抵制什么,都必须旗帜鲜明。要在全社会大力弘扬爱国主义、集体主义、社会主义思想,倡导社会主义基本道德规范,扶正祛邪,扬善惩恶,促进良好社会风气的形成和发展。①

(三) 优化环境,塑造引领的社会氛围

1. 优化引领的经济、政治环境

社会主义核心价值观作为上层建筑,必然受制于经济基础。没有扎实的物质基础,任何理论都只能是空中楼阁,不可能解决任何问题,也不可能赢得群众的认可。只有不断发展生产力,改善人民的物质生活,才能充分体现社会主义制度的优越性,增强社会主义核心价值观引领社会思潮的物质基础,有效遏制和消除种种错误思潮。②贫穷不是社会主义,社会主义必须摆脱贫穷。社会主义的号召力在于它能够更好地解放生产力、发展生产力,带领人民实现共同富裕。苏联东欧社会主义国家的倒台,中国社会主义的蓬勃发展,从正反两方面直接深刻地说明了没有发展就没有社会主义。优化社会主义核心价值观引领社会思潮的经

---

① 牢固树立社会主义荣辱观 重在实际行动 重在持之以恒 重在形成机制[N]. 人民日报,2006-04-07 (4).
② 梅荣政,王炳权. 坚持以社会主义核心价值体系引领社会思潮[J]. 思想理论教育导刊,2007(6):8-12.

济环境,就是要坚持改革开放不动摇,不断解放生产力、发展生产力;就是要不断完善公有制为主体、多种所有制经济共同发展的基本经济制度;就是要实行以按劳分配为主,多种分配方式并存的分配制度,不断摸索寻求效率优先和兼顾公平的最佳结合点,实现共同富裕。

任何意识形态都是为一定统治阶级服务的。政治环境的好坏直接关系到意识形态的发展。坚持党对意识形态工作的领导,牢牢把握思想文化的主阵地,必须优化政治环境,就是要以抓党风来促政风带民风,其核心是抓好党员领导干部的作风,增强政府的服务意识,内强素质、外树形象,为社会主义核心价值观引领社会思潮提供良好的政治环境。在党员干部中大兴理论学习之风,大兴调查研究之风,大兴真抓实干之风,一心一意干工作,全心全意搞服务,和衷共济谋发展。完善各项管理制度,建立创新机制,完善考核评价体系,真正把那些对工作有激情、对群众有感情、对发展有贡献的干部,提拔到重要岗位上来,让想干事的有机会,会干事的有舞台,干成事的有地位。大力推进机关效能建设,强化社会管理和服务功能,办事提速、提效,服务求好、创优,切实促进政治环境的优化。

2. 优化引领的文化舆论环境

坚持以社会主义核心价值观为指导规范社会思潮传播载体。传播是多样化社会思潮发展和扩大影响力的一个必经环节。社会思潮传播载体是现代人获取信息的基本手段。通过对相应的传播载体进行管理,可以达到对社会思潮进行引导和控制的目的。社会思潮的传播载体主要有广播电视、报刊和网络。报刊、广播电视是传统的传播载体,具有很大的影响力。互联网具有开放性、虚拟性、即时性等特点,这使得互联网上传播的信息真假混杂、难以控制,成为社会思潮特别是某些消极落后社会思潮的主要传播途径。坚持以社会主义核心价值观引领社会思潮,必须对社会思潮传播载体进行必要的规范和引导,发挥它们的积极作用,限制、化解它们的消极作用。

优化引领的文化舆论环境,要积极建立有控制的公共舆论场景和健全的对话机制,对多样化社会思潮的相互影响进行有针对性的引导,力争让社会思潮的积极因素相互渗透,消极因素相互隔离以利于各个击破;力争形成社会主义核心价值观和社会思潮之间相互沟通的良性互动关系。社会主义核心价值观是我们国家的主流意识形态,对其他社会思潮起着统领作用,是国家大力构建并由国家政治经济等制度保障的主流意识形态。必须在社会主义核心价值观与各种社会思潮之间建立起正常的、良好的对话沟通机制,在对话和竞争中赢得社会主义核心价值观引领社会思潮的统领性。

（四）完善制度，构建引领的有效机制

1. 深化改革，完善管理

坚持以社会主义核心价值观引领社会思潮，必须转变观念，建设服务型政府，全心全意为人民服务，始终把最广大人民的根本利益作为党和国家一切工作的出发点和落脚点，实现好、维护好、发展好最广大人民的根本利益，不断提高人民的生活水平；必须坚持和实践新发展理念，坚持以人为本，统筹国内与国际市场，转变增长方式，提高发展质量，推行节能降耗，实现经济社会全面协调可持续发展；必须坚持改革开放不动摇，深化经济体制改革，推进政治体制、文化体制、社会体制改革，进一步扩大对外开放，主动参与全球合作和竞争，增强在世界舞台的影响力；必须加强制度建设，深化行政体制改革，推进社区建设，完善基层服务和管理。

坚持以社会主义核心价值观引领社会思潮，必须加强宣传思想文化阵地管理，倡导先进性、弘扬主旋律，不给否定马克思主义、丑化党的领导、破坏改革发展稳定的各种消极的社会思潮提供生成及发展的空间；必须加强意识形态领域管理制度建设和队伍建设，健全机制，努力造就一支政治强、业务精、作风正、纪律严的研究和宣讲人员队伍，深入基层，坚持贴近生活、贴近实际、贴近群众，扎实做好意识形态领域的工作；必须加强对学校课堂、校内传播媒体、校园精神文明建设活动的管理，加强和改进学校的思想政治教育工作，增强师生辨别是非的能力，净化校园环境，建设健康向上的校园文化；必须高度重视对各种媒体的管理，建立健全法规制度，加强行业监管和自律，开展舆情分析，密切关注多样化社会思潮动态，及时发现问题，果断采取措施，把问题解决在萌芽状态。

2. 构建有效的引领机制

第一，教育和传播机制。实现社会主义核心价值观有效引领社会思潮，必须广泛宣传社会主义核心价值观，用科学的理论教育和武装群众。传播社会主义核心价值观的过程也就是教育群众的过程，这个过程需要宣传和灌输，但更重要的是引导。理论只有被群众真正接受，才能发挥它的威力。教育传播是一门技术，更是一门艺术，关键是坚持以人为本，要把体现党的主张与反映人民群众的心声统一起来，把社会主义核心价值观的主导性和广大群众的主体性统一起来，把思想性与艺术性统一起来，采取灵活多样的表现形式，建立高效的教育和传播机制，更好地发挥社会主义核心价值观对社会思潮的引领作用。

第二，分析预测机制。"凡事预则立，不预则废"，提高社会主义核心价值观引

领社会思潮的有效性,最好的办法就是对社会思潮进行分析预测,做到未雨绸缪。① 这就要求我们以见微知著的洞察力,对各种社会思潮进行密切的跟踪观察,分析、比较、鉴别多样化社会思潮,并就各种社会思潮所反映的现状和提出的问题,认真研究分析,多方寻求答案,提出解决方法。要对社会思潮作出准确预测,不仅要关注国内社会思潮的生成发展,还要关注国外社会思潮的变化发展,特别要厘清国内外社会思潮之间的关系和影响机制。唯此,我们才能根据某种潜在的思潮苗头来觉察其未来的变化,准确预测社会思潮的变化趋势,做到防患于未然。

第三,疏通引导机制。对多样化社会思潮认识不清或盲目追从,主要表现为人们认识上和思想上的问题。疏通引导是解决人们在社会意识领域中的思想问题和认识问题的方法。虽然在多样化社会思潮中有一部分社会思潮带有明显的政治色彩,但是,除了少数别有用心的人,对于大多数群众来说,一般都属于思想认识上的问题,属于人们内部矛盾,采用疏通引导的方法都可以有效地解决。在疏通引导中,要注意根据社会思潮的不同情况进行区别对待,对积极向上的思想观念要鼓励和支持,对不正确的思想、观点和意见给予客观的分析、解释、教育和批评,对事关政治方向、事关重大原则的问题,必须旗帜鲜明,分清是非曲直,措施果断有力;严格区分思想认识问题、学术问题和政治问题的界限,坚持用不同的办法解决不同的问题。在疏通引导的过程中,要坚持破中有立、立中有破的原则,戳穿腐朽思潮的假面目,大力弘扬主旋律。

第四,网络审查机制。互联网的出现和发展,掀起信息传播的革命,改变了信息传播的格局,人类正迈入一个以网络为主要技术支持的信息化时代。互联网时代的到来,打破了特定社会阶层、社会集团对信息的垄断,改变了原有的社会格局。网络信息的即时性、交互性、开放性、虚拟性的特点,使得人们不再仅仅是信息的被动接受者、消费者,还是信息的创造者、发布者。在互联网上,不同的价值观念、不同的政治主张、不同的道德信仰、不同的生活方式、不同的处世态度,获得了平等的发言权,实现了真正的畅所欲言。当然,这一方面有利于社会主义核心价值观等积极价值观念的传播,但另一方面也难以避免消极落后社会思潮的大肆散布。坚持以社会主义核心价值观引领社会思潮,必须建立健全网络审查机制,防止消极信息的散布,抵制不良社会思潮,弘扬主旋律,用正确的舆论引导人。实行网络审查机制,可以实行网络信息分级制度,对不同的信息采用不同的审查标准,对于面向社会公众的网络信息,由于其影响面较大,必须严格

---

① 刘福州. 略论社会思潮引领机制的构建[N]. 光明日报,2007-12-29(1).

审查;对于涉及国家和公共安全的信息,不仅要求严格审查,而且要迅速反应,果断采取措施。

第五,反馈反应机制。坚持社会主义核心价值观引领社会思潮,对多样化社会思潮进行有效管理,必须建立起反馈反应机制。设立专门的机构,配备一支训练有素的队伍,密切关注社会思潮的变化,通过设立专门监测机构,全天候关注不同阶层、不同群体的思想状况、价值取向及其变化,及时作出反应和反馈,从而适时适度有针对性地做好引导工作,最大限度地发扬多样化社会思潮中的积极向上的方面,尽可能防止其消极方面任意滋长。在今天国内外重大事件时有发生、网络日益成为思想信息集散地和社会舆论放大器的情况下,能否建立迅捷高效的社会思潮动态反馈反应机制,已成为在重大关键时刻能否及时用社会主义核心价值观成功引领社会思潮,保证社会主义政治方向的关键环节。

第二章 社会主义核心价值观引领高校校园文化的着力点

文化建设是中国特色社会主义事业总体布局的重要组成部分，文化繁荣发展是全面建设社会主义现代化国家的重要目标。社会主义核心价值观是根源于革命文化、社会主义先进文化和中华优秀传统文化并吸收人类文明成果发展起来的，在我国社会主义文化建设中居于引领和主导地位。推动社会主义文化大发展大繁荣，必须紧紧抓住社会主义核心价值观建设这个根本，坚持以社会主义核心价值观建设为核心。① 高校校园文化是我国文化建设的重要组成部分，促进高校校园文化健康发展必须紧紧抓住社会主义核心价值观。坚持以社会主义核心价值观引领高校校园文化建设是一个系统工程，涉及精神文化、制度文化、物质文化等方面。要提升社会主义核心价值观引领高校校园文化的整体成效，必须着力做好以下三个方面的工作。

一、树立以共产主义为目标的理想信念

理想信念是人们对未来的向往和追求，是一个人世界观和政治立场在奋斗目标上的集中体现。大学生是祖国和民族的希望，是社会发展的关键力量，他们的理想信念、政治思想观念直接关系着党和国家事业的兴衰成败。

党和国家对大学生理想信念教育非常重视，先后下发了《关于加强和改进新形势下高校思想政治工作的意见》《高校思想政治工作质量提升工程实施纲要》等一系列文件，各高校都对学生进行了切实有效的理想信念教育。当前大学生的理想信念状况总体上是良好的，大部分大学生的精神面貌是积极向上的。他们关注国内外的时事热点，关心国家和民族的命运；将个人发展和社会进步紧密结合，在服务社会中提升能力；敢爱敢恨，不以善小而不为，不以恶小而为之，积

---

① 胡锦涛. 坚定不移走中国特色社会主义文化发展道路　努力建设社会主义文化强国[EB/OL]. (2011-10-18). http://cpc.people.com.cn/GB/64093/64094/16778578.html.

极倡导社会正气。同时,我们也必须看到,由于我国社会主义市场经济体制的不完善而给社会风气带来不良影响,对外开放中一些国外不良思潮的涌入以及西方敌对势力思想颠覆的力度加大,使高校校园不再是纯净的象牙塔,大学生们面临着各项不良思潮和价值观念的冲击。个别大学生失去了判断力,理想信念动摇甚至丧失,价值观念偏执甚至扭曲:奉行个人主义,个人利益至上,争名逐利,不择手段;奉行享乐主义,追求物质享受,攀比消费,荒废学业;奉行无政府主义,纪律观念淡薄,自由散漫,言行不端等。理想信念的动摇是最根本的动摇,也是最危险的动摇。我们必须用社会主义核心价值观武装大学生头脑,帮助他们树立正确的世界观、人生观、价值观,坚定理想信念;帮助他们掌握科学的方法论,端正认识、明确立场。

要用马克思主义武装大学生的头脑。马克思主义指导思想是社会主义核心价值观的灵魂。马克思主义唯物辩证法与唯物史观是科学的世界观和方法论,是中国特色社会主义的指导思想。坚持马克思主义指导地位,实质是坚持共产主义的奋斗目标,这对大学生理想信念教育提出了更加明确的要求。大学生理想信念教育应增强以共产主义为奋斗目标的自觉性,使大学生成为实践社会主义核心价值观的模范,成为共产主义远大理想的坚定信仰者。[①]

要用中国特色社会主义共同理想引导大学生的发展。中国特色社会主义共同理想是社会主义核心价值观的主题,是共产主义远大理想在中国社会主义初级阶段的表现,是我国社会主义建设的近期目标,是共产主义总目标的一个阶段目标。这个阶段目标既坚持了共产主义方向,又符合现阶段我国国情;既为中国特色社会主义事业指明了奋斗方向,又让广大人民群众看得到、摸得着、干得起劲。以中国特色社会主义共同理想引导大学生的发展,就是要引导大学生将个人发展与社会需要紧密结合起来,将个人目标融入社会目标,自觉投身中国特色社会主义事业,为实现中华民族伟大复兴,建成富强、民主、文明、和谐、美丽的社会主义现代化国家而努力奋斗,在实现社会价值中实现个人价值。

要用民族精神和时代精神鼓舞大学生斗志。中华文明源远流长,在五千多年的历史长河中,形成了以爱国主义为核心的伟大民族精神,这是中华文明得以生存和发展的动力和支撑,并将继续推进中国特色社会主义伟大事业。在改革开放的今天,中华民族与时俱进,形成了以改革创新为核心的时代精神,使中华大地再次焕发勃勃生机,带领中国人民取得了举世瞩目的成就。用以爱国主义为核心的民族精神鼓舞大学生斗志,就是要教育大学生了解历史,汲取精华,树

---

① 姜华,黄蓉生. 以社会主义核心价值体系引领大学生理想信念教育深入发展[J]. 思想理论教育导刊, 2009(11):91-94.

立民族自尊心和自豪感;教育大学生了解国情,理性爱国,为中华崛起而读书。用以改革创新为核心的时代精神鼓舞大学生斗志,就是要教育大学生明确创新精神和创新能力是个体发展的基本品质,是关系国家未来竞争力的关键因素;教育大学生增强创新意识,培养创新能力,提升创新本领,为中华民族实现伟大复兴而踔厉奋斗。

要以社会主义道德培养大学生道德风尚。高校校园是否具有良好的道德风气,大学生是否具有良好的精神风貌,关键在于大学生是否具有分清是非、明辨善恶的价值判断标准。只有把握正确的价值判断标准,高校才能形成扬善惩恶的良好风气,大学生才能养成积极向上的精神风貌。要教育引导大学生加强个人品德修养,提升社会公德素养,疾恶如仇,弘扬正气,以建设社会主义道德风尚为己任。

二、形成以批判、创新为本质特征的大学精神

大学精神是一所大学的价值追求所在,是大学赖以生存和发展的精神支柱。人才培养、科学研究、服务社会、文化传承创新和国际交流合作是高校的五大基本功能,能否高质量履行职能,涉及经费、师资、硬件等方方面面的因素,但最为关键的因素是大学的精神。大学精神是高校校园文化的灵魂,是大学生命力的体现,大学精神的导向力决定着大学的发展方向、发展速度和发展前景,大学精神潜移默化地滋润大学生的精神、信念和信仰,使其受到无形的洗礼和熏陶,这种影响虽然无声,但却巨大,往往是持续终身的。[1]大学精神是高校校园文化的灵魂,对校园文化建设起着主导作用,要坚持用社会主义核心价值观统领高校校园文化建设,形成以批判精神、创新精神为本质特征的大学精神。

大学作为知识传承与创新的殿堂,以追求真理、弘扬科学为己任,批判精神是大学精神的第一要义。人类知识浩繁,其中有真知灼见,也不乏垃圾糟粕。要吸其精华、去其糟粕,批判地继承。首先是批判,在批判中才能分清真理与谬误。继而是继承,在批判基础上的继承是理性的接纳,是对合理因素的汲取、不合理因素的舍弃。坚持用社会主义核心价值观引领校园文化就是要培养大学的批判精神;马克思主义是对英国古典政治经济学、德国古典哲学、空想社会主义批判继承的产物,没有批判精神就没有社会主义核心价值观。以社会主义核心价值

---

[1] 饶武元,胡罗斌.论大学精神与大学发展[J].教育学术月刊,2010(1):43-46.

观引领校园文化就是要培养学生的批判思维,敢于发问,勇于探索;就是要培养学生的批判精神,不唯上、不唯书、只唯实,有自己的立场和观点,不盲从潮流,理性思考,正确行动。

创新是人类特有的认识能力和实践能力,是人类主观能动性的高级表现形式,是推动民族进步和社会发展的不竭动力。一个民族要想走在时代前列,就一刻也不能没有理论思维,一刻也不能停止理论创新。创新是一个民族进步的灵魂,是一个国家兴旺发达的不竭动力,也是一个政党永葆生机的源泉。创新精神是"大学精神"的根本,是大学得以生存和发展的内在生命力。改革开放是我国人民勇于创新的结果,也是以改革创新为核心的时代精神形成的历史条件。创新让国家发展、社会进步。当代的大学生作为未来的建设者和接班人,担负着历史的重任,只有践行改革开放的精神,坚持创新,才能推动中国特色社会主义伟大事业不断前进。培养大学的创新精神,就是要培养大学生的创新意识,激发创造动机,引发创造兴趣,培养创造情感,锻炼创造意志;提升他们的创新能力,使之能够发散思维,动手操作,科学规划,有序实施。

三、开展健康向上、形式多样的校园文化活动

大学校园文化活动是校园文化建设的最重要的载体和平台,是学校第一课堂的补充、延伸和拓展,对大学生陶冶情操、健全人格、全面发展具有重要的作用,是高校校园文化活力的源泉,是高校校园文化建设质量的重要衡量指标。健康向上的校园文化活动能够巩固、强化第一课堂教育的效果,促进学生理论联系实际,学以致用;能够扩大学生的活动范围和活动层面,学会学习、学会做事、学会做人,提升社会实践能力;能够增加学生的生活知识和社会经验,培养其适应社会环境的能力,为大学生走向社会、服务社会奠定良好的基础。实践证明:开展全方位、多层次、宽领域、高质量的校园文化活动,不仅能对大学生产生强烈的吸引力和凝聚力,而且能产生促进学生自我发展、自我完善的积极作用。[①]

目前,我国高校校园文化活动形式日趋丰富多彩,但也出现了一些不良的倾向:一是多而不精,吸引力下降。随着高校办学经费的提高,举办校园活动的条件越来越好,但走进高校校园却发现虽然校园活动越来越多,但却没有多少活动能真正吸引大学生,甚至一些活动采用分配任务的方式拉人参加,让学生唯恐避

---

① 侯丹丹. 浅析高校校园文化活动[J]. 思想教育研究, 2009(S1):124-126.

之不及。二是娱乐为主,缺乏引导。许多校园活动只注重娱乐性而缺乏引导性,缺乏相关部门对活动主题的把关和活动内容的审核,大多数校园活动只是让参与者笑笑乐乐,没有考虑如何对学生的思想、行为进行引导。三是政治教育活动偏少,学术活动针对学生的少。高校校园中通俗文化流行,文娱活动较多,但政治教育活动偏少,除了上级机关要求组织的一些特定活动外,"自选动作"很少,"规定动作"形式单一。高校的学术活动较多,但针对学生特别是本科生的很少,面对高水平的学术活动,大部分学生只能感受一下氛围,望而却步。

坚持以社会主义核心价值观引领校园文化,要精心设计和组织开展内容丰富、形式新颖、吸引力强的思想政治、学术科技、文娱体育、劳动实践等校园文化活动,把德育、智育、体育、美育、劳育渗透到校园文化活动中,使大学生在活动参与中受到潜移默化的影响,思想感情得到熏陶、精神生活得到充实、道德境界得到升华。[①]要充分利用各种纪念日以及党和国家的重要活动开展主题教育活动,逐步形成一批体现社会主义核心价值观,唱响社会主义主旋律,体现时代风貌和学校特色的校园文化活动品牌。要深入班级、深入寝室,深入学生学习生活,把社会主义核心价值观的要求融入大学生的学习生活中,引导大学生从我做起、从身边的事做起,从学会学习、学会做事、学会做人做起,为建设社会主义和谐校园文化添光加彩。

[①] 教育部,共青团中央. 关于加强和改进高等学校校园文化建设的意见[Z]. 2004-12-13.

第三章 大学生社会主义核心价值观教育的策略

大学生在学习和践行社会主义核心价值观方面呈现出：成长性、层次性、需求性等特点。为了进一步增强大学生社会主义核心价值观教育的效果，有必要根据这些特点，选择和优化教育策略，在教育过程中选择性应用发展性教育策略、差异化教育策略、需求性教育策略。

一、大学生学习践行社会主义核心价值观的现状分析

社会主义核心价值观教育是高校意识形态教育的重要任务，是高校贯彻立德树人根本任务的重要抓手。在各高校的大力宣传教育下，一方面大学生对社会主义核心价值观的认知、理解、践行水平明显提高，"四个自信"显著增强；另一方面大学生对社会主义核心价值观的认同和践行水平还有提升的空间。

（一）对社会主义核心价值观的总体认知水平较高，呈乐观积极态势

已有的从社会主义核心价值观内容的知晓层面开展的调查结果比较乐观，大多数大学生了解社会主义核心价值观的表述，并且对社会主义核心价值观三个层面的划分和所指的具体内容了解程度较高。

（二）对社会主义核心价值观具体内涵的理解度、具体内容的践行度还有提升的空间

社会主义核心价值观的教育不能仅仅停留在"知道"层面上，更重要的是理解、掌握并付诸实践。有调查显示，在对社会主义核心价值观的理解、实践层面上，一部分大学生的表现并不乐观。一些大学生不能深刻辨别社会主义核心价

值观中的"民主"与西方国家宣扬的"民主",不能对宗教信仰与共产主义信仰作出正确区分,不能将社会主义核心价值观贯彻到具体的生活行动中去。

(三) 多种因素影响了大学生对社会主义核心价值观的学习和践行效果

一是意识形态因素。境外反动势力企图通过意识形态渗透的方式,分化、西化我国青年,达到其不可告人的目的。高校的意识形态斗争形势复杂、斗争尖锐。二是经济、社会因素。一部分地区经济社会发展相对落后,社会主义核心价值观宣传教育的力量不是很强,削弱了社会主义核心价值观的传播力和影响力。经济的相对落后,也使得对大学生开展教育的方法选择和渠道选择都受到制约。三是家庭环境因素。一个人的价值观形成、发展主要受家庭、学校、社会三方面影响,其中家庭教育对人的价值观形成发挥着极其重要的作用。一部分大学生由于其特殊的家庭背景,形成了一些与现代社会不相适应的价值观念。四是宗教因素。由于宗教有神论思想的影响,部分有宗教信仰的大学生信奉宗教教义和宗教推崇的行为准则,对国家倡导的主流价值观可能产生疏离、难以接受的现象。五是宣传教育方式因素。当前高校宣传社会主义核心价值观的方法比较统一和传统,经常采取"一刀切"的教育方式,对一部分大学生的特殊性研究不够、应对不足。

二、大学生社会主义核心价值观教育的特点

(一) 认同和践行水平具有成长性

人的价值观发展是一个变化发展的过程,人们也总是能通过与其他事物的相互关系,促进价值观的形成。个人价值观的成长历程大致可分为三个阶段:价值观的形成、价值观的成熟、价值观的完善。从人一生来看,初始形成阶段对应于人的儿童时期,成熟期对应于人的青少年时期,发展完善阶段对应于青少年之后的时期。从人的某个人生阶段来看,人的价值观认同水平也同样具有成长性。有研究表明,低年级和高年级大学生在价值观认同上具有不同的表现,呈现一个由不成熟走向成熟、量变到质变的发展过程。大学生价值观认同的成长性集中表现在政治觉悟上的进步,从一般群众到共青团员,再到中共党员,其社会主义核心价值观认同水平明显表现为一个由低到高的发展过程。

(二) 教育对象具有层次性

1. 大学生群体存在层次性

从大学生学历层次看,大学生分为大专生、本科生、研究生;从大学生就读高校看,可分为一般高校学生、"双一流"高校学生;从就读年级看,可分为大一年级、大二年级、大三年级、大四年级学生;从思想政治觉悟看,可分为中共党员、共青团员、一般学生。

2. 大学生个体社会主义核心价值观践行水平存在层次性

大学生社会主义核心价值观践行水平,可分为知、信、行三个层次。"知"指的是思想认同,"信"指的是情感认同,"行"指的是实践认同。"社会主义核心价值观认同过程经历了思想认同、情感认同、行动认同三个阶段。"[①]

(三) 学习、践行具有自觉性

个人发展离不开社会环境这个大背景,大学生必须将个人的发展融入社会的发展才能更好地成长成才。对主流价值观的认知和认同是他们融入社会的关键手段和重要过程,这使得大学生能够自觉地去了解、学习、践行社会主义核心价值观。这种自觉性源自大学生自身发展的需要,具有强大的动力和指向性。这种自觉性程度和他们的需求程度密切相关。挖掘和激励他们的内在需求可以更好地激发大学生学习、践行社会主义核心价值观的自觉性。同时,由于个体差别,大学生的这种内在需求具有多样性,这种多样性,使得他们对社会主义核心价值观不同层面的内容、不同方面的内容的关注度不同。

三、大学生社会主义核心价值观教育的策略

(一) 发展性教育策略

发展性教育策略是指开展社会主义核心价值观教育时要抓住教育对象价值观成长的关键期,针对教育对象价值观发展的不同水平和阶段采用针对性措施,

---

[①] 潘清. 探索认同机制:培育大学生社会主义核心价值观[J]. 中国高等教育,2013(12):37-39.

发挥价值观发展水平较高的教育对象的示范作用,以带动其他教育对象价值观发展水平的提升。

大学期间是青年价值观定型的关键时期,是"人生的'拔节孕穗期',最需要精心引导和栽培"①。大学生价值观可塑性比较强,且受家庭和父母的影响越来越小,同时其社会主义核心价值观认同程度体现为一个从低年级到高年级的,从普通群众到中共党员的循序渐进的发展过程。这就要求我们充分把握好大学生价值观形成的拔节孕穗期,根据其成长性特点,充分发挥课程育人与组织育人的优势,有效利用党员发展各培养环节的教育功能,使大学生全方位、全过程学习和践行社会主义核心价值观。

政治面貌是大学生社会主义核心价值观认同和践行水平的重要标志。可以充分发挥组织育人作用,将大学生党员培养工作和社会主义核心价值观教育工作结合起来。针对大学生处于团员、入党积极分子、预备党员、党员的不同阶段,对他们认同和践行社会主义核心价值观的水平提出不同要求。要发挥大学生党员在认同和践行社会主义核心价值观方面的示范作用。大学生党员具有较高素质、较大影响力,可以对其他大学生学习和践行社会主义核心价值观起到示范引领作用。

(二) 差异化教育策略

差异化教育策略是指在研究教育对象个体差异、充分掌握教育对象的特点、特性的基础上,对不同的教育对象采取与之相适应的教育方式和方法,做到"因材施教""因人而异",从而增强教育的针对性和效果。

以大学生群体为分析对象,其教育层次、生活背景、思想觉悟都存在差异;以个体为分析对象,其学习和践行社会主义核心价值观的水平也不尽相同。因此,在实际教育过程中,要注意采用差异化教育的方法,加强教育的针对性。对不同年级、不同学历层次、不同生源地的大学生开展社会主义核心价值观教育,在教育内容的选择、教育方法的选用、教育活动的开展等方面都应有所区别。

从大学生所处思想认同、情感认同、实践认同的不同阶段出发,要通过马克思主义理论的教育,加强其思想层面的认同;要通过辅导员、班主任谈心谈话,榜样人物宣传及大学生党员帮扶等方式加强其情感层面的认同。要通过组织大学生参与社会实践活动、志愿服务活动等加强其行动层面的认同。

---

① 习近平. 用新时代中国特色社会主义思想铸魂育人 贯彻党的教育方针落实立德树人根本任务[N]. 人民日报,2019-3-19(1).

实施差异化教育策略还可以利用不同高校、不同地域的特殊教育资源开展社会主义核心价值观教育工作,例如不同地区的红色资源、传统文化资源等。

(三) 需求性教育策略

需求性教育策略是指了解教育对象的现实需求,挖掘教育对象的潜在需求,通过满足和抑制教育对象需求的方式来激发和引导教育对象的内生动力,从而提高教育对象学习的主动性、积极性和持久力。

激励大学生自觉地去了解、学习、践行社会主义核心价值观,可以以他们的现实需求和发展需求为切入点,明确他们的群体和个体的教育诉求。需要采用多样化教育方式和方法满足大学生的不同教育需求。有的大学生由于文化基础相对薄弱,对思想政治理论的领悟能力相对较低,可以通过加强"社团思政"的方式,来加强其社会主义核心价值观教育。对于有特殊需求的大学生,我们尤其要注意结合其现实利益需求开展针对性教育,充分发挥管理育人、服务育人的作用。宣传教育人员可以通过针对性谈心谈话,经常性走访关怀,将管理、服务、思想教育相结合,"因人而异""因事而化"地开展社会主义核心价值观教育。"让学生既能感受到服务育人的'温度',又能体会到管理育人的'热度'。"[①]

在激励和引导大学生的需求时,要对"优势需要"重点关注。大学生"当前最迫切的需要,就是'优势需要'"[②]。可以根据大学生的"优势需要",设定相应的教育目标、选择恰当的教育内容、提供对口的教育产品。"优势需要"的满足能极大地激发大学生学习和践行社会主义核心价值观的积极性,增强教育的效果。

---

① 吴跃本,朱晓艳. 高校社会主义核心价值观认同教育的需求侧思考[J]. 黑龙江教育,2020(9):49-52.

② 董静. 马斯洛需要层次理论对大学生思想政治教育的启示[J]. 法治与社会,2020(12):179-180.

第四章　大学生社会主义核心价值观认同的价值维度、影响因素、优化路径

习近平总书记在建党100周年庆祝大会上对青年提出殷切期望,并指出"未来属于青年,希望寄予青年"[①]。据统计,作为青年主力军的在校大学生已达3000多万人,如何教育、引导这一群体勇担历史使命,把思想和行动统一到第二个百年奋斗目标伟大征程中来,是当前高校教育工作者面临的重大而紧迫的课题,也是应对"两个大局"的关键一招。不断加强以社会主义核心价值观为主要内容的思想理论教育与价值引领,无疑是最为重要的手段之一。十八大以来,党中央高度重视"思政课程""课程思政"建设,强化思想政治理论课教师队伍、辅导员队伍建设等一系列举措充分体现了这一点。新时代大学生是我"强国一代",其重要性不容忽视,进一步研究大学生核心价值观认同的价值维度、影响因素,并提出科学有效的措施提升思想政治教育实效,广泛凝聚共识,画出最大同心圆,构筑抵抗西方意识形态渗透的铜墙铁壁,汇聚实现第二个百年奋斗目标的青年力量,是当前重要而紧迫的任务。

一、大学生社会主义核心价值观认同的价值维度

社会主义核心价值观从个人到社会,再到国家,三个层面的丰富内容和高尚价值追求,对大学生成长成才具有全方位指导意义。

(一) 有利于引导大学生明确为人处世准则

人才培养是高校肩负的重要使命之一,一方面要传授知识和技能,让学生掌握谋生的一技之长;另一方面要教给他们做人做事的基本道理,让学生成为社会主义合格公民。社会主义核心价值观第三层面的价值准则,为大学生的社会生

[①] 习近平. 在庆祝中国共产党成立一百周年大会上的讲话[EB/OL]. (2021-07-01). https://www.12371.cn/2021/07/01/ARTI1625122624003841.shtml.

活、职业生活、家庭生活、个人生活等各方面提供了最基本的行为规范。这一价值追求,明确了做人的基本准则。其所倡导的爱国、友善,既是社会主义国家公民应当遵守的最基本的道德规范,也是中华民族的优良传统,作为一个中国人,爱国永远是第一位的,这是每一个大学生都必须明确的"大德",这是处理个人与国家关系的第一原则。友善必不可少,这是处理个人与社会、与他人关系,建设和谐社会的重要原则。这一价值追求,明确了做事的基本准则,它所倡导的敬业、诚信,是大学生步入社会、走入职场后最基本的职业道德。大学生要想成为社会有用人才,要想成就一番事业,仅靠专业知识和技能是不够的,社会主义核心价值观所倡导的敬业、诚信,对大学生成才发挥着基础性、持久性的作用。

(二) 有利于引导大学生明确社会理想

大学生思维活跃,充满理想主义情怀,对美好社会有着独立的思考,对当前社会具有批判意识。社会主义核心价值观第二层面的内容反映了人们对理想社会、美好社会的期待和追求,这一表述既存在于资本主义社会,也为社会主义社会所憧憬。但社会主义核心价值观所倡导的自由、平等、公正、法治与资本主义社会有所不同。社会主义社会所倡导的自由,不是少数人的、形式上的、虚伪的自由,而是大多数人的、实质上的、真正的自由,不是以牺牲社会利益为条件的、绝对的个人自由,而是有条件的、兼顾社会与个人的共同利益的相对自由。同样,社会主义核心价值观所倡导的平等、公正,也不是落在法律文本之上的"形式上的平等、公正",而是实实在在的平等、公正,是事实上、结果上的平等、公正。社会主义核心价值观所倡导的法治,是党的领导、人民当家作主、依法治国的有机统一,为最广大人民的根本利益提供保障,而资本主义制度下的法治,本质上是资本的工具,为资本所左右,维护的是既得利益集团的统治和利益。因此,中国特色社会主义制度下的自由、平等、公正、法治的价值取向,有利于引导大学生批判地、正确地认识自由、平等、公正和法治的社会理想,增强制度自信,明确只有在社会主义制度下,才能真正实现人的自由与平等。

(三) 有利于引导大学生明确奋斗目标

第一层面的价值追求,揭示了中国特色社会主义社会发展的价值目标,从国家层面反映了社会主义核心价值观的时代追求。在社会主义社会,富强是为人的全面发展提供物质基础,民主是为了真正实现人民当家作主。这与资本主义社会1%的人占有90%的社会财富,少数人当家作主的形式上的"民主"有着本质的区别。我们所倡导的富强,是实现人民的富裕与国家的强盛,归根到底要落实到满足人民对美好生活的追求上,不断增强人民的获得感、幸福感、安全感。社会主义核心价值观所倡导的民主,是真实、广泛、高效、丰富的民主,反映了人民在推动历史发展中的主体地位,体现了马克思主义关于人民是历史的创造者的基本原理。其所倡导的文明、和谐也同样具有社会主义社会的独特内涵。真正意义上的中华民族伟大复兴,必须以社会主义核心价值观所倡导的富强、民主、文明、和谐为前提。新时代大学生作为强国一代,作为实现第二个百年奋斗目标的生力军、主力军,应该深刻认识到在强国征程中应该追求怎样的富强、怎样的民主、怎样的文明、怎样的和谐,并以此为引领,明确个人奋斗目标,为中华民族伟大复兴注入青春能量。

二、大学生社会主义核心价值观认同的影响因素

大学生是一个非常复杂的群体,涉及不同层次、不同信仰、不同家庭背景的个体。影响其社会主义核心价值观认同的因素颇多,主要有家庭环境、宗教信仰、学校教育、经济社会发展水平和网络环境五个方面。

(一)家庭环境

家庭环境是每一个孩子最初的成长环境,父母是孩子最亲近和最信任的对象,孩子最初的学习是从模仿他们的父母开始的,父母或者监护人就是启蒙老师,对他们行为习惯的养成和价值观念的产生都有极为深远的影响。除了父母这个主要因素,整个家庭的经济状况、文化水平、结构状况(如单亲、非单亲)、亲戚状况、抚养状况(如隔代抚养)等构成的成长环境都会对大学生价值观念产生重要影响,进而对其成年后在大学阶段对社会主义核心价值观的认识与践行产生有利或不利影响。

(二)宗教信仰

有宗教信仰传统的地区大学生信仰宗教现象较为普遍,"非宗教信仰传统地区大学生信教也是当代社会的一个突出现象"[①]。宗教不仅对本身具有宗教信仰的学生产生影响,也对其他普通大学生群体产生影响。宗教有其一整套的价值

---

① 胡飒.大学生宗教信仰对高校思想政治教育的影响及对策[J].学校党建与思想教育,2014(10):31-32.

观念体系,从最高的终极信仰到日常的戒律教规,对其信众思想观念和生活行为有很强的支配作用。虽然各大宗教的部分教义和伦理规范不与社会主义核心价值观相冲突,比如教人诚信、友善等。但有些宗教教规与社会主义核心价值观相冲突,比如宗教等级观念、宗教有神论、非理性的终极信仰等,均与社会主义核心价值观的平等、法治等价值追求相冲突。

(三) 学校教育

学校教育对人的价值观形成具有极其重要的作用,正如父母的行为及价值观念会对孩子产生极为深远的影响,教师作为人类灵魂的工程师,其言传身教是大学生价值观形成的重要影响因素。大学阶段是大学生价值观形成最为关键的阶段,是大学生价值观形成的拔节孕穗期。在高校,"教师在教学、生活中展现的价值取向、言行举止、人格魅力甚至爱好习惯都直接作用于大学生,对其起到引导和示范的作用"[①]。除了教师本身的直接影响,高校文化育人、组织育人、资助育人、课程育人、实践育人、网络育人、管理育人及服务育人的环境和水平均与大学生正确价值观的形成有着密切关系。

(四) 经济社会发展水平

马克思主义基本原理告诉我们,经济基础决定上层建筑,社会存在决定社会意识,一个地区的经济社会发展水平很大程度上制约着本地区的公民意识水平。发展不平衡不充分是当前我国社会的突出矛盾,农村地区、西部地区的教育与社会总体发展水平仍相对较低,整体上的信息相对闭塞、交通相对不便、文化和教育相对落后,这也往往导致这些地区社会意识相对落后,潜移默化影响着这些地区高校学生对社会主义核心价值观的认知、理解与践行。

(五) 网络环境

当今世界,随着信息技术、数字技术的迅猛发展,人们生活在现实与网络两大空间。"90后""00后"大学生更是被称为"网络原住民",网络生活必不可少且占比越来越高,网上购物、交流、学习已成为他们日常的生活方式。一方面,网络方便了交流与学习,有利于正能量的传播;另一方面,网络世界是一个虚拟与真实

---

① 魏晓文,修新路. 大学生社会主义核心价值观认同的影响因素与培育对策[J]. 大连理工大学学报(社会科学版),2018,39(5):96-104.

相互交融的世界,真实的意见与建议可以得到发声,但虚假信息、错误社会思潮也充斥其中,一旦被别有用心的国家和个人所利用,势必会对辨别力、判断力不足的大学生造成负面与消极影响,进而削弱社会主义核心价值观的传播和影响力,对国家意识形态安全造成冲击。

三、大学生社会主义核心价值观认同的优化路径

为针对性改善和加强大学生社会主义核心价值观教育方式方法,以社会主义核心价值观教育为引领,最大限度帮助大学生树立正确世界观、人生观、价值观。可从以下四方面优化大学生社会主义核心价值观认同教育的路径。

(一) 强化内容构建,优化课堂思想政治教育主渠道

由于大学生价值观念的形成受宗教信仰、学校教育等因素影响较为突出,强化思想政治理论课内容构建,优化课堂教育主渠道是首先要注意到的。采取一定方法和措施加强大学生尤其是有宗教信仰传统的大学生宗教知识与政策教育非常必要,在思政课程内容构建上,要有意识地充实宗教教育、红色教育等相关内容。"充分利用高校思想政治理论课的教学平台是马克思主义宗教观教育的重要渠道。"[①] 可以在"马克思主义基本原理概论"课程中的上层建筑、社会意识形态部分安排宗教专题内容,让学生对宗教的产生的根源及本质有更加深入的认识;在"毛泽东思想概论""思想道德修养与法律基础"课程中突出对我国宗教政策及相关法律法规的讲解,让学生懂得宗教信仰和宗教活动的相关制度。另外,红色资源是开展高校思想政治教育的优质资源,具有政治色彩鲜明、直观生动、思想性强、感染力强的特点,可"引导大学生为实现共产主义而奋斗,增强大学生对党和国家的认同,增强大学生的道德判断力"[②]。在思政课堂上充分利用好红色资源,针对性加强红色资源薄弱地区大学生的红色教育,可弥补其"红色洗礼"的缺失与不足。

(二) 强化队伍建设,夯实日常思想政治教育主阵地

课堂教育是开展大学生思想政治教育的主渠道,日常思想政治教育则是主

---

① 黄皖毅.试论当前大学生理性宗教观的培育[J].中国青年政治学院学报,2013,32(6):51-54.
② 黄志兴,肖长春.大学生红色励志教育的价值维度[J].红河学院学报,2021,19(2):95-98.

阵地。针对大学生特点,结合其实际需求,不断夯实日常思想政治教育主阵地,弥补课堂教育不足,形成"三全育人"局面,是高校开展社会主义核心价值观教育的重要一环。我国主要依托学工系统、党群系统下的专职辅导员、心理健康教师、班主任、学生骨干、党团干部等开展日常思想政治教育。党的十八大以来,各高校都已根据中央和教育部相关文件通过加强上述队伍的建设来提升日常思想政治教育的质量,但部分高校仅仅完成了队伍建设的数量指标,真正结合大学生特点与需求,围绕提升大学生思想政治教育实效层面的人员配备与队伍建设尚不完善。今后可有针对性地配备一定数量具有契合学生需求的生活背景、专业背景、工作经验的一线辅导员、学生骨干、党团干部,不断充实主阵地队伍,提高针对性与实效性。

(三)强化实践教育,提升大学生社会主义核心价值观教育的"主动性"

习近平总书记指出要"坚持理论性和实践性相统一"[①],这强调了实践教育在思想政治教育中的重要地位。大部分高校开设了劳动教育课程并规定了学分,进一步强调了大学生劳动教育、实践教育的重要性。与抽象的理论教育、灌输式教育、说教式教育不同,实践教育使学生在"身在其中"的体验与感知中主动接受教育,激发学生的"主动性",也体现了主导性与主体性相统一的原则。这种"主体参与式"的教育方式,充分挖掘了感性认识在思政教育中的作用,丰富的感性认识对加深理性认识是大有裨益的。社会主义核心价值观3个层面24个字具有一定的抽象性,因此,建立在主动参与、深切体验之上的实践教育可增强社会主义核心价值观教育的体验性,增强大学生的认知认同、情感认同和行为认同。"主体参与式"的教育理念更强调培养和发展学生的主体性,能增强社会主义核心价值观培育的多样性、双向性和实效性。[②]大学生充满青春活力爱展现自我的特点,对于开展实践性教育具有天然优势。通过舞蹈、歌唱、讲演、绘画、手工制作等方式设计实践课,让学生主动参与、融入课程中,通过"身居其中"的作品创造与意义构建,让大学生在实践、体验中更加丰富与深入地认知和体验爱国、民主、平等、公正等价值观念,使抽象的概念、观念感性化、形象化。

---

① 习近平. 思政课是落实立德树人根本任务的关键课程[EB/OL]. http://www.xinhuanet.com/politics/2020-08/31/c_1126434567.htm.

② 王建旭,彭河银."主体参与式"大学生社会主义核心价值观培育探究[J]. 学校党建与思想教育,2021(1):85-87.

(四) 强化网络教育,创新大学生社会主义核心价值观教育的方式方法

强化网络教育首要的是强化网络使用的监督与指导,国家应根据网络安全状况,不断完善互联网使用监管机制,高校也需不断引导大学生正确利用互联网,规范网络生活,消除其负面影响。同时,要注意提升高校学生的信息素养,提高其对网络信息的辨别能力,增强其抵御网络诱骗等风险的警惕性。另外,高校要充分利用网络增强大学生社会主义核心价值观教育的针对性和有效性。结合本校大学生实际特点,在充分了解其群体文化特征的基础上,有针对性地加强校园网络文化建设,创作富含公正、法治、民主、敬业等元素的网络文化作品来引领学生。同时,也要注重引导学生自行开展网络实践,创作舞蹈视频、歌曲音频、动漫故事等自媒体作品宣传社会主义核心价值观,通过这样的方式"打造自媒体微文化……用有着较强直观性、体验性和互动性的形式来吸引他们的学习与参与,进行社会主义核心价值观的熏陶和渗透"[①]。

---

① 盛显容. 自媒体时代"95后"大学生社会主义核心价值观的培育路[J]. 学校党建与思想教育, 2016(20):50-51.

第二篇

大学生传承红色基因研究

- ⊙ 传承红色基因的三维向度
- ⊙ 高校推进大学生传承红色基因的立体路径
- ⊙ 大学生红色文化认同的时代价值、影响因素与增进路径
- ⊙ 以红色文化厚植爱国主义的价值意蕴、逻辑理路与实践进路
- ⊙ 红色资源融入大学生党支部建设的价值维度与实践路径

本篇要览

党的十八大以来,习近平总书记多次谈到要把红色资源利用好、红色传统发扬好,让红色基因一代一代传下去。

党的十九届六中全会通过的《中共中央关于党的百年奋斗重大成就和历史经验的决议》指出:"要源源不断把各方面先进分子特别是优秀青年吸收到党内来,教育引导青年党员永远以党的旗帜为旗帜、以党的方向为方向、以党的意志为意志,赓续党的红色血脉,弘扬党的优良传统,在斗争中经风雨、见世面、壮筋骨、长才干。"

第五章　传承红色基因的三维向度

习近平总书记高度重视继承和发扬中国共产党在中国革命和建设中创造的宝贵精神财富，反复强调要把红色基因一代一代传承下去，红色基因"不论过去、现在还是将来，都是党的宝贵财富。光荣传统不能丢，丢了就丢了魂；红色基因不能变，变了就变了质"①。红色基因决定着我党和我国的根本性质和发展方向，决定着中国特色社会主义伟大事业能否不断推进。只有传承好红色基因，才能保证中国特色社会主义伟大事业沿着正确的方向不断前进。

传承红色基因，必须明确并牢牢抓住传承红色基因的目标向度、实践向度、价值向度。所谓目标向度就是中国特色社会主义事业要走向何方，传承红色基因就是要让人民大众明确我党我国的奋斗目标是什么，进而凝心聚力，不懈奋斗。所谓实践向度就是中国特色社会主义事业由谁来领导和带领，传承红色基因就是要让人民大众深刻了解中国共产党的执政合法性和合理性，提升人民大众跟党走的觉悟，坚定人民大众跟党走的决心。所谓价值向度就是发展中国特色社会主义事业是为了谁，传承红色基因就是要让人民大众认识到中国特色社会主义伟大事业是全体人民的事业，中国共产党是全心全意为人民服务的党，进而激发广大人民群众发展中国特色社会主义的自觉性和积极性。明确目标向度是红色基因传承的前提和基础，明确实践向度是红色基因传承的关键，明确价值向度是红色基因传承的内在动力。

一、传承红色基因的目标向度：继承和发展马克思主义

马克思主义是红色基因的本质内涵和目标取向，红色文化历史就是一部传播和发展马克思主义的历史，就是一部为马克思主义所描绘的蓝图努力奋斗并将其变为现实的历史。

---

① 习近平. 习近平谈治国理政：第 2 卷[M]. 北京：外文出版社，2017：183.

（一）传承红色基因就要始终坚持马克思主义的指导，在实践中不断推进马克思主义的发展

"一个民族要想站在科学的最高峰，就一刻也不能没有理论思维。"①中华民族要实现伟大复兴，也同样一刻不能没有理论思维。马克思主义始终是我们党和国家的指导思想，是我们认识世界、把握规律、追求真理、改造世界的强大思想武器。②

马克思主义是中国先进分子和人民经过反复比较后做出的郑重选择。1919年前后，各种社会思潮竞相出现，实用主义、改良主义、无政府主义、自由主义、保守主义、民族主义、民粹主义等竞相登台。十月革命一声炮响给中国送来了马克思主义，李大钊、陈独秀、陈望道等开始在中国传播马克思主义。马克思主义揭示了人类社会历史发展的基本规律，指明了世界历史发展的根本趋势和最终归宿。中国先进分子和中国人民经过反复比较，最终选择了马克思主义。

马克思主义为中国革命、建设、改革提供了强大思想武器。中国共产党人高举马克思主义旗帜，用马克思主义的立场、观点、方法分析中国的问题，走出了一条"农村包围城市"的道路，带领全国人民推翻三座大山，建立了中华人民共和国。党的十一届三中全会以来，我们党重新确立马克思主义的思想路线、政治路线、组织路线，经过40多年改革开放的伟大实践，带领中国人民实现了从站起来到富起来的转变。特别是十八大以来，以习近平同志为核心的党中央，用马克思主义立场和方法分析当今世界格局和我国所处的历史方位，提出"四个全面"战略布局，带领全国人民在实现中华民族伟大复兴的伟大征途上继续前进，在许多重大领域实现了关键性突破。

坚持马克思主义的指导就要学习和实践马克思主义关于人类社会发展规律的思想、坚守人民立场的思想、关于生产力和生产关系的思想、关于人民民主的思想、关于文化建设的思想、关于社会建设的思想、关于人与自然的思想、关于世界历史的思想、关于马克思主义政党建设的思想。③高举马克思主义的旗帜就要用马克思主义立场、观点、方法分析中国的实际情况，坚持中国特色社会主义道路，在建设社会主义中国的实践中不断推进马克思主义的时代发展。

---

① 马克思，恩格斯. 马克思恩格斯全集：第3卷[M]. 北京：人民出版社，1971：467.
② 习近平. 在纪念马克思诞辰200周年大会上的讲话[N]. 人民日报，2018-05-05(2).
③ 习近平. 在纪念马克思诞辰200周年大会上的讲话[N]. 人民日报，2018-05-05(2).

（二）传承红色基因就要坚定共产主义理想信念

马克思主义揭示了资本主义必将灭亡，共产主义必将实现的人类社会发展规律，为共产主义理想信念打下了坚实的理论基础。理想信念的确立，是一种理性的选择，而不是一时的冲动，光有朴素的感情是远远不够的，还必须有深厚的理论信仰作支撑，否则一有风吹草动就会发生动摇。①

共产主义理想是人类历史上最美好的理想，在共产主义社会，生产力高度发展，物质财富极大丰富，人们的思想觉悟极大提高，人人都可以过上"自由发展、按需分配"的美好生活。共产主义理想是人类历史上最科学的理想，共产主义理想与其他理想的根本区别在于它不是从主观愿望或抽象人性出发提出的假设，而是建立在历史唯物主义和生产力生产关系学说基础上，符合人类社会发展客观规律的科学预见。共产主义理想是人类历史上最崇高的理想。以往一切运动都只代表少数人的利益，共产主义运动追求的是全人类的解放，代表的是全人类的长远利益和共同利益。

共产主义理想信念是所有马克思主义者和马克思主义政党的奋斗目标，中国共产党人从成立起就把实现共产主义确立为党的最高理想和最终奋斗目标。马克思主义和非马克思主义的最根本区别就在于是否坚持共产主义远大理想，是否坚持最终消灭私有制。马克思主义主张解放全人类，然后解放无产阶级自身。要达到这一目的，必须坚持共产主义理想，实现"自由人的联合体"。任何放弃这一理想和目标的主义都是不是马克思主义，任何背离和淡化这一目标的文化和主张，都是对红色基因的摒弃。"理想信念动摇是最危险的动摇，理想信念滑坡是最危险的滑坡。"②正是因为把共产主义远大理想作为一面旗帜，正是因为把全国人民的解放作为奋斗目标，中国共产党人凝聚和号召了千千万万人民群众，推动我国革命和建设取得了一次又一次的胜利。

共产主义的实现意味着生产力的巨大提高，物质财富的巨大丰富，人们觉悟的巨大提高，这需要一代又一代人的不懈努力，但这绝不是空想，共产主义理想具有实践性。从《共产党宣言》的发表到"巴黎公社"起义，从苏联十月革命的成功到中华人民共和国的成立，各国无产阶级和劳动人民在马克思主义指导下，为实现共产主义理想进行艰苦卓绝的斗争，取得了丰硕的成果。共产主义社会的

---

① 习近平. 学习马克思主义基本理论是共产党人的必修课[J]. 社会主义论坛，2019(12)：4-6.

② 习近平. 在庆祝中国共产党成立95周年大会上的讲话[N]. 人民日报，2016-07-02(2).

初级阶段——社会主义社会,在中国和世界上其他一些国家,已成为现实。目前,中国人民在中国共产党的领导下进行的中国特色社会主义现代化建设,是实现共产主义远大理想的重要步骤。

(三)传承红色基因就要促进马克思主义的中国化

马克思主义主张世界是运动变化发展的,理论的应用必须紧密地联系实际,要根据时间、地点、事物数量和性质的变化而具体问题具体分析。"这些原理的实际运用,正如《宣言》中所说的,随时随地都要以当时的历史条件为转移。"[1]

1938年10月,毛泽东在中共六届六中全会的政治报告《论新阶段》中指出:"离开中国特点来谈马克思主义,只是抽象的空洞的马克思主义。因此,使马克思主义在中国具体化,使之在其每一表现中带着必须有的中国的特性,即是说,按照中国的特点去应用它,成为全党亟待了解并亟须解决的问题。"[2]马克思主义中国化,就是将马克思主义的基本原理和中国革命与建设的实际情况相结合,从而走出适合中国国情的社会主义革命和建设道路。

中国共产党人在实践中秉持马克思主义的实践品质,理论联系实际,用马克思主义基本原理分析中国的具体情况和实际,形成了"实事求是"的思想路线,产生了一系列成果:毛泽东思想、邓小平理论、"三个代表"重要思想、科学发展观、习近平新时代中国特色社会主义思想。

(四)传承红色基因就要坚持马克思主义大众化

"哲学家们只是用不同的方式解释世界,问题在于改变世界"[3],马克思主义是实践的理论,是全世界无产者认识世界和改造世界的强大思想武器,它通过掌握群众来改变世界。马克思在《〈黑格尔法哲学批判〉导言》中曾说过:"理论一经掌握群众,也会变成物质力量。理论只要说服人,就能掌握群众;而理论只要彻底,就能说服人。"[4]马克思主义大众化就是在让更多的人民群众掌握马克思主义的同时,实现马克思主义掌握更多的人民群众。马克思主义是人民群众的思想武器,而人民群众是马克思主义改造世界的物质力量。马克思主义大众化是马克思主义发挥作用、在实践中不断推进的必由之路。

---

[1] 马克思,恩格斯.马克思恩格斯选集:第1卷[M].北京:人民出版社,1995:248.
[2] 毛泽东.毛泽东选集:第2卷[M].2版.北京:人民出版社,1991:534.
[3] 马克思,恩格斯.马克思恩格斯选集:第1卷[M].北京:人民出版社,1995:61.
[4] 马克思,恩格斯.马克思恩格斯选集:第1卷[M].北京:人民出版社,1995:9.

当前马克思主义大众化的首要任务是用习近平新时代中国特色社会主义思想武装人民群众。习近平新时代中国特色社会主义思想是马克思主义中国化的最新成果,是用马克思主义立场、观点、方法分析研究当代中国实际得出的最新判断、描绘的最新蓝图。用习近平新时代中国特色社会主义思想武装人民群众是继续推进中国特色社会主义伟大事业的迫切需要,是应对各种思潮挑战的锐利武器,是统一思想、凝聚力量、推进中华民族伟大复兴的行动指南。

推进马克思主义大众化,必须充分调动人民群众的主动性、积极性、创造性,考虑人民群众的现实需要、认知水平、文化追求。要把马克思主义的真理性讲得深入浅出,要让理论宣讲变得生动活泼,要让传播方式灵活多样,要把人民群众的参与性和创造性充分发挥。推进马克思主义大众化要防止理论简单化、形式娱乐化、解读主观化,大众化的实质是运用马克思主义立场观点方法深入浅出地阐释和分析现实,我们尽可以使用商业化和市场化的手段进行包装与创新,但必须从内容出发而不能只从形式出发,否则,就背离了大众化的初衷。[①]

二、传承红色基因的实践向度:坚持中国共产党的领导

马克思主义的传播和发展离不开共产党人的奋斗,中国共产党是以马克思主义理论为指导思想,以共产主义为奋斗目标的政党。正是中国共产党人的不懈奋斗,让马克思主义在中国由理论变为了现实。正是在中国共产党人的奋斗历程中凝聚和遗存了红色资源宝库。

(一) 传承红色基因就要始终坚持中国共产党的领导

中国共产党的领导是历史和人民的选择。鸦片战争后,中国人民经历了战乱频仍、山河破碎、民不聊生的深重苦难。为了民族复兴,无数仁人志士不屈不挠、前仆后继,进行了可歌可泣的斗争,进行了各式各样的尝试,不论是"科学救国",还是"教育救国",都终究未能改变旧中国的社会性质和中国人民的悲惨命运。辛亥革命推翻了清王朝的统治,北伐战争实现了国内形式上的统一,但是中国人民仍然受到帝国主义和封建主义的压迫,广大人民群众依然穷困潦倒。中国共产党以共产主义为最高理想,以最广大人民的利益和幸

---

① 吴波. 马克思主义该如何大众化[N]. 环球时报,2019-01-21(15).

福为奋斗目标。中国人民要获得幸福,中国共产党是唯一的和必然的选择。中国共产党无论是弱小还是强大,无论处于顺境还是逆境,始终"不忘初心、牢记使命",团结带领人民实现了从站起来、富起来到强起来的华丽转身。中国共产党改变了中国落后的状况,改变了中国人民穷苦的命运,历史和人民选择了中国共产党。

办好中国的事情,实现中华民族伟大复兴关键在党。"办好中国的事情,关键在党。中国特色社会主义最本质的特征是中国共产党领导,中国特色社会主义制度的最大优势是中国共产党领导。"①中国共产党自成立之初,就把实现共产主义作为党的最高理想和最终目标,义无反顾肩负起实现中华民族伟大复兴的历史使命,团结带领人民进行了艰苦卓绝的斗争,谱写了气吞山河的壮丽诗篇。中华人民共和国成立70多年来在党的正确领导下,在中国人民及海内外华人同胞的共同努力下,中国从一个积贫积弱的国家,一跃成为当今世界第二大经济体,取得了"两弹一星""恢复联合国席位""载人航天""香港、澳门回归""青藏铁路""加入WTO"等一系列成绩,综合国力的历史性跨越令世人瞩目。尤其是党的十八大以来,在党中央正确领导下,发展质量和效益不断提升。经济保持中高速增长,在世界主要国家中名列前茅,国内生产总值稳居世界第二,对世界经济增长贡献率超过30%,供给侧结构性改革深入推进,经济结构不断优化。坚决破除各方面体制机制弊端,推出一系列改革举措,重要领域和关键环节改革取得突破性进展。一大批惠民举措落地实施,人民获得感显著增强。全面推进中国特色大国外交,我国国际影响力、感召力进一步提高,为世界和平与发展作出了新的重大贡献。中国共产党是中国人民谋求人民幸福、国家富强、民族复兴的伟大征程中的主心骨,中国共产党的领导是中国特色社会主义伟大事业的根本保证。

传承红色基因,就要坚持党对一切工作的领导。"坚持党对一切工作的领导。党政军民学,东西南北中,党是领导一切的。"②中国革命和建设的历史形象地告诉我们,党的领导落实得比较好的地方,工作效果往往比较好;而在党的领导比较涣散的地方,工作的成效无法保证。坚持党对一切工作的领导,首要的是增强政治意识、大局意识、核心意识、看齐意识,自觉维护党中央权威和集中统一领导,自觉在思想上、政治上、行动上同以习近平同志为核心的党中央保持高度一致。加强党对一切工作的领导要落到具体的工作中去,体现到经济建设、政治建设、文化建设、社会建设、生态文明建设和国防军队、祖国统一、外交工作、党的

---

①② 习近平. 决胜全面建成小康社会 夺取新时代中国特色社会主义伟大胜利[N]. 人民日报,2017-10-28(1).

建设等具体实践中去。在一些新兴领域,要尽快地实现党的领导全覆盖。"在坚持党的领导这个决定党和国家前途命运的重大原则问题上,全党全国必须保持高度的思想自觉、政治自觉、行动自觉,丝毫不能动摇。"①

(二) 传承红色基因就要坚决反对历史虚无主义,引导人民群众树立正确的历史观和国家观

历史虚无主义通过"重新解读历史"的方式来"颠倒历史真相",竭力贬损和否定革命领袖、革命英雄、革命历史,质疑马克思主义的科学真理性和中国共产党的执政合法性,进而达到反对"四项基本原则"、改变中国"颜色"的政治目的。传承红色基因,就是要让广大人民群众特别是青少年了解中国革命的真相、了解中国共产党的真实历史,正确地把握"中共历史发展的主题和主线、主流和本质,中国共产党在中国的领导地位和核心作用形成的历史必然性,中国人民走上社会主义道路的历史必然性,通过改革开放和社会主义现代化建设实现中华民族伟大复兴的历史必然性,坚决反对任何歪曲和丑化党的历史的错误倾向"②。引导人民群众坚持历史唯物主义的立场和观点,把历史事件和革命英雄放在特定历史背景下去分析,正确地对待历史必然性和历史偶然性,树立正确的历史观和国家观。

(三) 传承红色基因,就要继承和发扬中国共产党精神和优良传统

我国在革命和建设中,形成了一笔巨大的精神财富与政治资源,那就是党在长期的奋斗过程中形成的革命精神与优良传统。传承红色基因就要继承和发扬这些精神和优良传统。

革命英雄主义就是在斗争中不怕艰难险阻,不怕流血牺牲,英勇战斗,忘我工作的品德。朱德指出:"革命英雄主义是视革命的利益高于一切,对革命事业有高度的责任心和积极性,以革命之忧而忧,以革命之乐而乐,赤胆忠心,终身为革命战争事业奋斗,而不斤斤于作个人打算,为了革命的利益和需要,不仅可以牺牲自己的某些利益,而且可以毫不犹豫地贡献出自己的生命。"③

艰苦奋斗精神是中华民族的优良传统,也是我们党的一大优良传统。中国共产党人作为中华民族最优秀的儿女,合乎逻辑地继承了我们民族的优良传统。

---

① 习近平.在庆祝改革开放40周年大会上的讲话[N].人民日报,2018-12-19(2).
② 习近平.在全国党史工作会议上的讲话:摘要[J].中共党史研究,2010(8):5.
③ 朱德.朱德选集[M].北京:人民出版社,1983:115-122.

我们党为争取民族解放和独立的斗争史,就是一部艰苦奋斗的创业史。"在艰难困苦的时候需要艰苦奋斗,在物质条件优越的时候也需要艰苦奋斗",邓小平在总结我国改革开放以来的经验教训时指出:"最重要的一条是,在经济得到可喜发展、人民生活水平得到改善的情况下,没有告诉人民,包括共产党员在内,应该保持艰苦奋斗的传统。坚持这个传统,才能抗住腐败现象。"①

理论联系实际,实事求是的作风,是共产党人对待马克思主义的根本态度。实践不能没有理论的指导,没有理论指导的实践是盲目的,科学的理论对实践有着巨大的指导作用。科学理论的建构不能离开实践,实践是理论的基础和来源,是检验真理的唯一标准;实践的需要是理论发展的根本动力,是理论构建的根本目的。辩证地对待理论与实践的关系,是马克思主义本身的要义,更是共产党人对待马克思主义的根本态度。不唯书、不唯上,理论联系实际,实事求是,是中国共产党人的经验总结和制胜法宝。"坚持实事求是,就能兴党兴国;违背实事求是,就会误党误国。"②

密切联系群众的作风是指深入群众,发动群众,依靠群众,把人民群众的利益放在首位,对群众负责,全心全意地为群众服务的工作作风。中国共产党在长期的革命斗争中,坚持实行全心全意为人民服务的宗旨,建立了同广大人民群众的血肉联系和鱼水关系。传承红色基因就要遵循习近平总书记《在庆祝中国共产党成立95周年大会上的讲话》中所作出的嘱托:"我们要永远保持建党时中国共产党人的奋斗精神,永远保持对人民的赤子之心。一切向前走,都不能忘记走过的路;走得再远、走到再光辉的未来,也不能忘记走过的过去,不能忘记为什么出发。"③

批评和自我批评是无产阶级政党区别于其他政党的重要标志,是党强身治病、保持肌体健康的锐利武器,也是加强和规范党内政治生活的重要手段。毛泽东明确指出,"党内如果没有矛盾与解决矛盾的思想斗争,党的生命也就停止了""共产党内的矛盾,用批评和自我批评的方法去解决"。④ 批评和自我批评必须坚持实事求是,讲党性不讲私情、讲真理不讲面子,按照"照镜子、正衣冠、洗洗澡、治治病"的要求,严肃认真提意见,满腔热情帮同志,决不能把自我批评变成自我表扬、把相互批评变成相互吹捧。

---

① 邓小平. 邓小平文选:第3卷[M]. 北京:人民出版社,1993:290,306.
② 习近平. 坚持实事求是的思想路线[N]. 学习时报,2012-05-28(1).
③ 习近平.在庆祝中国共产党成立95周年大会上的讲话[N]. 人民日报,2016-07-02(2).
④ 毛泽东. 毛泽东选集:第1卷[M]. 2版. 北京:人民出版社,1991:306,311.

三、传承红色基因的价值向度：人民至上

马克思主义致力于实现全人类的解放，中国共产党致力于人民的福祉，人民至上是红色基因的价值向度。传承红色基因，一定要把握"人民至上"的价值内核。

(一) 传承红色基因，就要全心全意为人民谋利益

习近平总书记指出：沂蒙精神的特质就是把人民利益放在第一位；苏区精神的特质就是把实现好、维护好、发展好最广大人民根本利益作为一切工作的出发点和落脚点；伟大长征精神，就是把全国人民和中华民族的根本利益看得高于一切，就是紧紧依靠人民群众，同人民群众生死相依、患难与共、艰苦奋斗的精神。在 2016 年纪念建党 95 周年的"七一讲话"中，习近平总书记要求全党永远保持对人民的赤子之心。

马克思主义的根本宗旨就是为人类求解放。马克思主义同以往理论的根本区别在于它不是"少数人"的统治工具，而是无产阶级的思想武器，它服务的是"多数人"。它站在人民群众的立场上，指导人民群众实现自身的解放。马克思主义内容丰富，涉及哲学、政治经济学、科学社会主义三大体系，并随着实践的发展不断推进。但归根到底就是一句话，为无产阶级进而为全人类求解放。在马克思主义之前，社会上占统治地位的理论都是为"少数人"的统治阶级服务的。马克思主义第一次站在人民的立场探求"多数人"的、全人类的自由解放的道路，以科学的理论指导广大人民群众建立一个没有压迫、没有剥削、人人平等、人人自由的"联合体"的伟大实践。马克思主义之所以具有跨越国度、跨越时代的影响力，就是因为它植根人民之中，指明了依靠人民推动历史前进的人间正道。①

始终同人民在一起，为人民利益而奋斗，是马克思主义政党同其他政党的根本区别。作为马克思主义政党，中国共产党自成立以来，就以全心全意为人民服务为宗旨，除了国家、民族和人民的利益，没有任何自己的特殊利益。红色文化史就是一部为人民利益而奋斗的壮丽史诗。不少革命先烈家境殷实、生活条件优越，但是他们毅然投身革命；方志敏被捕时，国民党士兵把方志敏衣服上所有的衣角都捏了个遍，以为共产党的大官会有许多钱财，结果只搜出一只怀表和一

---

① 习近平. 在纪念马克思诞辰 200 周年大会上的讲话[N]. 人民日报, 2018-05-05(2).

支钢笔,没搜出一个铜板来。中国共产党人投身革命不为名不为利,为的是可爱的中国,为的是人民的幸福。习近平总书记指出:"中国共产党人的初心和使命,就是为中国人民谋幸福,为中华民族谋复兴。"①

(二)传承红色基因,就要牢记人民群众是历史的创造者和推动者

人民群众创造和推动了人类社会的发展。是谁创造了人类世界,不是神仙,也不是皇帝,而是人民群众。人民群众既是人类物质财富的创造者,也是人类精神财富的创造者。人民群众创造了生产力和经济基础,奠定了人类社会生存和发展的物质基础;人民群众不仅以其实践活动为创造精神财富提供取之不尽的素材,而且以其伟大的力量和智慧,为人类社会提供不可胜计的精神财富;人民群众是社会变革和发展的主力军,正是广大人民群众推动了人类社会的不断发展。英雄和领袖可以在一定程度上影响历史的进程,但决定社会发展的力量是人民群众。离开了广大人民群众,所有的英雄和领袖都将难以作为。党员干部必须站稳人民群众的立场,虚心向群众学习,真心向群众请教,密切联系群众,团结广大人民群众共同奋斗。

人民群众是我国革命和建设的根本依靠力量。共产主义伟大事业靠谁来推动和完成,靠马克思主义者,靠共产党人,归根结底是靠人民群众。马克思主义者和共产党人是人民群众中的先进分子,人民群众是我国革命和建设的根本依靠力量。为什么在积贫积弱的中国,压迫人民的"三座大山"能够被推翻?靠的是中国共产党领导下的广大人民群众的奋起抗争。为什么人民解放军小米加步枪能够战胜国民党的飞机和大炮?靠的还是人民群众的大力支持。为什么伟大的祖国能够实现从站起来到富起来、强起来的华丽转身?靠的是党的领导下的千千万万人民群众的奋发图强。总结我国革命和建设的经验,很关键的一点就是依靠广大人民群众。"革命战争是群众的战争,只有动员群众才能进行战争,只有依靠群众才能进行战争。""真正的铜墙铁壁是什么?是群众,是千百万真心实意地拥护革命的群众。这是真正的铜墙铁壁,什么力量也打不破的,完全打不破的。"②

(三)传承红色基因,就要坚持以人民为中心的工作导向

一切权力属于人民。我国是工人阶级领导的、以工农联盟为基础的人民民

---

① 习近平.决胜全面建成小康社会 夺取新时代中国特色社会主义伟大胜利[N].人民日报,2017-10-28(1).

② 毛泽东.毛泽东选集:第1卷[M].北京:人民出版社,1991:136,139.

主专政的社会主义国家,国家一切权力属于人民。人民行使国家权力的机关是全国人民代表大会和地方各级人民代表大会,人民依照法律规定,通过各种途径和形式,管理国家事务,管理经济和文化事业,管理社会事务。全国人民代表大会和地方各级人民代表大会都由民主选举产生,对人民负责,受人民监督;按照民主集中制原则,由选民直接或间接选举代表组成人民代表大会作为国家权力机关,统一管理国家事务;人民不仅有权选择自己的代表,随时向代表反映自己的要求和意见,而且有权监督代表,有权依法撤换或罢免那些不称职的代表;在我国的人民代表大会的代表中,有各民族、各阶层、各方面的代表,他们代表着我国社会各界群众,能够在人民代表大会中充分反映各界群众的意见和意志。人民代表大会制度是保障人民当家作主的根本制度安排,必须长期坚持,要支持和保障人民通过人民代表大会行使国家权力。

实现人民的根本利益是所有工作的导向。中国共产党没有自己的特殊利益,这就决定了党的全部工作的价值聚焦于人民群众的利益,实现人民的根本利益是所有工作的导向,习近平总书记强调:"带领人民创造幸福生活,是我们党始终不渝的奋斗目标。我们要顺应人民群众对美好生活的向往,坚持以人民为中心的发展思想,以保障和改善民生为重点,发展各项社会事业,加大收入分配调节力度","保证人民平等参与、平等发展权利,使改革发展成果更多更公平惠及全体人民,朝着实现全体人民共同富裕的目标稳定前进。"①党和国家的全部工作、社会主义现代化建设都要围绕人民群众的根本利益展开,着力解决人民群众所关心的收入、住房、医疗、教育等问题。在一切具体工作中,自觉把人民群众的利益放在所有工作的中心,每时每事尽责尽心为人民办实事、解难事、做好事,始终与人民同呼吸、共命运、心连心,真真切切、实实在在为人民谋利益,严厉整治和杜绝形式主义、官僚主义、享乐主义和奢靡之风,加强作风建设,永远保持党同人民群众的血肉联系。

人民是否满意是评判一切工作好坏的根本标准。"要把人民拥护不拥护、赞成不赞成、高兴不高兴、答应不答应作为衡量一切工作得失的根本标准,工作做得好不好群众说了算,人民是我们一切工作的最高裁决者和最终评判者。"②群众满意度是一把最好的尺子,最能衡量我们工作的长短优劣。无论是制定政策、出台规范,还是确定工作重点、制定工作方案,都要注意站在群众的立场上考虑问

---

① 习近平. 决胜全面建成小康社会 夺取新时代中国特色社会主义伟大胜利[N]. 人民日报, 2017-10-28(1).

② 习近平. 在"不忘初心、牢记使命"主题教育工作会议上的讲话[J]. 社会主义论坛, 2019(8):4-6.

题。要增加群众的参与权和评判权。群众的期盼就是工作的着力点,群众的反对就是工作改进的重点。要以群众满意为出发点,必须将民意、民情真正吸纳、充实到政策和法律的制定中,并在具体实施过程中,充分尊重民意,广泛征求民意,让群众说话,让群众说得上话,让群众说话管用。将人民是否满意作为评判一切工作好坏的根本标准,不能说说而已,它必须落实到党和政府的每一件事情中、每一项工作上。始终把人民是否满意作为评判一切工作好坏的根本标准。

第六章　高校推进大学生传承红色基因的立体路径

红色资源是优质的教育资源,具有宝贵的育人价值。高校推进大学生红色基因传承,可以从教育主体、教育客体、教育介体、教育环体四个方面入手,探索大学生传承红色基因的立体路径。

一、教育主体路径:建设红色理论研究队伍和红色教育教师队伍

(一)红色理论研究队伍建设

"一个民族要想站在科学的最高峰,就一刻也不能没有理论思维。"[1]没有理论指导的实践活动,往往是盲目的。为了更好地推进大学生传承红色基因工作,高校要建设一支红色理论研究队伍,深入研究大学生传承红色基因的一般性规律,指导大学生传承红色基因的实践,提升大学生传承红色基因的成效。例如2013年7月,教育部与中共党史研究室合作共建研究中心,复旦大学、嘉兴学院、湘潭大学、井冈山大学、赣南师范大学、遵义师范学院、延安大学、河北师范大学8所高校设立首批研究基地。[2]以这些研究基地为依托,汇集、培养、支持了一大批专家学者开展红色理论研究,极大地促进了红色理论研究队伍建设,产生了一大批红色理论研究成果,有力地指导和推动了大学生传承红色基因实践的发展。

(二)红色教育教师队伍建设

红色教育教师队伍是高校红色教育的一线力量,其质量好坏直接关系到大

---

[1] 马克思,恩格斯. 马克思恩格斯全集:第3卷[M]. 北京:人民出版社,1971:467.
[2] 王炳林,张泰城. 高校红色文化资源育人发展报告[M]. 北京:人民出版社,2017:180-182.

学生传承红色基因的质量和效果。要精心打造一支红色教育教师队伍，需选择了解红色文化、对红色文化比较有感情的人来担任红色教育教师，要让真信真懂红色文化的人来讲红色故事，这样才能讲得生动、感人。红色教育教师队伍建设要制定准入标准，要对应聘教师进行政治素质、道德素质、专业素质的全面考察，确保红色教育教师立场正确、观点鲜明，发挥正向引导作用，而不是反向引导作用。随着大学生传承红色基因实践的不断推进，各高校意识到培养一支精干的专职红色教育教师队伍，是满足高校红色教育教学的必然要求。专职红色教育教师队伍的建设能够保证教师有充足的时间和精力来从事红色教育教学的研究，进而提高高校红色教育的专业化水平，增强大学生传承红色基因的效果。在打造一支精干、专业的专职红色教育教师队伍的同时，建设一支兼职红色教育教师队伍也非常必要。兼职红色教育教师队伍不仅能够壮大红色教育教师队伍力量，而且兼职师资队伍来源广泛，经历和特长各异，能够吸收学术专家、党史国史地方史研究人员、红色遗址和红色博物馆纪念馆工作人员、红军后代、先进模范典型等各领域的力量，有利于满足多样化教育教学要求。提升红色教育教师队伍质量，还要加强培训，及时、恰当的培训是提升高校红色教育教师队伍质量的有效手段。高校应该重视对专兼职红色教育教师队伍的培训，进行岗前、上岗、在职的全过程培训。要实现红色教育教师队伍培训的制度化、规范化建设，创新培训方式，倡导体验式培训，让受训教师听得懂、学到手、用得上。高校进行红色教育教师队伍建设时还要注重职业道德建设。职业道德规范可以规范高校教师的行为，督促教师们爱岗敬业，齐心协力地为发展本行业、本职业服务。职业道德规范还可以调节师生之间的关系，增强师生之间的良性互动。良好的职业道德可以维护教师形象，提升教师的权威性，保证红色教育教学的质量。红色教育教学的过程不仅是红色知识的传授过程，也是红色精神和红色品德的传播过程。高尚的职业道德具有深远的感染作用、示范作用，能够增强教师授课的信服力，让大学生们"亲其师信其道"，发挥主体性，积极传承红色基因。

二、教育客体途径：养成大学生红色品德，引导大学生红色品德践行

（一）红色品德的内化与外化

养成大学生的红色品德就是要将红色资源所蕴含的优秀传统和革命精神内

化为大学生的思想品德,外化为大学生的实际行动。红色品德的内化过程就是大学生认同红色文化,并将其内化为自身品质的过程。红色品德的外化过程就是帮助和引导大学生将红色认知、红色情感、红色信念、红色意志转化为自己的道德选择和行为选择,并形成自身的行为模式的过程。红色品德的内化和外化过程是辩证统一的,红色品德的内化过程为红色品德的外化过程提供了前提、奠定了基础,红色品德的外化是红色品德内化的终极目标。大学生红色认知、红色情感、红色信念、红色意志的巩固、强化的过程,也就是大学生践行红色品德的过程;大学生红色品德行为实践的过程,也就是大学生红色认知、红色情感、红色信念、红色意志综合作用的过程。要增强大学生传承红色基因的有效性,高校在实践中就必须遵循内化外化规律,实现内化与外化的辩证统一。一方面,高校要积极推进内化过程,帮助大学生养成红色品德,从而为外化过程奠定坚实的基础;另一方面,高校要善于引导外化过程,促使大学生的知情信意行诸心理要素的均衡发展,激发大学生产生红色品德外化为行为的动机。[①]

(二)促进大学生红色认知、红色情感、红色意志、红色信念、红色行为的转化

大学生红色品德的内化和外化的过程,是一个包含红色认知、红色情感、红色意志、红色信念、红色行为的系统转化过程。从红色认知到红色行为的矛盾运动和良性转化是一个需要统筹推进、反馈调整的螺旋式上升的过程。这个过程可能出现停顿和反复,高校需要采取各种方式方法,促进大学生红色认知、红色情感、红色意志、红色信念、红色行为的转化。

1. 大力开展红色文化宣传,提高大学生的红色认知

红色认知是红色情感及红色行为的前提和基础。没有红色认知的发生,也就没有红色情感的产生,更谈不上红色行为的实现。推进大学生传承红色基因,首先要提高大学生的红色认知。红色文化的宣传不仅要传播红色历史知识,更要促进大学生明确红色理念、红色立场、红色行为规范,进而形成大学生的红色情感、红色意志、红色信念,最终水到渠成地养成红色行为习惯。红色文化宣传在内容上要注意系统性、层次性和针对性,在方式上要力求避免单纯的"灌输",可以通过观看红色影视、开展红色调查、参观红色遗址等方式生动活泼地进行,使大学生在一种主动愉快投入的状态中掌握红色文化的内涵、立场、信念和行为目标,在潜移默化中提升政治鉴别力、道德判断力以及行为的选择能力。

[①] 张耀灿、陈万柏.思想政治教育学原理[M].北京:高等教育出版社,2001:101.

2. 培养大学生红色情感、红色意志、红色信念、提高大学生红色品德践行能力

我们要重视红色情感和红色信念的培养。正如革命导师列宁所说："没有'人的感情'，就从来没有也不可能有人对于真理的追求。"①情感是认识转化为行为的"催化剂"，对人的行为具有很大的调节作用和黏合力。红色情感对大学生的红色行为的频率和力度有着显著的影响。培养大学生鲜明的红色情感，对促进大学生由红色认知向红色行为的转化具有重要的意义。红色信念是明确的红色认知和持久的红色情感的产物，只有当深刻的红色认知与强烈的红色情感长期碰撞融合时，坚定的红色信念才能产生。而红色信念一旦产生，大学生的红色意志就会显著提升，进而让红色行为成为一种内生性的行为选择和习惯。体验式、激情式的教学方式可以让大学生获得丰富、具体、真实的情感体验，有利于大学生红色信念的形成。高校推进大学生传承红色基因，可以利用多媒体技术和光电设计技术，精心创设红色教育情境，达到以情育情、以境育情。

高校需要向大学生提出明确的红色品德践行要求，促使大学生将红色品德内化，变成红色行为动机。提出要求是由思想政治教育过程的引导性特征所决定的，高校要顺利地实现目标引导，要充分考虑大学生红色教育和红色认同现状，保证践行要求合理、适当。红色品德践行要求既要适当高于大学生目前的接受能力，有思想道德水平获得提升的可能，以激励大学生奋发进取、开拓向上；又要切实可行，经过一定的努力可以达到。过低及过高的要求都难以为大学生所理解和接受，难以起到引导的作用。红色品德践行要求只有与大学生的思想道德需要相协调，才能更好地内化为他们的行动动机。②

3. 发挥红色青年榜样的作用

榜样的力量是无穷的，促进大学生红色认知、红色情感、红色信念、红色意志、红色行为的转变，可以发挥红色青年榜样的示范作用。在红色历史中有许多先进青年的故事，他们的感人事迹往往能让大学生们深受感染，进而树立和强化红色信念。在每年的五四青年表彰中，也推选出了各行各业的优秀青年，他们正是红色基因的传承者和红色品德的践行者，他们也能引领大学生们积极践行红色品德。在网络已成为大学生重要生活空间的今天，红色青年网络领袖的朋辈影响具有非常重要的意义，他们对青年大学生具有较强的非权力性影响力。高校红色青年网络领袖是指在青年大学生群体中具备较好的受众与重要影响力的大学生

---

① 列宁. 列宁全集：第25卷[M]. 北京：人民出版社, 1988：117.
② 张耀灿, 郑永廷, 刘书林, 等. 现代思想政治教育学[M]. 北京：人民出版社, 2001：308-312.

与青年教师,他们不仅是文明网民,更是红色文化的网络践行者。他们在大学生网络群体中始终坚持正确政治方向,体现正面的舆论引导方向,能在无形中引导高校青年具备正确的审美、道德与法律观,抵御不良网络文化的侵扰。各高校要深度挖掘在青年网络亚文化中自然形成的领导者和知名人物,进行专门培养,大力宣传,精心打造自身独有、本校内部的红色青年网络领袖。①

三、教育介体途径:开发红色教育资源,创新红色教育方法

(一)开发红色教育资源

1. 开发红色教材和课程

红色课程是对红色教育的目标、教学内容、教学活动方式的规划和设计,是教学计划、教学大纲等诸多方面实施过程的总和。红色教材是依据红色课程设置编制的、系统反映红色教育内容的教学用书,红色教材是红色课程的具体化。红色课程和红色教材的开发是开展红色教育教学的前提和基础条件,是规范红色教育教学标准,提升红色教育教学质量的保证。红色资源包括物质遗产和非物质遗产,包含红色文物、红色遗址、红色歌曲、红色故事等丰富多彩的形式,蕴含着红色精神、优良作风等深刻内涵,能够为高校红色课程开发和红色教材编撰提供诸多的素材和载体。各高校积极利用地方独具特色的红色文化资源,开发红色课程、编写红色教材、改革红色教育教学方法和考核方式,形成了一批特色突出、影响广泛的优秀课程和优秀教材。例如河北师范大学教授朱月龙倾心锻造了思政金课"中国共产党的西柏坡时期";井冈山大学挖掘本地红色资源,组织编写了校本教材《井冈山精神与当代大学生》。

2. 建设红色教育基地,开发现场教学资源

建设红色教育基地是保证红色教育教学深入开展、提升高校红色教育教学质量的重要手段。各高校在开展大学生红色教育教学时,坚持理论教学和实践体验相结合、知识教育和情感教育相结合,大力推进红色教育基地的建设。各高校结合地域特色,挖掘利用本地区具有典型性和代表性的红色资源,建设了许多

---

① 刘锦鑫,张业华,肖薇薇. 共青团视阈下高校青年红色网络大V培养研究[J]. 教育现代化,2018,5(51):147-148.

具有地方特色的红色教育教学基地和现场教学点。比如赣南师范大学围绕红色首都瑞金开发建设了红色教育基地,遵义师范学院围绕遵义会议旧址等红军长征遗址开发建设了红色教育基地。

红色教育培训中的现场教学资源开发是指将红色遗址、红色纪念馆、红色博物馆、红色纪念广场、综合博物馆的红色展厅等红色纪念场所转化为红色教育教学的新课堂。红色现场教学以红色遗址为背景,红色文物为道具,通过现场参观、系统讲解、历史点评、现场互动等方式开展,能够充分地调动大学生的感官,能够有效地触发大学生的思考,有利于提升红色教育教学质量,增强教育效果。高校开发现场教学资源要选择周边地区具有典型性和代表性的红色遗址和红色纪念馆所,这样有利于提升大学生的认同度,增强红色教育的效果。

3. 构建红色文化话语体系

红色文化话语体系的构建在于增强红色文化的感染力、说服力和渗透力。高校推进大学生传承红色基因,要顺应红色教育教学的需要,主动作为,构建传播红色文化话语体系。红色文化话语体系构建包括红色文化学术话语体系和红色文化大众话语体系两部分。红色学术话语体系是指对红色文化学术研究成果的规范表达和特色表达,在于促进红色学术成果在学界的交流、传播;红色文化大众话语体系是指对红色文化的通俗、生动的表达,在于促进红色文化在人民大众中的传播。①

一定的话语体系反映一定的思想理论。抓住红色文化话语体系的深刻内涵,就要始终坚持马克思主义指导思想,马克思主义是红色基因的理论本质。构建和发展红色文化话语体系,要坚持红色文化的实践特征,积极与其他话语体系对话、交流,在交往中坚定自身的立场、亮出自身的观点、表达自身的关切,在现实生活中发展和传播红色文化。

(二) 创新红色教育教学方法

红色教育作为一项特色鲜明的教学活动,既符合一般教学的规律,也有自身的特色。在红色教育教学中既要用到一般的教学方法,更要根据红色教育的特点,形成更有针对性的方法。各高校在红色教育教学中,除了应用传统的讲授法、演示法等教学方法,还结合红色教育的特点,融合了参观法、角色扮演法、情境体验法等具体方法,探索完善了颇具特色的体验式教学法、激情教学法,这两

---

① 聂国林. 红色资源思想政治教育价值有效实现研究[D]. 南昌:南昌大学,2013.

种方法的应用大大增强了红色教育教学的效果。

1. 体验式教学法

体验式教学法强调师生的双向交流和双边情感体验,是一种具有良好互动的教学方式。体验式教学过程既是师生知识信息的双向沟通过程,同时也是师生情感体验的交流过程。在红色教育现场教学中,体验式教学可以广泛地应用。体验式教学充分尊重每个学员的想法、观点、感受,激发学员积极地参与和融入红色教学活动,以一种积极、主动、投入的情绪和心境接受红色教育教学。例如井冈山大学开展的"重上井冈山""重走挑粮小道"等体验式教学,让青年大学生亲身感受革命前辈当年的生活,显著地提升了大学生的内在学习动力,有效地激发了青年大学生的内心情感,教育教学效果受到高度称赞。

2. 激情教学法

激情教学法是指教师通过激发大学生的学习兴趣与情感,创设出一种学习情景,促使大学生产生情感共鸣、增进观点和立场认同的一种教学方法。教师能否保持饱满的热情对激情教学法的效果有着显著的影响。激情教学法强调以教师的激情感染大学生的激情,在充分激发学生情感和自信的前提下,将语言激情、情境激情、手段激情、结构激情、热点激情等有机结合起来,融入红色教育教学中,指导大学生在充满激情和自信的精神状态下接受红色教育,以达到最佳教学效果。[①]有些高校在红色教育教学中,通过在革命遗址前重温入党誓词、组织大学生在特定场合一起大声唱红歌等方式开展激情教学,往往能让大学生们热血沸腾、形成强烈的红色信念,很好地实现了促进大学生传承红色基因的目标。

四、教育环体途径:建设红色校园文化

(一)将红色基因融入校园媒体

校园媒体是指高等学校中的微信公众号、校报、广播电台、宣传栏、显示屏、学校网站、学报等信息传播媒介。校园媒体能够向大学生广泛传递信息并能短时间内实现对大学生的全方位立体式的覆盖。校园媒体从内容、形式上来说都

[①] 程淑娟. 激情教学法在中职学校思政课教学中的运用[J]. 职业时空,2010,6(5):124-125.

比较符合大学生的心理特征,对大学生而言具有很强的权威性和影响力。利用校园媒体开展红色文化教育容易在师生中建立起信任、互动、共进的和谐关系,特别是校报、微信公众号等校园媒体一般都实行"教师指导、学生参与"的管理模式,有利于教育者与受教育者之间形成一种良性的互动,打破传统的简单灌输和说教。[①]

积极利用校园媒体开展红色文化宣传,可以在校报和校园网开设红色专栏,选登介绍红色历史、革命前辈和红色遗址的文章,刊发红色理论研究成果;播放红色歌曲和红色影视作品,讲述革命故事,宣扬红色精神,让红色文化在潜移默化中教育和引导大学生;积极发挥网络媒体宣传红色文化,采用微信公众号、抖音等大学生喜闻乐见的媒体方式影响和教育大学生,扩大红色文化的育人范围,增强主流思想的渗透力。[②]

(二) 将红色基因融入高校党建

将红色基因融入高校党的建设,能够增强高校学生及教工党员对党的认同,增强党员党性。红色历史就是一部中国共产党的奋斗史,学习红色文化能够让高校党员了解党的丰功伟绩,明确党的执政合法性和合理性,生发自豪感,增强认同感。开展红色党建,能够增强高校党员的理想信念。红色资源中有许多革命先烈为了革命理想视死如归、舍生取义的鲜活事例,这些事例真实感人,能够激发广大党员的使命意识和担当意识。开展红色党建能够优化高校党员干部的作风,强化高校党员的纪律意识。少数高校党员干部在工作中存在官僚主义,法纪观念淡薄。通过红色文化的教育洗礼,能够警醒思想放松的党员干部,帮助他们抵御腐朽思想、享乐主义的侵蚀。特别是中国共产党优良作风教育能够净化党员干部的心灵,优化党员队伍的作风建设。

高校开展红色党建,可以将红色文化融入主题教育活动,让广大党员真学、真信、真懂红色文化,发挥红色文化对党员的培根铸魂作用;可以将红色文化融入组织建设,开展一系列主题党日活动和红色品牌创建活动,不断提升高校党组织的凝聚力、战斗力;可以把红色文化融入"三会一课",营造昂扬向上、严肃庄重的组织文化氛围,让广大党员从红色文化中汲取智慧、陶冶情操、增长才干。

[①] 张婧. 论作为思想政治教育载体的高校媒体建设[J]. 中国报业,2012(2):41-42.
[②] 苑晓杰,易丹丹. 红色资源视域下高校党建的四个维度[J]. 思想政治教育研究,2019,35(1):112-115.

(三)将红色基因融入高校团学工作

将红色基因融入高校团学工作中,用红色精神武装青年大学生,培养又红又专的社会主义接班人,是高校人才培养的根本任务,是高校立德树人的重要抓手。各高校可以对青年大学生学习和践行红色文化的活动开展科学、客观的评价,引导大学生积极践行红色文化,广泛传播红色文化。

1. 将红色基因融入"三会两制一课"

强化社会主义核心价值观的引领,帮助广大团员青年树立正确的国家观、社会观、人生观。在广大青年大学生中广泛开展党史、革命史、国史教育,提升大学生的政治素养,增强青年大学生对党的认同,增强青年大学生"听党的话,跟党走"的信念和决心。

2. 将红色基因融入学生社团建设

学生社团是高校最受学生欢迎的群众组织之一,学生社团种类很多,许多高校招新时经常出现"百团大战"的热闹场面,这也使得学生社团在高校具有较大的覆盖面和影响力。可以引导学生社团结合自身的功能和特长开展一些红色主题活动,使社团活动发挥引领大学生政治方向的作用。[①]

3. 将红色基因融入班级建设

应开展红色班级建设,创建红色班级文化,通过开展诵读红色家书、讲述红色故事、欣赏红色影视作品、参观红色遗址、学习革命先烈精神等班级主题活动,让大学生汲取红色营养,传承红色基因,传播红色文化。河北师范大学的邓颖超班、井冈山大学红色励志教育班、嘉兴学院红船先锋营、华中师范大学的恽代英班等红色班级建设是其中的典型代表。

4. 将红色基因融入团学活动

将红色基因融入"校园文化艺术节""暑期三下乡实践活动""艺术创作与展演"等活动,能够营造浓厚的红色文化氛围,促进青年大学生积极践行红色文化,推动大学生开展传承红色基因的实际行动。例如河北师范大学创编了音乐舞蹈史诗《西柏坡》,北京交通大学和厦门大学排演了《长征组歌》。这些红色主题团学活动都极大地推动了大学生传承红色基因的实践。

[①] 陶佳. 论红色教育在高校共青团工作中的有效运用[J]. 科技信息, 2010(17):705,716.

(四) 将红色基因融入校园环境建设

校园环境建设对大学生身心发展有着重要的影响。环境育人是大学生思想政治教育的重要方法。构建红色校园环境,让广大青年大学生长时间置身于红色物质文化和红色精神文化的熏陶中,能够在潜移默化中增进大学生的红色认知和红色情感,增进大学生对红色文化的认同。

高校开展红色校园环境建设可以从建立红色纪念馆所和打造红色校园景观两方面入手。红色纪念馆所和红色校园景观是对红色文化的静态呈现,也是师生开展红色文化研究、从事社会实践的重要阵地,对于推进大学生传承红色基因具有重要意义。例如临沂大学精心设计了"三馆""三院",湘潭大学建造了以毛泽东铜像广场为代表的红色人文景观,延安大学开发了毛泽东题词石、窑洞大学建筑群等人文景观。[①]

[①] 王炳林,张泰城.高校红色文化资源育人发展报告[M].北京:人民出版社,2017:174-177.

第七章　大学生红色文化认同的时代价值、影响因素与增进路径

大学生传承红色基因包括认知、认同、践行三个环节,大学生红色文化认同是大学生对红色文化亲近、认可、内化、外显的过程。大学生红色文化认同具有重要的价值,需要厘清影响大学生红色文化认同的影响因素,探索增进大学生红色文化认同的有效路径。

一、大学生红色文化认同的时代价值

(一) 提升大学生社会主义核心价值观教育的成效

用社会主义核心价值观引领青年大学生是当前高校思想政治教育的重要任务,增强大学生社会主义核心价值观教育的效果需要丰富载体、提升生动性和增强感染力。红色文化资源是社会主义核心价值观产生成长的土壤之一,是大学生社会主义核心价值观教育的现实载体。红色文化资源内涵丰富,形式多样,既有中国共产党在革命和建设实践中所遗留下来的各种实物,如革命旧址、遗迹、各种器具文物等;也有以文字或声音、图像、符号等形式表现的资源,如革命和建设时期遗留下来的一些数据、文献、声音、图像、照片、歌曲、标语等。[①] 这些具体、形象、通俗的表达形式能够有效地提升大学生社会主义核心价值观教育的生动性、感染力和成效。

(二) 增强大学生文化自信和文化防御能力

大学生是西方不良思潮的重点侵袭对象,大学生能否成功抵御西方不良思潮的影响对国家意识形态安全和大学生健康成长都具有非常重要的意义。大学

---

① 张泰城. 红色资源是优质教育资源[J]. 井冈山大学学报(社会科学版),2010,31(1):14-18,36.

生文化防御能力的强弱关键在于是否拥有足够的文化自信。文化自信,是更基础、更广泛、更深厚的自信[①],文化自信是国家软实力的主要指标,是社会秩序的内在支撑,是人们思想的灵魂和行动的指南。大学生红色文化认同能够增强大学生的文化自信和文化防御能力。"集历史性、革命性和政治性于一体"的红色文化以马克思主义为灵魂,以中国革命和建设的实践为土壤,批判地继承了中西文化中的精华。中国共产党高扬共产主义伟大旗帜,以民族复兴和人民幸福为己任,在中国革命和建设中创造了一项又一项令世人瞩目的骄人成绩,为文化自信提供了不可辩驳的历史依据和事实。大学生红色文化认同的过程就是了解党史、国史的过程,就是坚定理想信念、增进爱党爱国情感的过程,就是让大学生们深化历史逻辑、提升理性判断能力的过程。这个过程让大学生的文化自信有了具体的事实依据和科学理论的支撑,大学生们在面对多元文化思潮时既能够坚定立场又能理性分析,做到不迷惑、不媚俗,批判地分析西方文化的利弊,做到弃其糟粕、取其精华。

(三) 优化大学生的人格品质

当代大学生生活在全球化、信息化的时代,他们有着比上一代更加开阔的眼界、更加优越的学习生活条件。但多元价值观念的冲击和优越的生活条件也让这一代大学生在理想信念、集体观念、道德情操等方面呈现出一些不尽如人意的地方。红色文化资源具有丰富的育人资源,能够优化大学生的人格品质,能够坚定大学生的理想信念。红色历史就是中国共产党克服千难万苦,为共产主义理想信念不懈奋斗的历史,在这个过程中所形成的"革命理想高于天"、实事求是闯新路、艰苦奋斗攻难关等精神和信念能够激励当代大学生坚定理想信念,解决现实中出现的理想信念淡薄、政治信仰动摇等问题。能够强化大学生的集体意识。集体意识是传统家国情怀和共产主义远大理想的理论内核,国家优先、集体优先理念是人民至上观念的理论总结和制度设计。集体主义是社会主义社会的必然选择,是"人类命运共同体"意识的发端,是我国制度优势的保证,是社会主义建设者和接班人的必备品质。弘扬红色文化中传递出的集体主义精神,发挥红色文化的集体主义教育功能,充分利用蕴含集体主义思想的红色经典实物、光辉事迹等,可以帮助大学生养成集体主义观念、强化集体主义意识,[②]能够引导大学生

---

① 习近平. 在庆祝中国共产党成立九十五周年大会上的讲话[J]. 中共党史研究,2016(7):5-12.

② 林琳. 新时代大学生红色文化认同培育探论[J]. 闽南师范大学学报(哲学社会科学版),2019,33(2):131-134.

培养高尚的道德情操。红色文化资源中有许许多多鲜活的道德榜样,他们高尚的道德情操能够感染青年大学生,引导他们追求高尚的道德品质。艰苦奋斗的精神可以激励当代大学生敢于吃苦、勇于吃苦,是大学生挫折教育和励志教育的营养剂,能够帮助大学生形成正确的苦乐观和幸福观。革命乐观主义可以鼓舞大学生们正确地对待困难,增强他们的积极心理能量,形成乐观向上的心理品质。勇于牺牲、视死如归的精神能够强化大学生的国家意识、信仰追求,自觉形成家国情怀。

二、大学生红色文化认同的关键影响因素

(一)多元文化的交流与碰撞

伴随着全球化趋势,国与国之间有着广泛的经济联系,经济的往来不可避免地带来了文化和价值观的交流。信息化社会的到来,让文化和价值观的交流更加方便和迅捷,这也使得多元文化的交流和碰撞日益加剧。在众多文化思潮和价值观念的冲击下,大学生们的世界观、人生观、价值观普遍经历了比较、思索、调整和重塑的过程。在这个过程中,如果红色文化认同不够坚定,大学生们容易放弃原有的认同,转而选择并认同其他的文化和价值体系。反之,如果能够坚定文化自信,在与其他文化的交流和碰撞中能够冷静应对、理性分析,则会加深对红色文化的认知,进而增进对红色文化的认同。在众多的文化思潮中,历史虚无主义思潮、世俗主义思潮在大学生中流行较广,影响较大。

历史虚无主义是指一种不考证实际情况而随意否定或歪曲历史的一种社会思潮。在这种思潮影响下,出现了许多否定和杜撰改编历史的闹剧,比如网上一些对革命英雄的否定和歪曲,又如一些抗日神剧对历史的随意解读。历史虚无主义最大的危害在于打着"重新评价历史"旗号,随意篡改历史,恶搞英雄人物的形象,企图以此来动摇中国共产党的执政基础,否定中国共产党的执政合法性。受这种思潮的影响,一部分红色经典在网上被随意改编,革命英雄人物形象被颠覆得面目全非。甚至有一部分所谓的学者不经考证就在学术研讨会、学术著作、学术刊物上发表否定红色文化的言论。这种思潮的蔓延冲击了红色文化的精神内涵,影响人们对红色历史的理性认知,扰乱了大学生对红色文化的认同。[①]

---

① 刘波亚. 红色文化认同的政治逻辑[J]. 甘肃社会科学, 2016(4):168-172.

世俗主义指以表面化、通俗化的方式迎合大众口味,不管历史文化的时代背景和具体内涵将其商品化、市场化,凭借现代信息传播和复制技术大规模地复制、传播流行文化产品。世俗主义以追求经济利益为目的,为了迎合市场的需求,以趣味性和娱乐性来招揽消费者,完全不顾红色文化的政治性和严肃性,造成了公众对红色文化的误解,影响了大学生对红色文化的认同。在世俗主义思潮的冲击下,英雄模范被随意解构,历史事件被片面解读,传统权威被消解和颠覆。世俗主义者以消费主义对待红色文化,以娱乐化心态戏说红色文化,不能以多样性、互动性、体验式的群众喜闻乐见的方式满足不同层次的主体需要,造成红色文化传播的形式化、庸俗化、娱乐化,损害了红色文化的崇高感和神圣性,对大学生红色文化认同造成了障碍。①

(二) 红色文化传播的方式和途径

红色文化的传播有许多的主体,也有各种各样的方式。不同的传播方式对红色文化的传播有直接的影响。讲座、报告、课程等传统的红色文化传播方式对红色文化的传播起到了非常重要的作用。但是随着社会通信和交流方式的改变,尤其是网络新媒体的出现,当代大学生对红色文化传播方式有了更多的选择,也有了更高的要求,如果能够采用大学生喜闻乐见的方式进行传播,让大学生亲近红色文化,则会促进大学生对红色文化的认同。红色动漫、红色微信表情包、红色影视、红色网上走读、红色VR、红色现场体验等越来越多的传播方式被应用到红色文化传播中来,有效增强了大学生的红色文化认同。

在红色文化传播中官方的途径比较常见,通过官方的途径来开展红色文化传播,能够保证红色文化传播的严肃性和普及性,是红色文化传播的主渠道。但是官方的传播往往带有行政性和一定的强制性,可能导致一部分大学生的抵触心理。因此,在红色文化传播中可以更多地鼓励非营利组织和志愿者来进行红色文化公益传播,发挥社会力量和青年大学生朋辈群体的作用,增强红色文化传播的吸引力和亲和力,提升大学生红色文化认同水平。

目前,红色文化传播主要采用显性的方式,这让红色文化始终处于显眼和引人注目的状态。无论是政府还是学校都将红色文化传播作为一项重要的宣传任务,不论在社会上还是在高校校园中,都有许多红色文化传播的阵地和平台,这对红色文化大众化发挥了重要作用。同时,我们也要发挥隐性教育的作用,将红色基因渗透到日常学习、工作、生活中去,将红色精神融入组织文化,让大学生们

---

① 刘波亚. 红色文化认同的政治逻辑[J]. 甘肃社会科学, 2016(4):168-172.

在文化熏陶中、工作礼仪中、社会交往中潜移默化地受到影响。

三、大学生红色文化认同的重点路径

（一）优化大学生红色文化认同的环境

人都生活在一定的环境中，都要受到环境或大或小的影响。一般而言，环境大致包括社会环境、家庭环境、校园环境等，优化大学生红色文化认同的环境也就包括优化社会环境、家庭环境和校园环境，这些环境从不同的角度影响着大学生的心理，从而影响着大学生的红色文化认同。

社会环境的优化需要党和政府的大力宣传和政策引导，官方媒体的持续重点宣传能够有效引导舆论，对历史虚无主义等错误思潮进行批判可以增强社会大众对红色文化的共识。政策的支持能够鼓励红色场馆的建设、红色旅游等红色产业的发展，为红色文化认同提供深厚的土壤。

家庭环境的优化取决于家长和长辈的示范和社会环境的优化，在社会环境的优化中，家庭成员会受到教育。在一个家庭中，长辈对红色文化的态度和采取的行为对家庭成员的红色文化认同会产生潜移默化的、深远的影响。家庭成员中有党员、军人、公务员时，大学生对红色文化的认同往往比较高。家庭周边环境对家庭成员的红色文化认同也有比较大的影响，处于革命老区的家庭成员对红色文化的认同度往往比较高。

校园环境对大学生红色文化认同有着直接而深远的影响。大学生生活在校园环境中，无时无刻不受到校园环境的熏陶。在校园环境建设中注意红色元素的融入，能够营造红色校园文化氛围，让大学生不自觉地开展红色文化"沉浸式"的体验，进而增进大学生们对红色文化的认同。国内有些高校在校内建设红色馆、所、中心，树立红色雕塑，设置红色橱窗，在校园媒体开设红色专栏，这些举措有效地优化了大学生红色文化认同的校园环境。

（二）创新大学生红色文化传播的方式

红色文化传播的方式对大学生红色文化认同有着重要的影响。首先要拓宽红色文化传播渠道，传播渠道的选择对文化传播效果的取得具有举足轻重的作用。传统的传播渠道有些正在渐渐地失效，比如纸质报纸和纸质期刊；有些效果大不如前，比如学术讲座、事迹报告。随着信息化时代的到来，网络传播成为了主流的信息传播渠道,手机、平板电脑等电子新媒体成为了主要的传播媒介,微信、抖音等网络软件成为了流行的传播热点。将这些新型的渠道、媒介、热点应用起来,能够增强红色文化传播的效果,增强大学生红色文化认同。①

要构建红色文化话语体系。红色话语体系是红色历史和红色精神的外在表现形式,红色话语体系直接影响大学生对红色文化的理解和认可。构建大学生喜闻乐见的话语体系能够增强红色文化的亲和力和感染力。比如"红军哥""红军妹"是对红军战士的形象表达和亲切称呼,能够拉近大学生们对于红色文化的心理距离,让他们乐于了解红色文化,进而增进他们对红色文化的认同。

(三) 丰富大学生红色文化体验

体验是增进情感认同的绝佳方式,开展形式多样的体验活动能够让大学生深刻地感受红色文化,在"身临其境"中获得情感共鸣。可以利用现代网络和媒体技术开展红色文化虚拟体验活动。比如江西省开展的红色走读"云上游"活动,就是利用网络和VR技术开展的一次虚拟体验活动,让广大青年大学生足不出户就参观了各地的红色博物馆、纪念馆,成功地开展了一次规模巨大的红色文化虚拟参观体验活动,增加了大学生们的红色文化知识,增强了他们对红色文化的认同。

亲身体验是比网络体验感受更深刻的一种体验方式。这种体验方式更能促进大学生们对于红色精神的理解。比如有些高校开展的重走挑粮小道、重走长征路等参观体验活动,让大学生们置身当年革命先辈们的生活战斗场景,亲身体验在崎岖山路上挑粮食的不易,实地感受爬雪山、过草地的艰难。这些活动在一定程度上重现了当年革命先辈的奋斗历程,给青年大学生们带来了深刻和难忘的经历,有效地增进了大学生们对红色文化的理解和认同。

红色主题实践活动是深化大学生红色文化认同的重要方式,开展红色主题实践活动是让红色文化认同由内化到外显的关键环节。共青团中央暑假期间开展的革命老区调研活动,部分高校开展革命老区支教活动等红色主题实践活动提供了大学生践行红色文化的绝佳平台。这些红色主题实践活动将内化于大学生心中的红色精神外显为服务社会的实际行动,有力地促进了大学生对红色文化的认知认同、情感认同在实践中的升华。

---

① 周艳红."90后"大学生红色文化认同路径探究[J]. 毛泽东思想研究,2019,36(3):140-145.

第八章　以红色文化厚植爱国主义的价值意蕴、逻辑理路与实践进路

爱国主义是中华民族最重要的精神财富,是中国人民和中华民族维护民族独立和民族尊严的强大精神动力。①红色文化是党的革命传统和革命精神的综合体现,是当代中国人共同的历史、政治记忆,它不仅能增强国民的归属感,也能增强国家认同感。②

一、以红色文化厚植爱国主义的价值意蕴

(一)红色文化可以丰富爱国主义的时代内涵

红色文化是在马克思主义的指导之下,中国共产党领导人民在革命、建设和改革时期求民族解放、国家富强、人民幸福的不断奋斗的过程中形成的一种特殊文化形态,其是物质文化、精神文化与制度文化三者的有机统一。其中的革命遗址、烈士陵园、革命根据地、红色文化作品、红色文化器物等为爱国主义的展现提供了现实载体。红色精神文化与红色制度文化中所蕴含的先进思想、崇高精神、科学的政策与策略也是提升中华民族凝聚力与向心力的优质资源。

1. 红色文化有助于培育以爱国主义为内容的社会主义核心价值观

社会主义核心价值观是我国精神文明建设的灵魂,是实现中国梦的强大精神动力。红色文化凝结着革命先辈的理想信念,是社会主义核心价值观的重要载体。而爱国就是社会主义核心价值观中第三层面的重要内容之一,强调了作为社会主义社会的公民应该具备的价值品质。在红色文化的熏陶下,人们可以产生强烈的爱国情感和爱国行动,从而加强对社会主义核心价值观的认同感和

---

① 新时代爱国主义教育实施纲要[M].北京:人民出版社,2019.
② 沈成飞,连文妹.论红色文化的内涵、特征及其当代价值[J].教学与研究,2018(1):97-104.

归属感。

2. 红色文化有助于涵养以爱国主义为核心的民族精神

红色文化蕴含着丰富的中华优秀传统文化,通过对我国革命、建设、改革实践中形成的理论成果、制度成果、文化成果进行系统的整理,充分挖掘和阐释中华传统文化所蕴含的先进思想价值,有助于涵养民族精神,提高人们的思想觉悟,能够在为广大人民群众培养爱国主义情怀方面提供丰富的精神养料、树立先进的学习榜样。

3. 红色文化有助于凝聚中华民族团结奋进的爱国力量

中国共产党通过百年奋斗,相继取得了新民主主义革命、社会主义革命和建设、改革开放和社会主义现代化建设的一系列丰功伟绩,全面建成了小康社会,吹响了全面建设社会主义现代化国家的号角。中国共产党领导人民在伟大实践中取得的辉煌成就,是红色文化也是爱国主义最好的展示与证明。红色文化为实现中华民族伟大复兴提供了强大的爱国力量。

(二) 红色文化可以强化爱国主义的自觉追求

红色文化凝聚着无数革命英雄艰苦卓绝的奋斗历史,蕴含着浓厚的爱国情感,具有鲜明的爱国主义特质,可以强化民族意识,提高民族自信心和人民自信力,从而增进人民的爱国主义情感。红色文旅产业有利于将爱国主义教育从被动接受转为主动探寻,促使人们将践行爱国主义当作志趣,自觉主动地接受红色文化的精神洗礼,强化爱国主义教育。

1. 从历史中感悟红色文化的精神内涵可以强化爱国主义的自觉追求

红色文化是中国共产党领导人民在伟大实践进程中形成并为其发展提供精神动力和智力支持的文化,积淀了中华民族最深沉的精神追求。要从中国共产党百年奋斗历程中深刻理解红色文化所蕴含的革命精神、崇高精神、奉献精神和创新精神,不断增强爱国热情。要以党史学习教育为契机,弘扬伟大建党精神,把爱我中华的种子埋在每个人的心灵深处,把爱我中华的基因融入每个人的血液。

2. 从红色文化中汲取奋进的强大力量可以强化爱国主义的自觉追求

红色文化蕴含着的革命精神、奉献精神、崇高精神和创新精神是激励广大人民群众团结奋斗、实现中华民族伟大复兴的强大精神动力。红色文化承载着民族记忆,蕴含着时代价值。红色文化是传承发扬爱国主义的重要载体,蕴含着丰富的爱国主义深刻内涵,也蕴含着中华民族共同的价值追求。要充分利用红色文化资源,让人们在亲身体验中感受红色文化,从红色文化中汲取奋进的强大力量。

3. 以红色文化为基础弘扬爱国主义精神可以强化爱国主义的自觉追求

中国共产党在百年奋斗中,始终以民族复兴和人民幸福为奋斗目标,孕育形成了伟大的爱国主义精神。以革命先辈的红色精神为标榜,以红色文化为基础,向革命先辈们学习,将爱国热情、报国豪情、强国志情融入中国特色社会主义现代化建设的伟大事业中去,可以强化爱国主义的自觉追求。

(三)红色文化可以拓展爱国主义的实践途径

1. 传承红色文化,筑牢爱国信念

红色文化体现了中国共产党人的初心使命,代表着中国人民对美好生活的向往。红色文化是革命先辈们以马克思主义为指导,追求真理、勇攀高峰、改造世界的精神成果。红色文化通过教育传承、理论研究、艺术创作等方式,实现了对人的情感、观念和实践的统合,为拓展爱国主义的实践途径奠定了基础。

2. 创新教育形式,增强爱国热情

红色文化所承载的爱国主义情怀是中华民族的共同记忆和宝贵财富。随着教育载体的不断创新,红色文化逐渐成为开展爱国主义教育活动中喜闻乐见的生动教材,为拓展爱国主义教育提供了方向。通过对新媒体、新技术、新方法的充分运用,我们成功打造了一批"网上红色文化资源""红色文化艺术作品""红色文化实践活动"等教育产品和服务。同时,开展爱国主义主题教育实践活动、网络爱国主义教育等,帮助人们感受到了家国情怀、传承了爱国精神,使爱国主义成为了新时代青年的精神追求。

3. 开展实践育人,强化爱国行为

爱国实践是爱国主义教育的重要组成部分,也是爱国主义的重要内涵。爱国主义需要在实践中强化,需要通过一系列有组织的活动来强化爱国主义的情感认同。不仅可以通过课堂教学、主题教育、志愿服务等方式开展爱国主义教育,还可以通过组织参观革命圣地和红色文化教育基地的方式强化新时代青年的爱国主义行为。

二、以红色文化厚植爱国主义的逻辑理路

爱国,是人世间最深层、最持久的情感。①爱国主义贯穿于中国共产党百年发展的历史征程,在不断发展的过程中不断为自身积蓄力量。②红色文化与爱国主义在一定程度上具有基因互联性、情感互融性、价值互通性及历史互动性。只有准确把握红色文化与爱国主义的内在联系并积极探索以红色文化厚植爱国主义的逻辑理路,才能更好地推动以红色文化厚植爱国主义实践的发展。

(一) 红色文化与爱国主义具有基因互联性

历史和时代赋予了红色文化重要的理论和现实价值,它在形成和发展的过程中,坚持了马克思主义、继承了中华民族优秀的传统文化、吸收了世界各国的先进成果。红色文化作为一种中华民族所特有的文化形态,具有民族性、人民性、实践性、开放性等基本特性,每一种特性都展示出红色文化的丰富内涵,因此底蕴浓厚的红色文化足以满足新时代厚植爱国主义的现实之需。③

1. 民族性

民族性是红色文化的根本属性,在革命战争和社会主义建设时期,党领导人民竭力奋斗,形成了井冈山精神、长征精神等中国共产党精神,它们以独特的方式存在于中华民族的历史和现实中,共同构成了中华民族的集体记忆与智慧结晶。这一特性与爱国主义中的民族性同出一辙,因为爱国主义是中华优秀传统文化绵延不绝的精神基因,是中华民族精神的内在核心,这也是中华儿女普遍的价值认同和民族认同。

2. 人民性

人民性是红色文化的基本内涵,红色文化是以人民群众为主体,体现人民群众利益的文化。在革命、建设、改革乃至各个时期,中国共产党始终坚持人民群众是历史的创造者这一马克思主义观点,形成了从群众中来、到群众中去的群众路线,始终把实现好、维护好、发展好最广大人民根本利益作为自己一切工作的

---

① 习近平. 在北京大学师生座谈会上的讲话[N]. 人民日报, 2018-05-03 (2).
② 秦玉娟. 论中国共产党精神谱系中的爱国情怀[J]. 思想教育研究, 2021(6): 87-90.
③ 杨栋. 红色文化的内涵解读与时代价值[J]. 红色文化学刊, 2020(1): 84-92,112.

出发点和落脚点。《新时代爱国主义教育实施纲要》指出实施新时代爱国主义教育要坚持把实现中华民族伟大复兴的中国梦作为鲜明时代主题。实现中国梦就是要实现国家富强、民族振兴、人民幸福,就是要以广大人民群众的利益为出发点。因此,红色文化与爱国主义在人民性上具有一致性。

3. 实践性

实践性是红色文化的生命源泉。红色文化是中国共产党带领全国人民在长期奋斗实践中不断形成的,蕴含着丰富的实践经验,具有鲜明的实践性。实践是认识真理的途径,爱国主义之所以能成为中华民族精神的核心,是因为其具有强大的实践性,在革命斗争、改革建设等实践活动中涌现的爱国志士、爱国史实、爱国精神都是最好的印证。

4. 开放性

开放性是红色文化的突出属性。红色文化不仅继承了中华优秀传统文化中的精髓,还借鉴了外国文化中的精华部分,具有较强的开放性和包容性。而爱国主义也是如此,厚植爱国主义就要坚持立足民族和面向世界相统一。一个国家只有开放兼容,不断吸收和借鉴世界一切有益的优秀成果,才能国富民强。

(二) 红色文化与爱国主义具有情感互融性

红色文化可以分为红色物态文化与红色非物态文化两种类型,所谓物态文化就是以客观形式存在的物质文化和制度文化,非物态文化就是以主观形式存在的精神文化。

1. 物态文化的形式

红色物质文化主要包括革命战争遗址、重大事件纪念地、烈士陵园、珍贵遗物、红色文学作品、红色文物、红色人物雕塑等。红色制度文化是指党和国家在革命、建设和改革的历史进程中形成和创造的理论、纲领、路线、方针、政策。红色物质文化展示了党和人民在革命和建设中实现民族独立、人民解放和国家富强的历程。红色物质文化还表现了革命先辈的坚定信仰、不怕牺牲和顽强拼搏的崇高精神。因此,红色物质文化是人们追忆历史、进行爱国主义教育的重要支撑。可以通过感受这些物质文化来凝聚爱国主义精神,培养爱国主义精神,践行爱国主义精神。红色制度文化则是全党全国人民共同的智慧结晶,我们以此为法宝在领悟智慧结晶的过程中不断规范和约束自身,并且以此完善治国之道,科学开展治国理政,促进国家繁荣发展。

2. 非物态文化的形式

红色精神文化主要包括革命精神、文化传统、思想观念等内容。红色精神文化蕴含着浓厚的爱国主义情怀、凝聚着强大的爱国主义精神,其中就包括革命英雄为国分忧、为民解难的爱国主义与担当意识,艰苦奋斗、勇于牺牲的奋斗精神和英雄气概,这些可作为厚植爱国主义的强大思想武器,增强人们的历史使命感、民族自豪感和政治责任感,使爱国主义牢牢扎根于每个中华儿女心中,自觉肩负起实现中华民族伟大复兴的时代重任,主动担当起实现社会主义现代化强国的历史使命。

(三) 红色文化与爱国主义具有价值互通性

红色文化与时俱进、开拓创新,并且其当代价值也不断得到强化。[①]可以通过梳理红色文化的政治价值、社会价值、文化价值,从而探求红色文化与爱国主义的价值互通性。

1. 政治价值

红色文化蕴含着九死不悔的共产主义理想信念和人民至上的政治立场,具有鲜明的政治性。其政治价值主要表现为红色文化是中国共产党先进思想与主流意识形态的体现。任何一个执政的政党都会旗帜鲜明地宣传自己的政治主张和思想理论,从而使全社会形成共同的理想追求、价值观念和道德体系,引导人民形成正确的思想观念、心理倾向和价值取向。[②]因此,红色文化以其政治价值引导着人民把爱党和爱国、爱社会主义统一起来,始终坚持中国共产党的领导。

2. 文化价值

文化认同和国家认同是爱国主义的内在要求。新时代需要以爱国主义为核心,以文化为枢纽,以维护国家统一和促进民族团结为重点,充分发挥地缘相近、文化相通的优势,积极探索文化认同和国家认同的新形势、新方法。红色文化是中国特色社会主义文化的重要内容,红色文化以文育人,以理化人,可以增强全体人民的文化认同与国家认同;可以引导人民做到保护国家之根、延续民族之魂,把爱国情、强国志、报国行融入实现中华民族伟大复兴中去。

---

① 卢艳兰,张吉雄. 红色文化:独特的文化魅力和跨越时空的价值:为什么新时代青年要传承弘扬好红色文化[J]. 红色文化学刊,2019(2):104-108,112.

② 钟秀利,杨艳春,罗春洪. 试析红色文化的政治价值:执政文化的视角[J]. 求实,2007(11):31-33.

3. 社会价值

红色文化蕴含着精神文明建设、社会主义核心价值观建设的重要内容,其社会价值在于统一思想、促进社会和谐、增强社会认同。《新时代爱国主义教育实施纲要》明确指出:"坚持以马克思列宁主义、毛泽东思想、邓小平理论、'三个代表'重要思想、科学发展观、习近平新时代中国特色社会主义思想为指导,增强'四个意识',做到'两个维护',着眼培养担当民族复兴大任的时代新人。"①红色文化中所蕴含的社会主义核心价值观的深刻内涵与中国特色社会主义文化的先进本质有利于促进爱国主义成为全体中华儿女的自觉行动与精神动力。

(四) 红色文化与爱国主义具有历史互动性

用红色文化厚植爱国主义是时代和现实的需要,新时代厚植爱国主义离不开对红色文化的传承与弘扬。红色文化是爱国主义的突出表现,爱国主义是红色文化价值内核的集中表现。红色文化与爱国主义情怀都植根于中华优秀传统文化,都是中国特色社会主义文化的重要内容;都是主流价值观;都倡导坚持爱党和爱国、爱社会主义的高度统一,坚决维护祖国统一与尊严,坚持上下同心,团结一致;都信奉公平正义,彰显真、善、美的特性;都符合人类社会发展和人类文明建设的客观规律;都为推动人类文明进步贡献力量。红色文化与爱国主义具有高度共通性,都反映了一定时期的社会生活,体现着具体社会形态的历史印记,折射着社会历史演进的时代脉络。

三、红色文化厚植爱国主义的实践进路

(一) 以红色文化为载体,营造浓厚的爱国主义教育氛围

1. 加大红色文化和爱国主义的宣传

习近平总书记在中国人民大学考察时指出:"要注重方式方法,把道理讲深、讲透、讲活。"②依托红色文化丰富宣传载体,积极推动宣传方式创新,让爱国主义教育"活"起来。

---

① 新时代爱国主义教育实施纲要[M]. 北京:人民出版社,2019.
② 本报评论员. 在青春的赛道上跑出当代青年的最好成绩[N]. 光明日报,2022-04-28(1).

2. 创新爱国主义教育形式

学校是爱国主义教育的主阵地,将红色文化融入大中小思政课堂教学当中,可以夯实爱国主义教育的基础。不断探索和开发新兴教育形式,例如通过"跨时空对话",进行实时爱国主义教育,既具有时效性又能够充分发挥案例的情感渲染作用,将爱国主义以"润物细无声"般的效果扎根心中。通过沉浸式体验的方式感受革命先辈的英雄气概,以鲜活的英雄人物焕发公民爱国主义情感,这对厚植爱国主义具有深远意义。

3. 创设红色环境

我们要依托地域优势,充分发挥好当地红色文化资源的作用,将红色文化的丰富内涵融入城市设计和社区建设中,形成独特的城市品位和社区文化。如可在街头巷角增设红色文化宣传栏,张贴红色文化小故事、红色宣传语等内容,营造强烈的红色氛围环境;建立健全红色网站及红色栏目等,全方面传播红色文化中的爱国主义内容,从各方面推动爱国主义入脑入心,让爱国主义薪火相传。

(二)以红色文化为依托,完善"红色文化+爱国主义"文旅产业链条

要最大程度发挥出红色文化所具有的价值和功能,促进红色旅游在神州大地蓬勃发展。《中国红色旅游消费大数据报告(2021)》显示,从2004年到2019年,每年参加红色旅游的人次从1.4亿增长到14.1亿,2023年中国红色旅游市场规模有望接近万亿元。红色文化旅游资源是红色文化的载体,也是爱国主义教育资源的重要组成部分。要大力开发"红色+爱国主义培训""红色+大中小学生研学""红色+乡村振兴"等新项目,助力推出高质量、优体验的文旅项目。要完善"红色文化+爱国主义"文旅产业链条,打造富含爱国主义的红色文化旅游品牌,提升"红色文化+爱国主义"文旅产业的价值。例如通过对井冈山精神、延安精神、西柏坡精神的爱国主义内容进行整合,打造相应的革命根据地旅游景区,在这些景区中,除了对革命历史进行展示以外,还可以结合爱国主义对红色旅游资源进行深度开发,为旅游业增加更多的文化内涵,使红色旅游成为爱国主义的新传承、新表达、新活力。

(三)以红色文化为指引,打造爱国主义教育新平台

短视频的兴起,掀起了自媒体的浪潮。可以依据现在有利的社会条件进行

红色文化的宣传,将红色文化带进大众视野,推动红色文化的传承与弘扬。2023年8月28日,中国互联网络信息中心(CNNIC)在北京发布第52次《中国互联网络发展状况统计报告》(以下简称《报告》)。《报告》显示,截至2023年6月,我国网民规模达10.79亿人,较2022年12月增长1109万人,互联网普及率达76.4%。即时通信、网络视频、短视频用户规模分别达10.47亿人、10.44亿人和10.26亿人,用户使用率分别为97.1%、96.8%和95.2%。[①] 随着互联网技术的飞速发展,以社会化传播媒体为代表的新媒介已成为新时代信息传播的新优势,例如抖音、小红书、B站等自媒体新媒介不断涌现,早已成为人们建立联系、获取信息、沟通交流、学习技能的重要途径。所以,以红色文化厚植爱国主义就要基于这个现实的转变并适应其发展,才能充分发挥出其巨大作用。可以将红色文化内容深度融入新媒体平台,创造新颖的爱国主义教育新形式,打造别具一格的爱国主义教育新平台。在遵循新媒体运行与发展规律的基础上,可以主动求变、精准施策,在使用率高、影响面广的微博、B站、小红书等平台以红色文化内容为导向,创设爱国主义教育专题板块,同时也要利用学习强国等专业性红色文化平台的资源,依托红色文化独有的精神特质为厚植爱国主义助力,打造符合大众对新时代爱国主义教育的新媒体品牌需求的新平台。同时,短视频具有去中心化性质,每个人都可以是新闻的发布者,因此可以利用这一特点,通过短视频制作与人们拉近距离、深入互动。鼓励人们结合红色文化内容开展以爱国主义教育为主题的短视频拍摄和制作的活动,通过拍摄红色故事的情景剧、动画等短视频的形式,提高人们对红色文化中爱国主义内容的理解,引导人们树立正确的爱国主义价值观。

(四)以红色文化为支撑,不断提升国家认同水平

提升国家认同水平是爱国主义教育实践的重要组成部分,"对祖国悠久历史、深厚文化的理解和接受,有利于增强民族自尊心、自信心和自豪感,是爱国主义情感培养和发展的重要条件"[②]。红色文化是培育国家认同感、归属感的优质资源。要积极推进与红色文化教育基地的合作共建,在红色文化教育基地开设爱国主义教育阵地,借助场地的优势开展红色研学、调查研究等活动,让人们系统地了解英雄人物的先进事迹,全面地了解历史发展的历程,身临其境地感受革

---

① 第52次《中国互联网络发展状况统计报告》发布及专家解读[J].互联网天地,2023(9):11-15.

② 新时代爱国主义教育实施纲要[M].北京:人民出版社,2019.

命斗争的艰辛,从而增进对红色文化和爱国主义的认知认同、情感认同和行为认同。红色文化讲师、研究员要利用特有专业知识,对红色文化进行透彻的研究从而形成系统性、完整性、体系化的红色文化知识链条,并且要加强对红色文献的保护和利用,深度挖掘红色文化中蕴含的爱国主义元素,增强公民的文化认同和国家认同。

(五)以红色文化为动力,积极开展爱国主义教育实践活动

积极开展爱国主义教育可以通过学习红色文化,思考红色价值,感悟红色精神,践行红色使命等多个方面入手,采取多种措施,让红色文化成为厚植爱国主义的重要载体和动力源泉。因此,可以以红色文化为动力厚植爱国主义,从"学""思""践""悟"四个方面开展活动,引导人们做新时代爱国主义的知者、思者、悟者、行者。

1. 学习红色文化

人们学习红色文化主要可以通过两种方式进行:理论教育和参观体验。理论教育要求教师用心用情地教学,学员用心用力地学习红色文化的内涵并系统地掌握红色文化的理论知识,深刻感悟其中蕴含的真理,正确认识和把握其中的价值观和方法论,并将其内化于心,外化于行,贯彻落实到自身的爱国情、报国志中。参观体验就是指通过参加红色研学、红色旅游等活动,身临其境地感受红色文化的魅力。

2. 思索红色文化价值

积极主动阅读红色文献、红色文化读物,深入探索和思考其中所蕴含的政治价值、文化价值、社会价值。深入探求红色文化与爱国主义之间的价值属性及逻辑连接点,精确把握红色文化与爱国主义的内在联系,筑牢红色文化与爱国主义的历史根基,坚持以红色文化厚植爱国主义。

3. 感悟红色精神

我们可以采取访谈式、实地调查式等方式走访调查革命前辈的光辉事迹,拉近与先锋楷模的生活距离与心理距离。让学习者真切地聆听红色故事,实地感悟红色历史,理论联系实际,真情实感地感悟革命之艰难、斗争之复杂、信仰之力量,为厚植爱国主义奠定理论与情感基础。

4. 践行红色使命

学思践悟侧重"践",只有真正去做了才能获得成效。可以策划红色文学经

典诵读活动;积极号召人们参加红色话剧、红色小品等文艺汇演;进行爱国主义的新媒体视频、图文的宣传比赛;通过制作宣传手册、开展征文主题活动、组织集中宣讲等形式提高烈士陵园、红色革命根据地、博物馆、纪念馆的知名度和公众的了解度;开展红色社会实践活动和调查研究活动,引导人们坚定理想信念、强化吃苦精神、增强学习动力,为红色文化厚植爱国主义打下更坚实的基础。

第九章　红色资源融入大学生党支部建设的价值维度与实践路径

党的二十大报告提出："坚持大抓基层的鲜明导向""把基层党组织建设成为有效实现党的领导的坚强战斗堡垒""激励党员发挥先锋模范作用"。[①]2014年，习近平总书记在视察南京军区机关时强调："要把红色资源利用好、把红色传统发扬好、把红色基因传承好。"[②]红色资源是高校党支部建设的优质资源，大学生党支部建设也是传承红色资源的有效途径。由此可见，高校可以发挥红色资源的独特价值，以红色资源独特的亲和力、吸引力和感染力来提升学生党支部建设成效。

一、大学生党支部建设的现状以及存在的问题

大学生党支部是高校党的基层组织，是做好大学生党员思想政治工作的平台，是党教育青年的重要桥梁和纽带。在调研过程中，我们发现一些大学生党支部建设中还存在诸如党建活动缺乏系统规划和创新意识，少数大学生党员个体表现不成熟等问题。

（一）大学生党支部建设缺乏系统规划

提前做好规划，坚持系统观念，是高效开展活动的基本前提。党的二十大报告提出了"六个坚持"，其中的"必须坚持系统观念"既是对马克思主义方法论的深刻把握与科学运用，又是一种思想理论创新。现实中，预先规划不到位既是大学生党支部建设中存在的具体问题，又是建设标准化、规范化的大学生党支部的

[①] 习近平. 高举中国特色社会主义伟大旗帜　为全面建设社会主义现代化国家而团结奋斗：在中国共产党第二十次全国代表大会上的报告[N]. 人民日报, 2022-10-26(1).

[②] 周金堂. 把红色资源红色传统红色基因利用好发扬好传承好[J]. 党建研究, 2017(5)：46-48.

一大难点和痛点。我们虽然有着高涨且饱满的热情,并从多个角度进行了相应的建设尝试,但是在活动开展中系统规划不足问题仍然存在。[①]不断推进大学生党支部建设的标准化、规范化水平,是面对新形势新任务、全面落实从严治党的现实要求。

(二) 大学生党支部建设缺乏创新意识

明者因时而变,知者随事而制。由此可见,我们要时刻具有创新意识、创新思维。创新是引领发展的第一动力。当前,随着经济和科学技术的迅速发展,人们的生活和学习方式已然发生了巨大的变化,但是在一些高校中,学生党支部建设的理念仍较为落后,采取的组织活动形式依然老套单一、毫无新意。仍局限于常规性组织学习等,没有形成特色的主题活动,缺乏创新。现在新媒体发展速度很快,需要我们不断创新学习方式,及时更新大学生党支部建设的相关理论和理念,建设与时俱进、朝气蓬勃的大学生党支部。

(三) 党建活动缺乏体验感和实践性

俗话说"实践出真知",大学生党员的政治觉悟和理论修养都需要通过实践来检验,但当前高校大学生党员缺乏体验性和实践性的平台。大部分活动是采取政治学习、讨论研讨、朗读文件的方式进行宣传教育,学习形式单一,忽视了实践。虽然学习的次数变多了,但是在这种单向灌输的学习模式下,大学生党员只是纸上谈兵,学习场所被局限在会议室等场所,缺乏社会实践,学到的知识只是暂时停留在脑海中,并未对其进行深入的思考和理解,在知、情、行、意等方面缺乏亲身体验,难以达到比较好的教育和学习效果。

(四) 少数大学生党员个体表现不成熟

大学生党支部作为党在高校里的基层组织,发挥着战斗堡垒作用,大学生党员作为大学生党支部的主体,体现着大学生党支部的先进性与纯洁性,因此学生党员要时刻发挥先锋榜样作用。然而,目前少数大学生党员还存在着入党动机不够明确、不够纯粹,对入党意义认识不足,党性修养不高,理论学习不足,先锋模范作用发挥不够等问题。

[①]李娜. 以红色文化为引领,创新大学生党支部建设[J]. 广东教育(职教版),2019(7):18-19.

二、红色资源融入大学生党支部建设的契合点

(一) 红色资源与大学生党支部建设的内容相符

红色资源的内在因素与大学生党支部建设密切相关,两者有着直接的显著的天然联系,在本质上共融共通。红色资源是我们党在马克思主义指导下的百年奋斗历程中积累起来的,是马克思主义理论内核的外在呈现和实践产物。以红色背景为依托,以红色事迹为内容,是大学生党支部开展理想信念教育的重要方式,两者具有极高的互通性。在大学生党员理想信念教育中,红色资源是不容忽视的优质资源。大学生党支部建设要与红色资源传播在发展过程中相互联动、相互配合、双向推动。

(二) 红色资源传承与大学生党支部建设的理念相同

红色资源的传承和发扬与大学生党支部建设的价值取向与意义是一致的,两者有着相同的使命。红色资源蕴含的价值与精神是大学生党支部建设与发展的强大动力。大学生党支部建设工作与红色资源传承紧密相关,将红色资源融入高校党建工作是对学生进行理想信念教育和党性教育的有效方式之一。

(三) 红色资源是大学生党支部建设的有效载体

红色资源有着丰富的内容和内涵,表现形式多种多样,把红色资源应用到大学生党支部的建设中,既能丰富党建内容,又能创新党建工作方式,还能为党建工作提供一种重要的物质载体,这两者之间有着天然契合的因果关系。[1]红色文化,蕴含着丰富的革命精神和厚重的历史文化内涵,有助于高校党建整合利用资源,进一步开拓高校党建工作新境界,实现满足大学生党员的文化需求与增强其精神力量的统一。

---

[1] 邵红侠,赵桂英,刘彰基. 党支部标准化建设与用活大庆红色文化资源实践研究:以大庆师范学院马克思主义学院教育部样板党支部培育创建为例[J]. 大庆社会科学,2022(4):83-87.

三、红色资源融入大学生党支部建设的价值维度

红色资源以其昂扬向上的思想体系、心系人民的价值情怀、勇于创新的时代精神,对一代又一代的中国人产生了深远的影响,在促进改革、推动发展和培养人才等方面起到了不可忽视的重要作用。因此,将红色资源融入大学生党支部建设具有独特的价值意义。

(一) 丰富大学生党支部建设的内容,为大学生党支部建设提供了精神动力

红色资源承载着中国共产党人坚定的革命理想信念、浓厚的为人民服务意识,彰显了中国共产党人矢志不渝的革命气质,蕴含着中国人民的价值追求、理想信念和文化信仰,为中国人民乃至整个中华民族的发展提供了宝贵的精神财富和强大的精神动力。红色资源可以有效加强并推动大学生党支部建设,让大学生感悟共产党人的艰辛奋斗历程和崇高精神,有助于提升大学生党员的政治觉悟,提升大学生党支部的影响力与行动力。

(二) 创新大学生党支部建设的实践形式,为大学生党支部建设提供了物质载体

红色资源不仅仅只有一种表现形式,博物馆、纪念馆、革命遗址、红色家书、红色影视、红色文学、红色资源教育基地、红色精神、红色旅游和红色产业等都是红色资源的具体表现形式,这些资源既为大学生党员的教育提供了丰富的教学内容,又为大学生党员的教育提供了诸多有效的物质载体。红色主题社会实践活动可以促进大学生党员领悟那段艰辛岁月,提升政治素养,获得良好的活动体验感,达到更好的教育效果。

(三) 坚定大学生党员马克思主义信仰,为大学生党支部建设提供信仰力量

高校大学生通过网络等各种途径可以接触到多元的思想和文化。一部分大学生党员受到错误社会思潮的影响,陷入了个人主义与享乐主义的泥潭中,这无疑给大学生党支部建设带来了巨大的挑战。学习与运用红色文化,发挥文化育

人的作用,有助于党员坚定马克思主义信仰,做一名忠诚的共产党人。把红色资源融入大学生党支部建设,能够帮助他们树立正确的价值观和崇高的政治信念,使大学生党员的基本素养和政治觉悟不断得到提高。

(四) 增强大学生党员文化自觉,激发大学生党支部建设的活力

利用和挖掘具有地方特色的红色资源,构筑红色教育平台,将红色资源与中华优秀传统文化研究相结合、将党支部建设与专业特色相融合,促进师生文化共研,开展红色文艺活动实践,能够全方位激发支部党建活力。这样既可以推动党建工作,又可以促进新时代红色资源的创造性转化与创新性发展。红色资源有着独特的精神特质和时代价值,我们应当利用好红色资源、发扬好红色传统、继承好红色基因;牢牢把握社会主义先进文化前进的方向,坚定党的文化立场,彰显党的文化追求,引导党员干部坚定文化自信。[①]因此,红色资源融入大学生党支部建设有利于发挥红色资源立德树人的作用,提高大学生党员的文化自觉,使大学生党员坚定文化自信。

四、红色资源融入大学生党支部建设的实践路径

(一) 以红色资源推进大学生党支部的思想建设、制度建设和作风建设

不断推进大学生党员教育的内容和形式的创新,通过红色资源的引领带动作用来促进大学生党支部的思想建设。大学生党支部可以邀请专家学者来宣讲红色文化,增强大学生党员对红色精神的思想感知、情感体验,从而提高党性修养、增加价值认同;可以鼓励大学生党员在网络平台上分享学习心得、交流学习方法,构建共同学习、实时互动的红色资源网络学习共同体,从而提升大学生党员对红色资源的认可和亲近感;应善于用活用好日常生活中的事物,借助不同时代背景下的表达方式开展好红色基因的传承活动,利用新时代的丰富语境开发好红色资源,借助网络平台开展多样化的红色文化宣传活动。

红色资源中有着非常丰富的组织建设资源,对大学生党支部的制度建设有

---

① 中共中央党校举行春季学期开学典礼 刘云山出席并讲话[EB/OL].(2017-03-01). http://cpc.people.com.cn/n1/2017/0301/c64094-29117105.html.

着重要的参考价值和积极的借鉴作用。中国共产党人在革命和建设的不断发展中形成了"个人服从组织,下级服从上级"等基本组织原则,这些是基层党组织工作开展的基本依据。

红色资源蕴含着丰富的党风廉政建设思想和全心全意为人民服务的理念,应积极弘扬党的优良传统,引导大学生党员把全心全意为人民服务的思想深深铭刻在心中,切实改进大学生党支部的作风建设。

(二)推进红色资源与创新型大学生党支部建设相融合

时代在改变,社会在进步,大学生党支部建设也要与时俱进,积极探索和创新行之有效的教育方式,切实提高大学生党支部活动的吸引力、感染力和凝聚力,在增强党支部活动实效上下功夫。

在新媒体迅速发展的背景下,应当推动红色资源创造性转化、创新性发展。积极搭建新媒体党建工作平台,将整合后的红色资源传送到新媒体平台上,增加知识学习的趣味性、有效性与生动性,让红色资源真正进入学生党员的课堂和生活,让学生随时随地都能够在网络平台上接受红色教育。利用新媒体,建立红色教育党建工作平台,使之成为大学生党员课堂教育的有益补充,比如,创建红色教育网站,除此之外还可以利用手机短信、论坛、微博等多种形式相互配合,把大学生的党建工作做得更深入、更广泛、更彻底。[①]

可以依托大学生党支部创建红色组织,例如红色班级、红色社团,并依托这些组织形式积极开展党建活动,把组织生活与自我教育管理、校园文化活动、社会实践活动有机融合。还可以将红色资源与红色旅游相结合,将红色景点打造成实践参观教育基地,利用各种节日组织大学生党员到红色文化教育基地开展各式各样的教育活动,例如"诵红色经典,唱红色歌曲,讲红色故事,访红军后代,悟红色精神"等系列教育活动,让大学生党员亲身体验革命战争时期的艰辛生活,接受思想洗礼与熏陶,培养学生党员优秀的道德情操和坚定的理想信念。

(三)推进红色资源与服务型大学生党支部建设相融合

高校学生党员要践行为人民服务的宗旨,在工作和学习过程中,积极地将服务意识融入其中,充分发挥主体意识,充分发挥好党员的先锋模范作用,严于律己,勇于担当,增强奉献意识和为人民服务意识,发挥好先锋模范作用,将为人民

---

① 耿俊茂,李南,张瑞. 新媒体环境下高校红色资源在大学生党员教育中的应用[J]. 黑河学刊,2012(7):122-124.

服务内化于心、外化于行。大学生党支部要将红色资源与社会实践活动相结合，积极鼓励学生参加志愿服务实践活动，激发党员服务热情。积极动员学生参加寒暑假的"三下乡"社会实践活动，将红色元素融入服务实践。大学生党员在社会实践服务中，可以采取宣讲、讨论等方式，推动红色资源进校园、进社区、进村庄，为人民群众带去红色文化，同时充实和拓展第二课堂的内容。

建设服务型大学生党支部，还需要优化服务机制，持续改进实践育人模式。建立和完善大学生党支部志愿服务的体制机制，是发挥党组织实践育人工作的有力保证，应充分发挥大学生党员的先锋模范作用，积极主动参与各项红色实践活动，融合党建工作与红色传承活动。例如旅游管理专业的学生可以针对革命老区的经济或红色资源的开发利用程度进行调查研究，撰写与红色旅游相关的调查报告，推动当地旅游业发展。思想政治教育专业的学生可以多开展红色讲解、红色旧址志愿服务、红色书籍管理等活动，让大学生党员身临其境，切身感悟当年的峥嵘岁月，接受红色氛围的熏陶。

结语：创新大学生党支部建设方式方法进而提升大学生党支部的战斗堡垒作用是新时代高校党建工作的重要命题之一。红色资源是大学生党支部建设的优质资源，将红色资源融入大学生党支部建设有利于丰富大学生党支部建设的内容和形式，有利于增强大学生党员教育的感染力和说服力。将红色资源融入大学生党支部建设为高校党建工作提供了一种新视角，有利于发挥红色资源在大学生党支部建设方面的独特作用，有利于推动大学生党支部建设质量的提升，是一种切实可行、成效可期的理论和实践探索。

第三篇

大学生励志教育研究

- 家庭经济困难大学生励志教育的价值与策略
- 大学生红色励志教育的价值维度
- 大学生红色励志教育的实现路径与质效提升策略
- 井冈山精神促进大学生成长的价值维度与实践路径

本篇要览

　　励志教育就是在教育实践中引导教育对象形成科学的世界观、人生观、价值观，激励教育对象树立远大的理想，督促教育对象在克服困难、战胜自我、追求目标的过程中磨砺意志、提升能力，通过不断地肯定和鼓励，形成教育对象积极向上的行为取向和精神风貌。

　　大学生红色励志教育就是依托红色资源开展大学生励志教育，用红色精神激励大学生成长成才。大学生红色励志教育在培养社会主义建设者和接班人方面展现了独特的思想政治教育价值。

第十章　家庭经济困难大学生励志教育的价值与策略

　　家庭经济困难大学生,是指由于家庭经济困难而难于承担大学学习费用和生活费用的学生群体,他们比一般大学生要承受更多的压力,有部分家庭经济困难大学生更是因此衍生出心理问题和犯罪问题。党和国家一直非常重视家庭经济困难大学生的学习和生活问题,出台了一系列针对家庭经济困难大学生的优待政策,采取了国家资助、免息贷款、生活补助、学杂费减免等一系列有力措施。越来越多的社会慈善团体和爱心人士关爱家庭经济困难大学生,捐赠了大量的资金、物资,并提供了相应的服务。这让大部分家庭经济困难大学生受到了恰当的关爱,部分地缓解了他们的经济困难,促进了家庭经济困难大学生的成长成才,促进了和谐校园、和谐社会的建设。但我们也必须看到,家庭经济困难大学生工作中需要解决的问题仍然不少,有的家庭经济困难大学生过于自卑、羞于领取资助,有的家庭经济困难大学生在长期的经济焦虑中产生了心理问题,有的家庭经济困难大学生由于一时的困难对生活失去信心、消极堕落,甚至有个别家庭经济困难大学生不能正确地看待家庭经济困难、仇视社会和他人而做出极端行为。种种问题的凸显,让广大高校思想政治教育工作人员认识到:做好家庭经济困难大学生工作,不仅要做好物质资助和心理帮扶工作,更重要的是要在家庭经济困难大学生中开展励志教育,引导、激励他们树立起自尊、自信、自强的信念,立志成才,只有这样,才能不断提高家庭经济困难大学生工作的实效性。

一、励志教育的科学内涵

　　励是指激励、勉励、磨砺的意思,志是志向、志趣、意志的意思。励志就是激发志向、勉励志趣、磨砺意志、肯定和鼓励积极向上的行为和精神状态。励志教育就是在教育实践中引导教育对象形成科学的世界观、人生观、价值观,激励教育对象树立远大的理想,督促教育对象在克服困难、战胜自我、追求目标的过程中磨砺意志、提升能力,通过不断地肯定和鼓励形成教育对象积极向上的行为取向和精神风貌。开展家庭经济困难大学生励志教育就是要引导他们以平和的心态看待生活中的人和事,正确地认识和对待家庭经济困难这一客观情况,以积极乐观的心态待人接物;激励家庭经济困难大学生树立适当的目标并为实现目标而不懈努力,勉励他们在解决困难、战胜自我的过程中磨砺意志、提升能力;在赏识教育和挫折教育的恰当应用中形成家庭经济困难大学生积极向上的行为取向和精神风貌,从而帮助他们顺利地完成学业、成长成才、良好就业,进而阻断贫困的代际传递,实现家庭经济困难大学生及其家庭的"华丽转身"。

二、家庭经济困难大学生励志教育的主要内容

(一) 形成乐观向上的生活态度

要引导家庭经济困难大学生热爱生活,珍爱生命,了解生命价值并最大限度发掘这种价值和创造新的价值;[①] 要让家庭经济困难大学生认识到,不论家庭经济情况如何,每个人都是世间独一无二的珍宝,每个人的生命都是个人最大的财富;生命是一切物质财富和精神财富的基础,珍爱生命才能创造美好的生活。

(二) 关注社会参与能力的提高

要鼓励家庭经济困难大学生积极地参加各项集体活动,鼓励他们参与班级管理和各种社团,鼓励他们积极投身社会实践活动,在积极的参与中不断提升家庭经济困难大学生的社会融合度和社会生存能力,使家庭经济困难大学生融入群体、融入集体、融入社会,在社会交往中获得自信、自立、自强。

(三) 开展理想信念教育

生命教育和社会生存能力教育是基本的励志教育,理想信念教育是励志教育的关键所在。要对家庭经济困难大学生进行理想信念教育:首先,要引导家庭经济困难大学生树立正确的世界观、人生观、价值观,激励他们树立远大而高尚的理想,主动地将个人追求和社会需要有机结合起来。其次,要鼓励家庭经济困难大学生直面家庭经济困难,勇于挑战,主动积极地克服学习和生活中的难题,

---

① 张泰城,王文礼. 红色文化资源的教育价值与功能研究综述[J]. 红色文化资源研究,2017,3(2):206-215.

砥砺意志,在追求崇高理想的奋斗过程中成长、成才,实现人生价值,实现物质和精神的双重"脱贫致富"。

三、家庭经济困难大学生励志教育的价值

(一)励志教育是做好家庭经济困难大学生物质资助的必然要求

随着国家和社会各界对高校家庭经济困难大学生群体的关注度越来越高,帮扶的力度越来越大,对家庭经济困难大学生物质帮扶的覆盖面越来越广,大部分家庭经济困难大学生的经济困难都得到了一定程度的缓解。但是由于家庭经济困难而引发的一些问题却日益突出。首先,有些家庭经济困难大学生由于家庭经济困难,性情变得敏感多虑,在极度的自卑和极端的自尊之间徘徊,不愿面对贫困,羞于表明家庭经济困难大学生身份,宁愿缩衣减食也不申请资助。其次,有些家庭经济困难大学生没钱交学费,但就是不肯办理助学贷款,有的是怕以后还不起,对未来没有信心,有的就是恶意拖欠学费,盯着无偿的各种资助。最后,有些家庭经济困难大学生收到各种资助,在"一夜致富"后便开始大手大脚,潇洒挥霍,不把钱用到学习上,甚至不告诉家人,让家人继续为学费奔波借债。以上种种现象表明,很大一部分家庭经济困难大学生不能正确地认识和对待家庭经济困难,要真正地做好家庭经济困难大学生工作,要教育他们正确地面对经济困难,正确地对待资助,正确地对待学习和生活,励志教育是做好家庭经济困难大学生物质资助工作的必然要求。

(二)励志教育是进行精神扶贫、防范极端事件的关键因素

家庭经济困难大学生的困难首先是经济困难,但经济困难不是家庭经济困难大学生在大学所要面临的唯一问题。家庭经济困难大学生由于经济条件差,还引发了许多其他问题:有些家庭经济困难大学生自信心不足,自卑感重,长期处于焦虑之中;有些家庭经济困难大学生性格孤僻、猜测多疑、人际关系紧张;有些家庭经济困难大学生"等、靠、要"的依赖思想严重,缺乏自立意识;有些家庭经济困难大学生失去人生目标和希望,消极堕落;甚至个别家庭经济困难大学生怨恨社会和他人,引发了极端事件。家庭经济困难大学生心理异常和精神贫困问题严重影响了他们的学习生活,影响了家庭经济困难大学生工作的成效,也埋下了校园安全的隐患。一方面,我们要加强对家庭经济困难大学生的

心理辅导;另一方面,更重要的是对家庭经济困难大学生进行励志教育,帮助他们树立正确的世界观、人生观,教育他们珍视生命,直面困难,树立自信,积极主动地融入集体生活中去,励志教育是进行精神扶贫、防范极端事件的关键因素。

(三)励志教育是家庭经济困难大学生健全人格,成长成才的精神支撑

一部分家庭经济困难大学生由于经济条件的制约,在学习、游历和能力提升方面的投入较少,在知识储备、社会阅历和处事能力方面相对弱一些,这使得他们与同学相处时缺乏信心,不能积极主动地融入校园生活,容易在大学生活中被逐渐"边缘化"。这使得部分家庭经济困难大学生极度自卑,精神空虚,自暴自弃。究其原因,是因为部分家庭经济困难大学生拘泥于自身的物质条件,对前途失去信心,不能正确地看待家庭经济困难,丧失了理想信念。在这种精神状态下,一部分家庭经济困难大学生得过且过,对自己放松要求,学习目标丧失,成才观念淡薄,最终难以改变"贫困代际传递"[①]的命运,国家和社会各界资助贫困大学生成才的目的也难以实现,这对于家庭经济困难大学生个人的发展和社会的发展都是消极的。要改变这种状况,就必须加强家庭经济困难大学生励志教育,帮助家庭经济困难大学生树立理想,激励他们在挑战困难中找回自信,在追求目标中成长成才。励志教育是家庭经济困难大学生健全人格、成长成才的精神支撑。

四、开展家庭经济困难大学生励志教育的策略

(一)牢记物质资助与思想政治教育齐发力

做好家庭经济困难大学生的励志教育,就是要结合家庭经济困难大学生的实际情况和高校人才培养目标,把握他们的个性特点,长期进行"晓之以理、动之以情"的思想教育和心理疏导工作,帮助家庭经济困难大学生正确面对贫困,解除心理顾忌,引导家庭经济困难大学生养成积极向上的精神面貌。积极向上的心理能够让家庭经济困难大学生更加平和理性地看待经济上的困难和学习生活

---

① 曲翠平,孙奇琦,叶宜生.高职院校贫困生励志教育探讨[J].南昌高专学报,2010,25(4):125-127.

中的"不如意事",避免陷入消极颓废的不良状态。

当然思想工作不能失去物质的保障,家庭经济困难大学生首先面临的问题是经济困难,如果不能解决基本的物质条件,我们的励志教育将失去物质根基,效果难以保证。所以,做好家庭经济困难大学生工作首先要做好家庭经济困难大学生的物质资助工作,让家庭经济困难大学生在经济上有一定保障,在心理上有较大安慰。做好家庭经济困难大学生的物质资助工作,首先要深入了解他们的家庭和在校生活情况,全面准确地把握家庭经济困难大学生的具体情况,做到"精准扶贫"。广大学生资助工作人员,特别是直接经手这项工作的班主任、辅导员们一定要公正、公平、仔细地做好这项工作,不遗漏、不错给,发挥国家和社会资助资金的最大效益。在"家庭经济困难大学生都能得到适当的物质资助,经济困难都能得到一定缓解、基本生活都能得到保障"的基础上,引导家庭经济困难大学生树立健康的人生观,积极地进行心理调适和环境适应,形成积极向上的行为取向和精神风貌。

同时我们也要防止另外一种错误倾向,把家庭经济困难大学生工作狭义地理解为物质资助,觉得确保扶困资金的到位,"保证每个家庭经济困难大学生不因贫困而失学"就是做好了家庭经济困难大学生工作,故而埋头业务工作,忽视思想政治工作和心理健康教育,只知道物质资助,而没有精神帮扶。这样的工作可能完成了工作任务,但没有做到"资助育人",家庭经济困难大学生只是接受"输血"而未能提高"造血"功能,物质资助所取得的效果非常有限。

(二)坚持理念灌输与实践磨砺相结合

先进理念不会自发产生,励志教育的理念不会自动出现。加强家庭经济困难大学生励志教育要坚持理念灌输,强化励志宣传与鼓动教育,通过组织励志主题班会、开展励志教育讲座、举办励志事迹报告、读励志书籍、看励志电影、唱励志歌曲等系列活动,宣传励志精神和文化,向家庭经济困难大学生灌输励志理念,激发他们的自强意识和内心渴望,激励他们的成就动机和成功信念,鼓舞他们奋发向上的斗志。

而实践磨砺则是励志教育另一个重要方面,实践是检验认识、深化认识的平台,更是磨砺家庭经济困难大学生意志、提升他们各方面能力的平台。对家庭经济困难大学生的理想信念教育必须结合实际,引导他们树立具体合理的理想和目标,唯有如此才能真正落到实处。"世事洞明皆学问,人情练达即文章",只有积极地投入到大学的各项实践活动中去,家庭经济困难大学生才能真正地提升学习、做人、做事的各方面能力;也只有在经历失败,经受考验和压力的过程中,家庭经济困难大学生才能形成坚强的意志和平和的心态；也只有在克服困难，实现目标的成功体验中，家庭经济困难大学生才能找到自信和自尊，形成积极向上的精神风貌。在实践中磨砺家庭经济困难大学生，就要鼓励他们抽出一部分精力和时间积极地参与寝室、班级、学校的各项集体活动，积极地参加校内勤工助学和校外社会实践，积极担任学生干部和投身到青年志愿者服务中去。只有在实践中锤炼，家庭经济困难大学生才能融入集体、融入社会，形成科学的三观和较好的品质，形成积极向上的行为取向和精神风貌，不断地提升各方面的能力，成为国家和社会需要的人才。

(三) 促进挫折教育与赏识教育效果相得益彰

"梅花香自苦寒来，宝剑锋从磨砺出"，家庭经济困难大学生在学习生活中往往比普通学生要面临更多的挫折和压力，家庭经济困难大学生心理问题的产生和极端事件的发生都跟家庭经济困难大学生不能正确有效地释放压力有关。加强家庭经济困难大学生励志教育，必须加强挫折教育，积极引导家庭经济困难大学生正确地面对和化解各种压力，化压力为动力。首先，要教育他们根据自身的情况，确立合理的学业和人生目标，不要急于求成。其次，要教给家庭经济困难大学生各种释放和化解压力的有效方法，帮助家庭经济困难大学生正确地分析挫折产生的原因，寻找有效的应对方法，化压力为动力。最后，班主任、辅导员等学生工作人员要多和家庭经济困难大学生接触，营造宽松、友爱、信任的环境，让家庭经济困难大学生碰到问题时能够找到倾诉的对象和环境，及时地舒缓和化解心理压力。

家庭经济困难大学生最终能否战胜挫折和有效化解各种压力，关键在于他们是否拥有足够的自信。这就要求高校思想政治教育工作者注意做好赏识教育，善于发现家庭经济困难大学生的优点和长处，对他们多鼓励、多肯定。首先要鼓励家庭经济困难大学生培养某方面的志趣和特长，多参与这方面的活动和比赛，实现成长和成功的相得益彰，自然而然地获得自信和自尊。对于一些特别自卑的家庭经济困难大学生，要主动地为他们创设一些自我实现和获得成功的机会，让他们在肯定和成功的喜悦中慢慢地建立自信，养成勇于克服困难的坚强意志品质和自信乐观的精神风貌。[①]

---

① 汪立夏. 红色文化资源在大学生思想政治教育中的价值及实现：以江西省高校红色文化教育进校园为例[J]. 思想教育研究, 2010(7):54-57.

（四）彰显自我教育、榜样示范和环境影响的复合效应

自我教育是指家庭经济困难大学生自己激励教育自己，这是巩固和强化励志教育效果的关键因素，家庭经济困难大学生如果只是被动地接受励志教育，而未能将励志教育理念内化于心、外化于行，那么励志教育的效果将非常有限。家庭经济困难大学生自我教育的积极意义在于它唤醒了家庭经济困难大学生的自强动机，充分地发挥了他们在励志教育中的主体性，激发了家庭经济困难大学生自我提升的欲望。强烈的自强动机能够有效地激发家庭经济困难大学生的潜能，增强励志教育的动力和持久力。

内因是关键，但外因也起着非常重要的作用。加强家庭经济困难大学生励志教育，还要在榜样示范和环境营造方面下功夫。

榜样示范具有真实具体、生动形象的特点，榜样示范对于唤醒家庭经济困难大学生的自强意识和成就动机具有非常显著的作用。在家庭经济困难大学生励志教育中树立的榜样可以是各领域的成功人士、各行业的英雄模范，也可以是身边的榜样，比如优秀家庭经济困难大学生。在家庭经济困难大学生群体中，不乏战胜各种困难、出类拔萃的人才，比如从12岁就承担照顾家人和求学重任的洪战辉、自幼丧父靠奖学金和兼职收入求学的甘书杰等。他们的境况相似，让家庭经济困难大学生学习这些优秀家庭经济困难大学生的事迹往往能使他们获得最直观、最生动和最持久的激励。

人文环境对人的成长有着深远的影响，校园文化环境对家庭经济困难大学生行为取向及价值观有着潜移默化的影响。要以社会主义核心价值观为指导，弘扬高尚道德和高雅情操，抵制以庸俗化、荒诞化、娱乐化为特点的消极、颓废文化；倡导热爱学习、平等相待的班级文化；塑造尊重包容、互帮互助的宿舍文化。在这样的平等和谐氛围下，家庭经济困难大学生才能不受歧视，积极友好地和师生互动，快乐轻松地参与学校的各项活动。这样的氛围也有利于化解家庭经济困难大学生信心不足、自我封闭等问题，让他们以平和乐观的心态参与校内外的各项活动，积极进行学习与人际交往，健康地成长成才。[①]

---

① 姜微微．高校贫困生主要心理问题及其励志教育初探[J]．科教文汇（下旬刊），2009(5):69-70.

第十一章　大学生红色励志教育的价值维度

大学生励志教育的目的在于激励大学生树立远大的理想和目标,磨砺坚强的意志,养成良好的行为习惯和个性品质,展现积极向上的精神风貌,做一个既仰望星空又脚踏实地的奋斗者。励志教育是大学生思想政治教育的重要内容和有效手段。近年来各大高校开展的励志教育形式多样,载体丰富,激励了一大批青年大学生奋发向上。但是也暴露出一些问题,集中体现为:过多强调个人成就和财富,对社会责任感和奉献精神的培育不够;淡化政治导向,爱党爱国方面的内容偏少,确保"社会主义办学方向"的手段乏力;物质激励较多,精神激励、道德激励偏少,革命英雄和道德模范在青年大学生中的影响力下降,"立德树人"的教育方针贯彻力度不够;有些励志教育不当使用"魔鬼训练""极限挑战"的方式磨炼大学生的意志,内容空乏、手段粗暴,对部分学生造成生理和心理的伤害。以上种种现象值得广大教育工作者深思、反省。

2018年5月2日,习近平总书记在北京大学生师生座谈会上强调,大学是"立德树人,培养人才的地方",高校要坚持社会主义办学方向,培养德才兼备的社会主义建设者和接班人。[1]这既是高校人才培养的指导方针,更是大学生励志教育的行动指南。大学生红色励志教育正是高校保证社会主义办学方向,培养社会主义建设者和接班人的有力举措。大学生红色励志教育就是利用我党我国在新民主主义革命和社会主义现代化建设时期形成的宝贵红色资源开展大学生励志教育,用中国共产党精神激励大学生成长成才。大学生红色励志教育在发挥大学生励志教育的积极作用、规避大学生励志教育中存在的问题方面具有独特的价值。

一、明确大学生励志教育的价值取向,引导大学生为实现共产主义而奋斗

大学生励志教育首先要明确价值取向问题。大学生红色励志教育不仅要鼓

---

[1] 习近平. 在北京大学师生座谈会上的讲话[N]. 人民日报,2018-05-03(2).

励大学生立大志,更要激励大学生树立"为人类福利而劳动"的共产主义理想[①]。坚定大学生的共产主义理想信念,培养青年马克思主义者,是大学生红色励志教育的首要价值。马克思主义是中国共产党的指导思想,是红色文化的灵魂,实现共产主义是马克思主义的最终目标。共产主义目标是科学的,虽然共产主义目标的实现需要许多代人的努力,但共产主义不是空想。红色历史具体而生动地告诉每一位大学生,中国共产党人的执着追求和不懈奋斗正在让这个目标逐步实现,我国已经进入了共产主义的初级阶段——社会主义阶段,已经部分地实现了共产主义目标。开展大学生红色励志教育,就是要大学生传承革命先辈坚信共产主义必定实现并为之矢志奋斗的理想信念,激励青年大学生树立为实现共产主义而奋斗终生的远大理想;就是要让广大青年大学生了解马克思主义,学习马克思主义,信仰马克思主义,践行马克思主义,成为忠诚的青年马克思主义者。

大学生红色励志教育有利于引导大学生坚定地走中国特色社会主义道路。十月革命一声炮响,送来了马克思主义,中国的革命有了科学理论的指导。但马克思主义不是教条,中国的情况与苏联、与东欧都有所不同,生搬硬套的做法导致了我国革命和建设的多次失利。立足中国的实际,把马克思主义中国化,走中国特色社会主义道路才让我们党和国家的事业高奏凯歌、迅猛发展。"农村包围城市""工农武装割据"等具有中国特色的做法和行动让马克思主义在中国真正地生根发芽,蓬勃发展。红色历史让大学生明白,在中国坚持马克思主义就要坚持中国特色社会主义。

大学生红色励志教育用中国共产党精神激励教育大学生,可以帮助青年大学生树立科学的世界观、人生观、价值观,提升他们明辨是非的判断力和行为选择的决断力。西方敌对势力对我国的渗透重点就放在对青少年价值观的渗透上,企图通过西化的青年在我国发动"颜色革命"。要让青年大学生树立正确的世界观、人生观和价值观,必须用社会主义核心价值观武装当代青年大学生,确保社会主义核心价值观对各类社会思潮的引领。红色文化是一种先进文化,是社会主义核心价值观的具体形象的展示。中国共产党以人民群众的利益为根本利益,倡导为人民服务的精神和无私奉献的精神,具有高尚性和无私性的特点。马克思主义是一种科学的理论,坚持唯物辩证法和唯物史观,为大学生提供了认识世界的正确武器。大学生红色励志教育用马克思主义武装当代大学生,可以帮助大学生树立科学的价值观,抵制错误思潮和价值观的侵蚀。

大学生红色励志教育有利于坚定大学生"革命必胜"的理想与信念,引导大

[①] 马克思,恩格斯. 马克思恩格斯全集:第40卷[M]. 北京:人民出版社,1982:7.

学生自觉用"中国梦"引领个人梦,为实现共产主义而奋斗。"星星之火,可以燎原"是革命年代关于理想信念的最强音,它是对"红旗能够打多久"悲观论调的强力回击,是对"革命必胜"的理想信念的形象表达。正是这种勇于胜利的精神,给全党全国人民无穷的力量,指引中国革命和建设走向一个又一个的胜利。开展大学生红色励志教育就是要坚定大学生"革命必胜"的理想信念,让广大青年学子坚信中华民族伟大复兴的中国梦一定能够实现。中国梦是国家的梦,是民族的梦,更是我们每一个人的梦。大学生红色励志教育就是要让青年大学生自觉用中国梦引领个人梦,把个人追求和社会需要有机结合起来,建功新时代,谱写精彩华章。

二、强化大学生励志教育的政治取向,增强大学生对党和国家的认同

习近平总书记在全国教育大会上指出"培养什么人,是教育的首要问题"。每个国家每个时代的教育都有它的目的性,封建社会培养的是帝王统治的卫道士,资本主义社会培养的是资产阶级的守护者,社会主义国家培养的是共产主义的信仰者和奋斗者。社会主义国家的教育目的是培养社会主义接班人和建设者,这是我国各级教育机构的根本任务,是我国高校的历史使命,也是大学生励志教育的根本指向。政治导向问题是高校人才培养的根本方向问题。培养社会主义建设者和接班人,就必须让广大青年学生树立正确的政治立场,增强大学生对党和国家的认同。

开展大学生红色励志教育就是要让广大青年知历史、懂国家,强化对党和国家的认同,就是要让青年一代铭记红色历史,巩固中国共产党的执政地位。[①]红色文化是中国共产党带领全国人民在新民主主义革命和社会主义建设中形成的文化,以人民群众的利益为根本利益,立党为公,执政为民,具有广泛的群众基础,获得了全国人民的一致认同。运用红色资源开展大学生励志教育,有利于加强共产主义、爱国主义、集体主义教育,能够通过生动形象的历史展示让青年大学生认识到中国共产党具有当然的执政合法性和合理性,促使青年大学生在国家性质、共产党领导下的多党合作制、人民代表大会制度、政治协商会议等重大政治问题上保持正确的政治立场。

---

① 周宿峰. 红色文化基本问题研究[D]. 长春:吉林大学,2014.

开展大学生红色励志教育有利于引导大学生增强"四个意识"。思想是行动的先导,统一的共识可以团结群众,凝聚力量,成就事业。中国共产党在制定纲领和路线时,坚持群众路线,以人民大众的根本利益为出发点和归宿,汇聚了群众的智慧,获得了人民的广泛认同。红色文化在各个时期唤醒了群众的觉悟,调动了群众的积极性,凝聚了人民的力量,取得了伟大的胜利。当前,我国正处于改革开放的关键时期、民族复兴的关键阶段,必须以习近平新时代中国特色社会主义思想统一思想,达成共识,凝集力量。红色文化生动而深刻地教育广大青年大学生保持坚定的政治信仰、正确的政治方向,在各种社会思潮和多元价值文化冲击中保持政治清醒,明辨是非,不被反动势力策反渗透;正确处理个人利益、集体利益、国家利益之间的关系,正确处理当前利益和长远利益的关系,自觉从大局出发,以人民群众根本利益的得失作为自身行为的考量;坚决拥护党和国家的各项规定,团结在党的周围,积极主动地贯彻落实党的路线、方针、政策;向革命前辈看齐,向优秀党员看齐,向党和国家的要求看齐,见贤思齐,在投身中国梦的伟大事业中实现青春价值。

大学生红色励志教育可以激发大学生的爱国情感,增强青年学子的"四个自信"。红色文化是对优秀文化的继承与发展。爱国主义是优秀文化的必然选择,更是红色文化最具魅力的精髓。爱国是每一个人值得自豪的个人品质。许多革命前辈放弃优越的生活条件,为革命事业奋斗一生,为了国家的兴旺,为了更多人的幸福生活,他们毅然牺牲"小家"成全"大家",他们用行动深刻地阐释了爱国的含义。中国共产党没有自己单独的利益,一切的奋斗只为国家的复兴、人民的幸福,中国共产党的历史就是一部爱国主义的历史,也是一部具体、形象、生动的爱国主义英雄史诗。开展大学生红色励志教育,就是要用红色文化激发青年学子的爱国情感,增强他们的"四个自信"。红色文化具体和形象地阐释了中国特色社会主义道路是历史的选择,是人民的选择。正是在这条道路上,中国共产党带领中国人民推翻"帝国主义、封建主义、官僚资本主义三座大山",走向独立、自由和富强。中国特色社会主义道路是中国共产党带领广大人民长期探索和选择的道路。这条道路在实践中经受了时间和人民的考验,是一条正确而充满前途的道路。中国特色社会主义理论体系是马克思主义中国化的理论成果,是我党我国的指导思想和行动指南。毛泽东思想、邓小平理论、"三个代表"重要思想、科学发展观、习近平新时代中国特色社会主义思想是马克思主义中国化的优秀理论成果,是历代共产党人应用马克思主义原理研究中国实际问题得出的科学结论,是全党全国人民智慧的结晶,为中国各个时期的发展指明了方向,凝聚了力量,赢得了胜利。中国特色社会主义制度是我国发展的制度保证,具有鲜明的中国特色,是在中国革命和建设的长期过程中不断建立和完善的。它不同于西方的国家制度,也不是对其他社会主义国家制度的照搬,它切合中国的实际,能够最大限度地保障党和人民的利益,是一套卓有成效的制度体系,保证了我党我国的蓬勃发展。中国特色社会主义文化深深植根于中华优秀传统文化,批判地继承古今中外优秀文化成果,在中国革命和建设中不断熔炼,服务于人民群众,体现了中华民族的气节,是民族的、大众的、科学的文化。红色文化产生于中国革命与建设的实践,经过历史的洗礼,倡导实事求是、求真务实的精神,是培育"四个自信"的精神沃土。①

三、引导大学生励志教育的道德取向,增强大学生的道德判断力

道德是上层建筑,是经济基础和生产关系的反映,是用来调整人与人、人与集体、集体与集体之间关系的行为规范。"国无德不兴,人无德不立",不同时代、不同国家的道德内容往往有所不同。不同的国家意识形态下,道德取向是不同的,不同的道德取向意味着不同的道德选择和行为选择。培养社会主义建设者和接班人,必须大力倡导社会主义道德,引导大学生正确处理个人与集体,个人与社会的关系,发挥道德建设在高校人才培养中的重要作用。

在经济全球化的今天,青年大学生线上线下受到多元道德标准的冲击,拜金主义、个人主义思潮上扬,甚至有的大学生励志教育宣扬财富至上、个人成就至上,严重偏离了"立德树人"的教育方针。大学生红色励志教育就是要利用红色文化所蕴含的丰富的道德资源,帮助大学生树立正确的道德认知,培养大学生的社会主义道德情感,规范大学生的道德行为,提升大学生的道德理想和道德判断力。②红色文化资源所展现的先人后己精神等精神性遗产和革命遗址等物质性遗产都包含了丰富的道德资源,党和革命先辈的高尚道德品质能够对大学生产生强烈的道德激励作用,引导青年大学生树立社会主义道德观念,形成社会主义道德品质,增强当代大学生的社会主义道德践行能力。③

红色资源所蕴含的革命英雄和道德楷模的事迹可以激励青年大学生向革命

---

① 马静. 浅议大学红色文化育人及实现[J]. 思想教育研究, 2012(10):97-101.
② 张亮亮. 红色文化的思想政治教育功能及其实现路径研究[D]. 昆明:昆明理工大学, 2017.
③ 聂国林. 红色资源思想政治教育价值有效实现研究[D]. 南昌:南昌大学, 2013.

前辈学习,向道德楷模看齐,确保高校人才培养不偏离"立德树人"的指导方向。2015年10月13日在第五届全国道德模范座谈会上,习近平总书记指出道德模范是道德实践的榜样,要把道德模范的榜样力量转化为亿万群众的生动实践。"基于榜样激励的青少年励志教育研究"课题组在全国8省(市)开展了广泛调研,调研结果表明对青少年励志教育影响最大的群体依次为父母、优秀企业家、政界领袖、影视和体育明星,而革命英雄和道德模范逐渐淡出青少年的视野[①]。这样的结果有多方面的原因,其中大学生励志教育的道德导向是一个非常重要的影响因素。树立什么样的励志教育榜样,直接影响着大学生励志教育的道德取向。大学生红色励志教育激励大学生向革命前辈学习,引导青年大学生尊崇革命英雄和道德楷模。榜样的力量是无穷的,在红色文化中有着许多值得青年大学生学习的榜样,比如毛泽东、邓小平、陈望道、王尔琢、曾志、艾思奇等,他们抛小家为大家,为了国家的复兴、人民的解放前赴后继、殚精竭虑、死而后已。红色榜样的崇高品德、英雄事迹、家国情怀能够对当代青年起到形象激励、行为激励、精神激励作用,激励广大青年学子全面发展。[②]

大学生红色励志教育通过展示具体的道德人物形象,可以让青年大学生明辨道德是非,提升道德判断力,完善自身道德品质,进而引领社会道德风尚。共产党人以振兴中华为己任,在面临各种艰难复杂的内外部环境时,时刻保持居安思危的忧患意识。依托红色资源开展大学生励志教育可以培养大学生忧国忧民的道德情怀,让大学生们居安思危,明确历史和国家的责任,做担当实干的有为青年。我国已经步入新时代,但我国仍然处于并将长期处于社会主义初级阶段的判断还没有改变,红色资源所蕴含的艰苦奋斗精神可以培养大学生勤俭节约的道德习惯。红色资源蕴含的先国后家、先人后己无私奉献品质可以培养大学生无私奉献的道德品质,进而把为人民服务,为国家做贡献作为自己的道德追求。"彝海结盟"等中国共产党人一诺千金,广交五湖四海朋友,获得广大群众支持的诸多事例可以培养大学生诚实守信的道德品质,让大学生明白诚信是立人、立党、立国的根本。

---

① 李祖超,邵敏. 青少年榜样激励与励志教育现状研究:基于全国8省(市)青少年问卷调查[J]. 中国青年研究, 2011(11):60-63.

② 肖灵. 当代大学生红色文化教育研究[D]. 南京:南京师范大学, 2014.

四、优化大学生励志教育的心理取向,培育大学生的积极心理品质

磨砺意志,奋发图强,形成积极心理品质是大学生励志教育的重要目标。积极心理品质能够让青年大学生正确地看待学习生活中的挫折和困难,善于发掘生活中的积极因素,主动持续地为实现目标理想而奋斗。红色资源所具有的理想、信念、意志因素,对提升青年大学生的心理调适能力,培育积极心理品质具有特别的作用。依托红色资源开展大学生励志教育,是尊重青年大学生的心理形成发展规律的现实需求,有利于发挥红色资源对青年大学生心理发展的定向、激励和引导功能,能够增强大学生励志教育的感染力和内化效果。①大学生红色励志教育通过红色文化宣讲、红色遗址参观、红色实践体验、红色故事采风等活动,让青年大学生感知、体验红色文化资源所包含的革命意志、革命乐观主义精神、艰苦奋斗精神等积极心理因素,进而内化为青年大学生的积极心理品质。

由于家庭生活条件的改善和父母长辈的过度包容,一部分大学生表现出"沉迷享受""逃避压力""喜欢怨天尤人"等不良心理取向,优化大学生的心理取向正是大学生红色励志教育的主要目的之一。红色资源蕴含着许多促进大学生形成积极心理品质的宝贵资源,例如在被称为人类历史的奇迹的"二万五千里长征"中,革命前辈展现的乐于吃苦、不惧困难的坚强革命意志;井山革命斗争时期"红米饭,南瓜汤,秋茄子,味好香,餐餐吃得精打光"的歌谣生动呈现的革命先烈"苦中作乐"的革命乐观主义精神。红色资源所蕴含的这些宝贵资源能够激励青年大学生不管身处何境,都须积极向上、敢作敢为,进而养成百折不挠、乐观向上的积极心理品质。②

红色文化可以激发大学生的艰苦奋斗精神。"不愿吃苦""不能吃苦"是一部分青年大学生生活态度的真实写照,他们过多地强调外部的物质条件,没有充分地发挥自身的主观能动性,在学习和工作中往往表现出"等、靠、要"的萎靡精神状态,严重影响了他们的成长成才。青春是用来奋斗的,中国梦不是敲锣打鼓就能实现的,大学生要建功新时代就必须艰苦奋斗。红色资源所蕴含的艰苦奋斗

---

① 杨罡. 红色资源的心理效应及其在思想政治教育中的运用策略[J]. 井冈山大学学报(社会科学版),2010,31(2):24-27.

② 李霞. 论红色资源在思想政治教育中的应用[D]. 长沙:中南大学,2013.

精神是我党的优良传统,也是我们的传家宝,广大青年要将这种精神传承和发扬下去。毛泽东在即将取得解放战争胜利的前夕告诫全体党员:继续保持艰苦奋斗的作风[①]。中国共产党就是靠着这种艰苦奋斗的精神,不断推动国家的发展,带领全国人民"站起来""富起来""强起来"。无论是井冈山时期还是延安时期,我党都大力倡导艰苦奋斗的精神。艰苦奋斗是红色文化的核心内容之一,是我党我国的优良传统。艰苦奋斗精神能够激励当代大学生不怕困难,勇于吃苦,在实现中华民族伟大复兴的征程中奋发有为。

---

① 毛泽东. 毛泽东选集:第3卷[M]. 2版. 北京:人民出版社,1991:1439.

第十二章　大学生红色励志教育的实现路径与质效提升策略

党的十八大以来,习近平总书记多次提及新时代青年,曾指出:"青年一代有理想、有担当,国家就有前途,民族就有希望,实现我们的发展目标就有源源不断的强大力量。"①习近平总书记高度重视青年群体的成长发展与教育问题,对新时代的青年寄予厚望,在党的二十大报告中强调:"弘扬以伟大建党精神为源头的中国共产党人精神谱系,用好红色资源,深入开展社会主义核心价值观宣传教育,深化爱国主义、集体主义、社会主义教育,着力培养担当民族复兴大任的时代新人。"②大学生红色励志教育正是基于红色资源这一精神沃土,对大学生进行以理想信念教育、革命传统教育、爱国主义教育与思想品德教育为主要内容的教育方式。

一、大学生红色励志教育的内涵及特点

(一) 大学生红色励志教育的内涵

要深入理解大学生红色励志教育的内涵,首先需要明确励志教育的含义。在中国古代传统的思想理念与教育体系中,虽然并未明确且系统地阐释励志教育的概念,但亦有众多阐述关于励志以及励志教育的古语名言,如谢灵运在《述祖德诗》中最早提出了励志的概念,称"惠物辞所赏,励志故绝人",这里的"励志"一词的含义是指坚定的意志和决心,尤其是指通过励志来超越常人,达到超然物外的境界,还有《礼记·中庸》中的"志不立,天下无可成之事",《易经·乾卦》中的"天行健,君子以自强不息"等,这些古语名言所强调的理念贯穿于儒家、道家、法

---

① 习近平. 在同各界优秀青年代表座谈时的讲话[N]. 人民日报, 2013-05-05 (2).
② 习近平. 高举中国特色社会主义伟大旗帜　为全面建设社会主义现代化国家而团结奋斗: 在中国共产党第二十次全国代表大会上的报告[N]. 人民日报, 2022-10-26(1).

家等哲学流派的教育实践之中,并影响了后世无数人的价值观念和行为准则。

现代社会对励志教育的阐释,建立在心理学、成功学、教育学等学科基础上,"励志教育应该包括帮助大学生立志和后续的长效激励"[①]。励志教育重在通过教育的手段来达到激励鼓舞大学生正视自身、提升自己并努力实现自己的目标的目的。

红色文化资源是党领导人民在革命、建设和改革实践中创造出来的精神财富和物质资源的总和,蕴涵着丰富的大学生思想政治教育价值[②],亦是进行励志教育的有效载体与资源。因此,大学生红色励志教育是在传统励志教育的基础上结合红色文化资源这一重要载体,旨在通过传播革命故事、弘扬革命精神,从而推动大学生坚定理想信念、了解革命历史、树立爱国主义情怀和提高道德品质。

(二) 大学生红色励志教育的特点

大学生红色励志教育是一种厚植于红色文化资源这一精神土壤与依托丰富的红色文化资源开展教育的一种教育方式,是高校思想政治教育工作的重要方式。大学生红色励志教育既涵盖了红色文化的重要特征,也具有励志教育的鲜明特点,是两者的有机结合。大学生红色励志教育的特点主要体现在以下五个方面:

1. 历史传承性

大学生红色励志教育注重传承与发扬党的历史和革命精神,通过课堂内外的教学活动和实践活动,推动大学生学习红色文化、了解党和国家的历史、革命先烈的英勇事迹以及中国共产党领导下我国社会变革和发展所取得的伟大成就。

2. 思想教育性

大学生红色励志教育不仅传授理论知识,更重要的是进行思想政治教育,使大学生通过这一教育方式接受思想洗礼,引导学生弘扬与践行社会主义核心价值观,为他们形成正确的世界观、人生观和价值观提供导向。

---

① 邓江,王军华. 大学生励志教育与自我激励机制研究[J]. 思想理论教育,2007(Z1):182-183.

② 王华敏,张玄益. 红色文化资源在大学生思想政治教育中的价值及实现途径[J]. 井冈山大学学报(社会科学版),2018,39(5):32-38.

3. 情感共鸣性

通过讲述红色故事、传唱红色歌曲和观看红色电影等方式,潜移默化地激发大学生的情感共鸣与思想互动,推动他们在情感上与红色文化产生时空连接,在内心深处体悟红色文化的精神内核,以此激发强大的动力,进而更加深刻地理解和接受红色文化。

4. 深远持久性

大学生红色励志教育是一个长期且系统的过程,它通过持续性的教育活动,对大学生的思想产生深远持久的影响,助力他们弘扬与践行社会主义核心价值观和养成积极向上的人生态度。

5. 时代创新性

大学生红色励志教育强调与时俱进,结合时代特征与学生实际,创新教育方法和手段。大学生红色励志教育的教学方式不仅不局限于课堂,而且注重发挥学生的主体性,还积极鼓励学生走出课堂,走向生活实际,参与社会实践,通过参观游览革命圣地、实地考察红色遗址、加入红色志愿服务活动队伍等方式,在实践中感受红色文化的力量,增强励志教育的实效性。

二、大学生红色励志教育的内容

基于大学生红色励志教育的主要特点,深入挖掘大学生红色励志教育的重要内容是十分必要的。大学生红色励志教育不仅是对革命历史的传承,也是对大学生思想、情感和行为等方面的全面塑造。

(一)理想信念教育:大学生红色励志教育的核心要义

所谓大学生理想信念教育,主要是指教育工作者用科学的理论对大学生施加有目的、有计划、有组织的影响,使他们树立起建设中国特色社会主义的共同理想和实现共产主义的崇高信念的实践活动,是以政治教育为核心的教育体系,是大学生思想政治教育的核心部分。[1] 理想信念教育是大学生红色励志教育的核心内容,以讲述党的历史、弘扬红色文化、发扬革命精神为主线,以帮助大学生

---

[1] 张艳丽. 论大学生理想信念教育[D]. 重庆:西南大学,2006.

坚定理想信念与树立正确的人生观、世界观、价值观为旨归。

习近平总书记强调:"广大青年一定要坚定理想信念。'功崇惟志,业广惟勤。'理想指引人生方向,信念决定事业成败。没有理想信念,就会导致精神上'缺钙'。"[1]理想信念教育作为大学生红色励志教育的核心要义,对于培养一代又一代有理想、有道德、有文化、有纪律的青年马克思主义者和社会主义接班人具有重要意义。大学生是祖国的未来,民族的希望,他们的理想信念坚定与否,直接关系到中国特色社会主义事业的发展和国家的繁荣富强。

(二)革命传统教育:大学生红色励志教育的主要内容

习近平总书记强调,革命传统教育要从娃娃抓起,既注重知识灌输,又加强情感培育,使红色基因渗进血液、浸入心扉,引导广大青少年树立正确的世界观、人生观、价值观。对于大学生而言,他们已经进入到了人生发展的关键阶段,对于世界观、人生观、价值观的塑造有着更高的要求。大学生红色励志教育旨在通过传承红色文化、革命传统和励志精神,引导大学生树立正确的世界观、人生观、价值观,增强他们的国家意识、民族意识与历史文化自信,这与"使红色基因渗进血液、浸入心扉"的目标相一致。[2]

革命传统教育作为大学生红色励志教育的主要内容,是塑造大学生革命精神和英雄主义品格的重要方式。它通过传承中国共产党与广大人民群众在革命斗争中鲜明体现的革命精神、革命文化和优良传统作风,把引导大学生深刻理解中国革命的伟大历程,增强大学生对国家、民族、历史、文化与社会主义的认同,增进历史使命感和责任感作为价值追寻,从革命历史中汲取前行的力量,从而促进大学生励志明史、弘扬红色文化与践行革命传统。

(三)爱国主义教育:大学生红色励志教育的永恒主题

"爱国主义是个人或集体对自身所属国家的一种积极认同和支持的态度,反映了个人对国家的依赖关系。"[3]爱国主义始终是中华民族的优秀传统文化之一,既是中华民族精神的核心,也饱含了个人对祖国的深厚情感。红色文化是党和

---

[1] 习近平.在同各界优秀青年代表座谈时的讲话[N].人民日报,2013-05-05(2).
[2] 中共中央文献研究室.习近平关于青少年和共青团工作论述摘编[G].北京:中央文献出版社,2017:36.
[3] 李琼.新形势下大学生爱国主义教育的有效路径[J].思想理论教育导刊,2017(4):143-147.

人民为祖国奋斗的历史见证,承载着无数英雄儿女的鲜血与汗水,凝结了中华民族的智慧与勇气。对大学生进行红色励志教育,离不开爱国主义教育这一永恒主题,因为它不仅是培养大学生历史使命感和责任感的基石,亦是塑造他们健全人格和坚定信仰的必要条件。它通过传承与弘扬红色文化让大学生深刻理解革命的艰辛历程和伟大意义,激发他们对于国家和民族的深厚感情。这种教育不仅仅是向大学生传递理论知识,更注重对大学生进行爱国主义情怀的熏陶和正确价值观的引导。

因此,爱国主义教育作为大学生红色励志教育的永恒主题,不仅是对往昔革命岁月的回念,更是对美好未来的期许。它要求大学生不仅要学会从革命历史中汲取力量,更要在现实生活中践行爱国主义,将个人发展与国家进步紧密结合起来,为实现中华民族伟大复兴而不懈奋斗。

(四)思想品德教育:大学生红色励志教育的基础工程

"思想品德教育,即通过思想教育、道德教育、政治教育等方式对人的思想和行为产生影响,从而使其举止行为符合社会发展的道德要求。"[①]思想品德对于一个人的行为选择、社会交往和人格发展都具有重要影响。马克思主义强调,个人的思想品德是在社会实践中形成和发展的,尤其是在社会生产活动中与他人的交往和合作中逐步塑造的。"思想品德教育是大学生思想政治教育的基础和起点。"[②]高校应通过大学生红色励志教育,推动大学生在学习红色历史文化中感悟革命先烈高尚的思想品德,以此内化于心,不断提升自己的思想品德素质。

因此,思想品德教育能够有效地提高大学生群体的思想品德素质水平,是大学生形成基本素养与提升思想境界的基础,亦是大学生红色励志教育得以有效实施的基础。它不仅帮助大学生养成正确的思想道德观念,还促使他们将这些观念外化于行,体现在日常生活实际之中,在成长成才中实现人生价值。

三、大学生红色励志教育的实现路径

大学生红色励志教育通过红色资源这一重要媒介对大学生进行熏陶、引领,

[①] 孟冬冬. 新时代加强大学生思想品德教育的实践路径研究[J]. 教育理论与实践, 2023, 43(18):44-47.

[②] 安巧珍. 谈大学生思想品德教育的新取向[J]. 教育探索, 2011(3):126-127.

并开展实践活动,给予大学生深刻的身心体验,旨在引导大学生传承革命先辈的崇高精神和伟大理想,激发受教育者的内在强大动力,帮助他们树立正确的人生观、世界观和价值观。这种教育方式不仅注重知识的传授,更重视情感的培养和"三观"的塑造。因此,为了推进大学生红色励志教育,应充分挖掘红色资源的深厚底蕴,创新思想政治教育方法,通过一系列教育实践活动来培育大学生的个性品质,强化他们的国家意识、民族意识和文化意识。

(一)理论学习获真知

课堂作为知识教学与学生成长成才的主阵地,是实施红色励志教育的主要路径。当前,我们需要积极整合红色文化资源融入教材,创新红色课堂的教学方式方法,以实现红色文化的传承,推动大学生在理论学习中收获真知,在红色励志课堂中增强志气、骨气、底气。

1. 整合红色励志资源入教材:思政课程与课程思政的协同推进

红色课堂包括思政课堂与课程思政课堂,必须明确思政课堂的主体地位,并与课程思政协同推进大学生红色励志教育。因此,在完善红色励志课堂的过程中,我们需要理清思政课程与课程思政的目标异同,并推动红色文化资源更好地融入教材,如井冈山时期毛泽东彻夜笔耕写下光辉著作、朱德亲自挑粮等事迹,实现这些"活教材"深入大学生之心,并开展专题讨论,营造良好的红色励志教育课堂氛围。在红色励志教育中,思政课程和课程思政都旨在培养大学生正确的"三观"和坚定的理想信念。不同之处在于,思政课程以马克思主义理论为基础,重点介绍红色文化,丰富学生的精神世界;而课程思政则是在专业教学中选用红色资源开展思想教育。因此,在打造红色励志课堂中,我们必须整合红色文化资源并结合不同的专业需求更好地融入教材。此外,可以组织专家和学者编写红色文化相关教材,并纳入课程体系。基于这些教材和课程内容,高校可以进一步结合校内外的红色文化资源,制定与大学生红色励志教育相关的教学计划、课程内容等。

2. 红色专题课堂讨论:开放式与沉浸式教学法的结合

开展红色专题课堂讨论是一种教育实践活动,它能够有效发挥大学生在红色励志教育中的主体性,并使他们更主动地接受红色文化的熏陶与培养。红色专题课堂采用开放式和沉浸式两种教学形式,主要区别在于教师与学生之间的互动角色和主导地位的不同。开放式课堂主要用于探讨红色文化中的重要事件、人物和理念,教师以此来引导学生进行深入的讨论和反思。沉浸式课堂则主要用于重现红色历史场景,让学生亲身体验和感受红色历史的环境和情感。例如,通过组织学生参观革命历史博物馆、烈士陵园等地,让学生在实地体验中感受红色文化。此外,通过角色扮演、模拟演讲或舞台剧等方式,学生可以身临其境地体验革命历史中的重要时刻,从而加深对革命精神的理解和认同。通过发挥开放式和沉浸式教学的优势,教师可以在大学生红色励志教育中实现更好的教学效果,使大学生不仅能在开放式课堂中学习红色文化,还能在沉浸式课堂中深入体验和理解其意义,进而更好地传承红色基因和汲取奋进力量。

(二) 红色传颂育真情

1. 红色主题班会活动与精神培育

红色主题班会活动是弘扬红色文化、传承红色基因、培养学生的爱国主义情怀和社会主义核心价值观的重要教育方式。习近平总书记强调:"思政课就要讲好中华民族的故事、中国共产党的故事、中华人民共和国的故事、中国特色社会主义的故事、改革开放的故事,特别是要讲好新时代的故事。讲故事,不仅老师讲,而且要组织学生自己讲。"[①]红色励志教育作为思想政治教育课程的组成部分,同样需要通过讲述中国故事来实施。

首先,可以定期举办红色主题班会,通过邀请老红军、革命后代等亲身经历者讲述故事,或者鼓励大学生收集和分享红色故事,还可以利用多媒体手段如纪录片、电视剧、电影、歌舞剧等形式,更加生动地展示红色故事。其次,可以通过小组讨论和个人反思,帮助大学生将革命先烈的崇高精神融入自己的学习、生活和工作中,并制定实践计划。同时,在班会活动中鼓励学生积极发言,分享感悟和行动计划,以深化对红色故事的理解和内化。最后,为了确保班会的有效性,应定期收集大学生的反馈,评估活动内容和形式,以满足大学生需求。这一过程符合心理动力学理论中的自我调节和自我反思概念,有助于大学生更好地理解和应用红色故事中蕴含的精神价值。

2. 红色文艺活动与情感共鸣

红色文艺活动围绕红色主题和革命传统文化展开,这类活动具有感染、激励和导向功能。因此高校需要积极组织大学生参与和开展相关的红色文艺活动。这些活动通常包括音乐会、戏剧表演、红色朗诵、绘画等多种艺术形式,旨在通过艺术手段传承和弘扬红色文化,激发学生的爱国情怀,增强他们的文化自信和民

---

① 习近平. 思政课是落实立德树人根本任务的关键课程[J]. 奋斗, 2020(17):4-16.

族自豪感。

例如,井冈山大学师生表演的音乐舞蹈史诗《井冈山》,它以井冈山的斗争史为主要内容,以井冈山精神为主题,成为了进行党史学习教育与理想信念教育的生动教材。高校还可利用自身所处地区或者校园内的红色文化资源,举办红色主题文艺晚会、设置艺术团课以及开展校园"红色专线"讲解等红色文艺活动。这些活动作为红色励志教育的外化形式,能够细致入微地影响大学生的内心世界与思想情感,助推他们在潜移默化中接受红色励志教育,将红色基因内化为自身的思想行动准则,激励他们在未来的学习、工作和生活中积极向上,为实现国家的发展目标贡献自己的力量。

(三) 红色体验感艰辛

大学生红色励志教育注重实践体验与情感共鸣性,需要"打破学校与社会之间的壁垒,衔接思政小课堂与社会大课堂,创新教学方式方法,用好用活红色文化资源"[①]。为此,既可通过课堂教学的方式向大学生传递红色文化,亦可组织红色之旅等课外活动使大学生现场感受红色文化的魅力,也可以结合新媒体工具使大学生在虚拟空间、网络平台等体验红色文化,加强红色体验并感悟革命艰辛与不易,实现红色文化和革命精神在新时代大学生中传承的时空对接。

1. 红色体验活动

红色体验活动是大学生红色励志教育的实践方式,有助于弘扬和传承革命精神,培育和践行社会主义核心价值观。例如井冈山大学2013年以来每学期开设一期大学生红色励志教育班(以下简称红志班),每期选拔200名大一学生。课程学习为期一个月,包括励志专题讲座、弘扬励志精神和实践活动体验等内容,充分利用校内外红色文化资源来培养大学生的红色品质。红志班通过引领学员"重走红军路""体验挑粮小道""编草鞋""吃红米饭喝南瓜汤"等,让学生真实感受红军当年艰苦奋斗不畏险阻的革命情怀。开展红色体验活动首先应制定详尽的红色之旅计划,确保活动的针对性和教育意义。其次要结合地方特色,创新教育方式,通过角色扮演、情景模拟等互动性强的教学方法,让大学生亲身体验革命事迹,激发他们的学习兴趣和参与热情。最后,建立长效机制,将红色之旅纳入教育教学的常态规划并定期开展,使之成为大学生红色励志教育的重要组成部分。

---

① 宋学勤,倪梦琪. 红色文化资源在思想政治理论课教学中的整合与运用[J]. 井冈山大学学报(社会科学版),2020,41(5):35-41.

2. 新媒体传播与虚拟体验

在新媒体时代，红色文化的传播范围得到了拓展，这要归功于网络平台、数字化社交媒体、APP等新形态的传播工具。这些新媒体工具的互动性和广泛覆盖性增强了红色文化对大学生的吸引力。大学生可以更便捷地接触和参与红色主题活动，从而加深对红色文化的理解。

随着科技的发展，虚拟现实（VR）、增强现实（AR）和3D技术等新媒体工具为红色体验提供了新的可能性。习近平总书记在全国高校思想政治工作会议中强调："要运用新媒体新技术，使工作活起来，推动思想政治工作传统优势同信息技术高度融合，增强时代感和吸引力。"[①]可以利用这些技术创建虚拟的红色历史场景，让学生在虚拟空间中"亲身"经历革命历史事件，增强他们的沉浸感和情感共鸣。例如，通过VR技术，学生可以"参与"红军长征，感受爬雪山、过草地的艰难；通过AR技术，学生可以在校园内"遇见"历史上的革命英雄，听他们讲述革命故事。此外，利用网络平台，如红色主题网站、微信公众号等，可以定期推送红色文化内容，让学生在日常学习中也能接触和了解红色文化。

（四）循踪访迹悟精神

历史是最好的教科书，它记录着过去的辉煌与苦难，传承着不屈不挠的精神力量。在中国革命的伟大历程中，无数英勇的先烈们用生命和鲜血谱写了一曲曲壮丽的赞歌，留下了深刻的红色印记。为了传承这笔宝贵的精神财富，可以开展"循踪访迹悟精神"的红色励志教育活动，旨在通过实地走访和体验，引导学生们深入了解革命历史，深切感悟革命精神，激发他们为实现中华民族伟大复兴而不懈奋斗的坚定信念。

1. 重访革命旧址，体悟革命艰辛

可以组织大学生重走挑粮小道，亲历引兵井冈的路线，通过现场教学与对历史遗址的直观感知，深刻体会革命先辈的壮烈事迹及其不屈不挠的革命精神。诸如在"三湾改编"旧址，学生们探讨新型军队建设的理论与实践，领悟组织纪律性在革命斗争中的重要作用；在"八角楼"的历史现场，学生们沉思革命火种如何成就燎原之势，认识到坚定理想信念对于实现民族复兴的重要性。

---

① 习近平. 把思想政治工作贯穿教育教学全过程　开创我国高等教育事业发展新局面[N]. 人民日报, 2016-12-09(1).

2. 沉浸红色教育场所，继承革命遗志

大学生可以深入红色教育场所，参与多样化的教育活动。此类场所保存了丰富的革命历史文物与遗址，成为革命历史的物质见证。学生们能够更深刻地理解革命历程的艰苦卓绝，增进对和平稳定年代的珍视。经过深入参观与感悟，学生们不仅在知识层面上对革命历史有更全面的把握，同时也在情感与精神层面上与革命先烈的伟大精神产生强大共鸣，以此激发他们为中华民族伟大复兴贡献力量的坚定意志。

（五）身体力行践初心

习近平总书记在北京大学师生座谈会上的讲话中对广大青年提出了"要力行，知行合一，做实干家"[①]的希望。红色励志教育的核心不仅仅在于理论知识的传授，更在于通过实践活动让大学生内化革命精神和社会主义核心价值观，实现内化于心、外化于行的目标，实现个人道德品质和思想境界的提升。这种教育方式强调知行合一，要求学生在了解革命历史和红色文化的基础上，能够在现实生活中展现出励志教育的成果，培养出具有社会责任感和历史使命感的新时代有为青年。

1. 参与红色志愿服务

为了更好地组织大学生参与红色志愿服务，首先应开展专门的培训，以帮助大学生们更好地理解革命历史和红色文化，并提升他们的服务质量。其次，可以设计和实施与红色文化相关的志愿服务项目，比如在红色旅游景点提供导游服务，定期走访老红军战士和革命烈士家属，以及协助图书馆和档案馆整理红色历史文献、照片和物品，并进行数字化记录。通过参与红色志愿服务，大学生不仅能在实践中深入体验与领悟革命精神，从革命英雄人物的行为和事迹中感受道德风范，还能培养社会责任感和实干精神。

2. 开展社区红色主题活动

首先，可以在社区开展红色文化活动，如红色故事会、红色电影放映日、红歌演唱会等，引导居民和学生共同参与，感受红色文化的魅力。其次，可以组织大学生、邀请专家学者或老红军等到社区进行红色励志教育主题讲座，向学生和居民传授革命历史和红色文化知识。最后，将红色主题活动与志愿服务相结合，推

---

① 习近平. 在北京大学师生座谈会上的讲话[N]. 人民日报，2018-05-03 (2).

动大学生在志愿服务中传播红色文化,实现知行合一。

四、大学生红色励志教育"质效"提升的策略

大学生红色励志教育的质与效是指通过红色励志教育激发大学生的内在动力和促进其在外在行为上作出积极改变。为此,需要强化师资培养与专项课题研究、完善教育评价与反馈机制,打造家庭、学校、社会协同育人体系,更好地促进大学生对红色励志教育内容的深刻理解和内化,并评估大学生在红色励志教育中的成效,实现红色励志教育"质效"双提升。

(一)强化师资培养与专项课题研究

教师是大学生红色励志教育的组织实施者,他们的专业素养和教学能力直接影响到教育质量。应定期组织红色励志教育专项培训,提升教师对革命历史、理论和精神的理解,同时鼓励教师参与红色励志教育相关的学术研究和交流活动,提高他们的教学和研究水平。在专项课题研究上,通过设立红色励志教育专项课题,鼓励教师和研究人员深入探讨红色励志教育的理论体系、教学方法、社会效应与实践理路等,以此来推动红色励志教育的理论创新和实践发展。

(二)完善教育评价与反馈机制

教学评价是依据教学目标对教学过程及教学结果进行价值判断并为教学决策服务的活动。高校需要建立科学合理的教育评价体系,不仅关注学生的知识掌握程度,还要关注学生的思想态度、价值观塑造等综合素质的提高,对教师讲授红色励志教育课程的质量也应进行全面评价,从而提升对大学生进行红色励志教育的教学水平。同时,高校还应建立有效的反馈机制,让学生、教师和社会各界都能参与到红色励志教育的监督和评价中来,追踪大学生接受红色励志教育后的成长成果,及时发现问题,优化教学策略。

(三)打造家庭、学校与社会协同育人体系

大学生红色励志教育不仅仅是学校的事情,还需要家庭和社会的协作与配合。高校可以与家长沟通,引导家长树立正确的教育观念,共同关注学生在红色励志教育中的成长,加强家校合作共育红色新人。同时,与社区、企业等社会机

构合作,引导社会资源参与到红色励志教育的过程中,积极开展丰富多彩的红色励志教育活动,形成家庭、学校与社会协同育人的良好局面。

总之,通过探索大学生红色励志教育的有效路径,推进红色励志教育"质效"的双提升,红色励志教育将全方位地融入大学生的日常学习和生活。这些路径相互交织、相互作用,共同推动大学生在理解历史、认同民族、热爱国家和尊重文化的基础上,形成正确的历史观、民族观、国家观和文化观。大学生红色励志教育不仅有助于学生树立坚定的理想信念和强烈的社会责任感,而且能够提升他们开展实际工作所需要的能力,从而为培养社会主义优秀建设者和可靠接班人奠定坚实的基础。

第十三章　井冈山精神促进大学生成长的价值维度与实践路径

井冈山精神是在井冈山革命斗争时期,中国共产党人领导井冈山军民开辟井冈山道路过程中形成的伟大革命精神,具有跨越历史时空的意义和价值,是宝贵的精神财富。习近平总书记将井冈山精神概括为:坚定执着追理想、实事求是闯新路、艰苦奋斗攻难关、依靠群众求胜利。[①]大学生是民族的希望、国家的未来。井冈山精神促进大学生成长的过程,实际是一个德育工作过程。基于德育过程中知、情、意、行四个要素,可以结合井冈山精神探寻促进大学生成长的切实有效的途径,发挥井冈山精神促进大学生成长成才的作用。

一、井冈山精神促进大学生成长的价值维度

(一)为大学生理想信念的坚定追求提供精神动力

理想信念是井冈山精神的灵魂,井冈山时期革命志士们用鲜血乃至生命向我们呈现何为"坚定执着追理想"。1927年10月,工农革命军转移到井冈山地区。此时,国民党频繁对工农革命军发动军事进攻,并严密封锁井冈山地区,中国革命正面临相当严峻的局面。坚定共产主义理想信念的中国共产党人及其领导的先进分子,英勇不屈,战胜千难万险,取得了最后胜利。可以说,井冈山军民能够坚持革命斗争、取得革命胜利得益于以实现共产主义为理想信念的井冈山精神所提供的源源动力。

理想信念是大学生成长中极重要的现实问题,决定着青年的人生格局。国家在各项政策的制定和执行中都强调要加强大学生的理想信念教育。观之当今大学生现状,他们普遍有自身的理想,却缺乏实现理想的动力、毅力与热力。井

---

① 东风送暖入赣鄱:习近平总书记春节前夕在江西看望慰问干部群众纪实[N]. 江西日报,2016-02-04(1).

冈山斗争时期的革命先辈,用自己的鲜血乃至生命,向我们诠释了何为坚定执着地追理想的坚定信念。革命先辈们有着坚定的理想信念,更有为实现理想信念锲而不舍、努力奋斗的执着精神。从这一点来说,井冈山精神能为大学生理想信念的坚定追求提供精神动力。

(二) 为大学生的能力成长提供方法向导

能力是在先天素质的基础上,经由后天学习获得的一种处理复杂问题的行动体系或行动倾向性,包含知识、技能、态度、价值观等多重要素。[①] 由此可见,能力是一个普遍的整体概念,是一个组合群或组合体系,与各种各样的工作都有关联。大学生的能力成长,即大学生知识、技能、态度和价值观的成长。井冈山斗争的胜利,正是毛泽东等老一辈革命家能力成长的结果。从这一角度看,井冈山精神能为大学生的能力成长提供方法向导。

秋收起义失利后,毛泽东带领起义部队转移,向湘赣两省交界的罗霄山脉中段进发。到达井冈山后,部队开始重建地方党组织。同时深入群众,围绕周围县区开展游击战争,打击反动势力,建立工农民主政权和群众武装。当革命陷入低潮,毛泽东提出"工农武装割据、武装夺取政权"的思想,给工农红军带来希望,开启了中国革命胜利之光。"工农武装割据"革命理论的提出是知识的学习与创新,游击战术的灵活展开是技能的实践与锻炼,马克思主义普遍真理同中国革命具体实践相结合的典范是态度的坚持与表达,建设中国为真正的社会主义国家是正确价值观的现实示范。因此,从这个层面出发,井冈山精神能在知识、技能、态度和价值观等多重方面为大学生能力成长提供方法向导。

实现中华民族伟大复兴,是中华民族近代以来最伟大的梦想。青年是实现中国梦的主力军,中国国家实力和能力的提升取决于以大学生为代表的青年能力的提升。现今中国身处新时代,面临着一系列重大的风险、挑战、阻力、矛盾。面对这样的新时代,青年需要以习近平新时代中国特色社会主义思想为指导,结合井冈山精神的方法向导,保持终身学习、不断实践的劲头,努力提升自身能力,为实现中国梦而奋斗!

---

① 万作芳. 能力发展研究[M]. 北京:教育科学出版社,2016:46.

（三）为大学生的创新创业提供现实借鉴

创新强则国运昌,创新弱则国运殆。①目前我国的发展仍处于大有作为的重要战略机遇期,需要进一步实施创新驱动发展战略。大学生作为国家的希望,理应担负起创新责任,走在创新创造最前列。实事求是闯新路是井冈山精神的核心,是井冈山革命斗争胜利的关键。井冈山革命根据地的成功创建也是中国革命胜利的关键。从这一角度看,井冈山精神为大学生的创新创业提供了现实借鉴。

井冈山革命道路,是中国共产党人创新创造的新道路,是适合中国国情的革命道路。井冈山革命道路的核心,是"工农武装割据、农村包围城市、武装夺取政权"。1927年,大革命的失败让共产党人意识到,掌握武装对于中国革命的重要性,尝试走武装斗争的道路挽救中国革命。中国共产党先后组织了南昌起义、秋收起义进行武装起义。在起义失利后,毛泽东等领导人意识到,俄国革命道路在中国行不通。于是毅然放弃中心城市,转向国民党力量薄弱的农村,建立了中国第一个农村革命根据地——井冈山革命根据地,使中国革命在井冈山走向胜利。井冈山革命道路最大的成功是敢于自主创新,善于自主创新。中国共产党从马克思主义的基本原理出发,结合秋收起义部队和湘赣边界实际情况,毅然引兵井冈,提出"工农武装割据"的新思想,并以此创立革命根据地。作为社会主义的建设者和接班人,大学生更应该敢于创新、勇于创新、善于创新,向革命先辈学习。

成功的创新创业必然建立在实事求是的基础上。毛泽东等领导人走遍了整个罗霄山脉,最后将根据地选建在罗霄山脉中段井冈山,此地最利于红军进行军事割据。在到达井冈山后不久,共产党领导人对当地的地形地貌、革命现状、经济状况、群众基础等方面进行了实地调研。当地武装力量十分复杂,毛泽东依据实际情况对此进行了正确处理,为革命根据地的建立创造了良好条件。井冈山革命根据地的牢固建立与发展,井冈山革命斗争的胜利,都建立在这一实事求是的基础上。井冈山精神中的实事求是也是一种创新,是把马克思主义这一普遍原理同当代中国革命具体实践相结合的首创精神。因此说,井冈山精神能为大学生创新创业提供现实借鉴。

---

① 中共中央,国务院. 国家创新驱动发展战略纲要[EB/OL]. [2017-04-13]. http://www.gov.cn/zhengce/2016-05/19/content_5074812.htm.

（四）为大学生的艰苦奋斗提供成功示范

艰苦奋斗精神是我国在克服中国革命和建设进程中面临的重重困难的法宝，也是大学生在各行各业各自岗位上取得成就的有力保证。大学生是否具备艰苦奋斗、拼搏努力的精神，对其成长成才有着重要的现实意义。

艰苦奋斗攻难关是井冈山精神的基石，是井冈山革命斗争胜利的基础。井冈山时期正处中国革命艰苦的创业初期。一是生存环境艰苦。井冈山的连绵群山和崎岖小道虽非常利于军事战斗，但工农革命军作战生活都在山区，生存起来极为艰苦。毛泽东、朱德等领导人都有过穿草鞋磨烂脚、虱子长全身的经历。二是物质生活极度艰难。井冈山的自然资源丰富，但物质资源极度短缺，尤其是军用、医用、日用物品等十分缺乏。井冈山缺油少盐，战士们吃没有油盐的红米饭南瓜汤。部队没有足够御寒衣物，战士们用稻草制作"金丝被"。面对这些困难，革命先辈们没有退缩，并借此磨砺真正革命者的精神意志。三是战斗频繁。国民党多次对井冈山工农革命军进行围剿，井冈山军民毫不畏惧，并根据作战经验总结提出了游击战作战原则——敌来我走，敌驻我扰，敌走我追。在这种艰苦的条件下，中国革命党人奋斗不止步，终于走出了井冈山道路，形成了井冈山精神，取得了井冈山革命斗争胜利。从这一角度来看，井冈山精神为大学生成长提供了成功示范。

中国梦的实现路远且艰，需要一代又一代中华儿女共同努力。大学生作为实现这一伟大理想的强大力量，必须拥有艰苦奋斗、攻克难关的可贵精神品质，它是我们战胜困难与挑战的利器。大学生在具体的学习生活中，要努力践行艰苦奋斗精神的本质，即生活勤俭朴素、工作学习不怕艰难困苦、精神意志坚定。大学生个人在努力成长进步的同时，要牢固树立责任意识，心系家国人民；要勇于担当历史重任，在国家、民族的发展中贡献自身的力量。

（五）为大学生的品德发展提供榜样指引

中国自古以来坚持德才兼备、以德为先的用人思想。在中国共产党长期执政的环境中，针对领导干部的道德操守要求更为严格，政治环境变得更为纯净。这促使整个社会对品德有了更高的水准和要求，进而督促大学生注重自己的品德发展。

在井冈山斗争的峥嵘岁月里，许多革命先烈和革命前辈，不仅用自己的鲜血和生命换来了革命的胜利和我们今天的幸福生活，还在品德方面为我们作出了垂范与榜样。比如毛泽东，他初到井冈山地区没多久，就亲率一支部队去永新圹边一带开展工作。在圹边工作的日日夜夜中,毛泽东身背斗笠,脚穿草鞋,访贫问苦,广泛进行群众工作。在百忙中,他还帮周香姬大娘挑水。考虑到毛泽东工作繁忙,昼夜操劳,周大娘干脆将水桶藏起来,不让毛泽东去挑水。哪想毛泽东自己去别处找了水桶继续挑水。比如朱德,在井冈山根据地物资极度短缺,群众生活困难时,他没被困难吓倒,也没有坐享其成等着别人将粮食送来。他翻山越岭,和大家一起到宁冈挑粮上山。当时朱德已40余岁,工作又繁忙,许多人劝他不要去,还好心藏起了他挑粮的扁担。但他作为干部,深知身先士卒和粮草对部队的重要,又托人削了根扁担,并在扁担背面写上自己名字以示自己挑粮的决心。比如红军官兵,将毛泽东在井冈山时期总结的六项注意内容"一、上门板;二、捆铺草;三、说话和气;四、买卖公平;五、借东西要还;六、损坏东西要赔"[①],记在笔记本上,写在包裹布上,念在心里,经常用它来鞭策自己。刘仁堪烈士于1925年加入中国共产党,在井冈山时期先后担任了莲花县工农兵苏维埃政府主席和中共莲花县委书记。1929年4月,他因叛徒出卖被捕。在敌人的胁迫诱惑和酷刑折磨下,刘仁堪绝不妥协,视死如归。他大骂敌人,惨遭敌人杀害。他用自己的生命,践行了自己的入党誓词,表现出一名共产党员伟大的革命气节。还有很多革命先辈,战争胜利后他们不居功自傲,不求名留史,只为中国人民能生活于和平岁月中。他们表现出来的共产主义战士的宽广胸怀和伟大人格,对大学生具有重要的激励与导向作用。

品德是人的立身之本。大学时期是个人价值观和道德品质形成确立的关键期,大学生品德发展水平对国家与个人都至关重要。井冈山革命斗争时期革命先辈的爱国奉献、厚德仁爱、明理守法、勤劳勇敢等优秀道德品质,正是大学生学习的好榜样。大学生要自觉践行这些优秀的道德品质,不断提升个人的道德修养,为中国特色社会主义事业添砖加瓦。

二、井冈山精神促进大学生成长的实践路径

(一) 井冈山精神宣传教育,促进大学生提升自身的认识水平

井冈山精神宣传教育是井冈山精神促进大学生成长的重要实践路径之一,能够促进大学生提升自身的认识水平。井冈山精神宣传教育可以由政府、媒体、

[①] 中共遂川县委党史工作办公室. 中国共产党遂川历史:第1卷 1919—1949[M]. 北京:中共党史出版社,2011:49.

学校等主体开展。

政府引导社会各界积极开展井冈山精神宣传教育活动。政府可制定相应制度及政策，采取行政或立法等手段，以制度化的形式引导社会各界加强对井冈山精神的传播力度，促进井冈山精神在社会层面的全面宣传。与此同时，积极探索更为有效的宣传教育方式及途径，贴近大学生生活，符合大学生生活实际。井冈山精神只有同大学生学习生活保持紧密联系，才能被大学生群体所理解和接受，显示出强大的威力。

媒体在井冈山精神宣传教育中的重要作用不容忽视。传统媒体在社会主流意识形态宣传中仍发挥着重要作用，应积极推动传统媒体发挥其功能，弘扬井冈山精神。新形势下网络媒体等新兴媒体的作用日益突出。一方面，要加强对网络环境的监管，净化网络环境；另一方面，由于网络在信息收集、处理、应对和传播上具有明显优势，要根据网络新颖、快捷、内容多样等自身特点，发挥网络在井冈山精神宣传教育活动中的重要作用，通过微信、微博等网络媒介将井冈山精神切实融入大学生日常生活，在潜移默化中引导大学生学习和践行井冈山精神。在这个过程中，要特别注重提升媒体自身道德素养。可以通过加强制度建设、规范社会媒介行为，为井冈山精神宣传教育创造良好的社会媒介环境。

学校是井冈山精神宣传教育的主阵地之一，是大学生学习井冈山精神的重要场所。首先是创新、丰富教育形式，将井冈山精神引入第一课堂、第二课堂与校园文化建设等活动中。第一课堂是学校教育活动主渠道，可将井冈山精神融入课程内容中进行教学，也可编制辅助教学的井冈山精神教育教学辅导材料，引导大学生的人生观、世界观、价值观正确发展。第二课堂是除第一课堂教育之外的学校教育，其教育主体是教师、学校以及学生，教育客体是学生。教师、学校以及学生共同拟定以井冈山精神为主题的系列活动，通过第一课堂的相互补充，激发大学生对井冈山精神的学习兴趣与学习热情，深化大学生对井冈山精神的理解，达到知识内化和促进人全面发展的作用。校园文化是一所学校综合实力的反映，可以将井冈山精神融入校园文化建设，提升校园文化的凝聚力和创造力，使优秀的校园文化激励师生不断反思、不断超越。大学生每日置身于健康奋进、积极向上的校园文化氛围中，受到井冈山精神潜移默化的影响，心灵与情感被熏陶，将促使其精神振奋、潜心学习，进一步提升自己的思想道德水平。

（二）井冈山精神环境创设，促进大学生丰富自身的情绪情感

作为影响大学生思想行为的环境因素，对新时代大学生的影响越来越强烈，

也越来越重要。中国已经融入全球化的环境中,越来越多的外来文化传入中国。不同国家思想文化意识的流动与融合,促使国内文化环境多元化。且随着信息通信技术的广泛应用,尤其是互联网与社会生活各领域的全面融合,人际交往对象和工作生活的快速变更,使大学生的心理发展受到很大影响。因此,可从物理环境和心理环境两方面进行井冈山精神环境创设。

首先是井冈山精神物理环境创设。大学生成长的物理环境主要包括作为生活背景呈现的物理环境和作为知识信息呈现的物理环境两个方面。一是对于大学生生活背景的物理环境,要充分认识到它的重要性,将井冈山精神物化到现实生活中,如在学生学习及生活区规划布置具有井冈山精神内涵的物理环境。井冈山精神是井冈山革命斗争时期形成的丰厚而意蕴深远的革命精神。可根据学生学习及生活区的条件,将井冈山革命斗争有关的艺术雕塑、井冈山山体模型、革命纪念物等穿插其间。如可在学生学习及生活区布置醒目的体现28字井冈山精神核心内涵的雕塑,展示发人深省的井冈山革命斗争时期名人名言及相关故事,以及设置有关井冈山精神的阅报栏、宣传栏、自办板报等。同时,还可制作一些富有井冈山精神意蕴的特色标语和警示牌等,更能起到意想不到的作用。在宿舍环境的布置中,也可将井冈山精神与生活、知识、趣味、教育融为一体,最好能充分发挥大学生的积极性和创造性,独立设计布置方案。为大学生创造一个丰富多元的饱含井冈山精神的生活环境,对培养大学生热爱生活的健康情绪情感有良好的促进作用。二是对于作为知识信息呈现的物理环境,应重视井冈山精神以各种不同方式呈现,尤其应关注现今信息化时代的网络资料。信息化时代的网络资料庞大而全面,获取方便而快捷。同时它也纷繁复杂,里面内容真真假假,有着许多的无关信息和不恰当信息,会妨碍网络优势的发挥。因此,有关井冈山精神的网络资料内容的真实性要充分予以保证。

其次是井冈山精神心理环境创设。大学生学习工作的心理环境主要包括人际关系和学习工作环境情绪气氛两个方面,它们对大学生学习工作的影响具有较大的隐蔽性。所以如何创设良好的具有井冈山精神的心理环境有一定难度。我们可以从以下两个方面入手。一是创建和谐的人际关系。井冈山精神的核心内涵之一是依靠群众求胜利,强调党的事业根基在群众,明确指出群众是党的事业赢得胜利的根本。因此大学生在成长成才过程中,务必友善待人,紧密与群众联系在一起,创建一个和谐的人际关系网络。二是用井冈山精神中积极、正向的情绪情感优化合作学习,形成良好的学习工作环境情绪气氛。学习工作环境情绪气氛是大学生在信息传递、人际关系展现和情绪自我控制等过程中体现出来的学习工作的情绪背景。大学生应有意识地在学习工作过程中应用井冈山精神中积极、正向的情绪情感促进学习工作,做到以情优合作,以情促合作,并以此丰富自身的情绪情感。

(三)井冈山精神体验活动,促进大学生磨炼自身的坚强意志

井冈山精神宣传教育活动使大学生对井冈山精神的理论有了较为深入的了解,井冈山精神环境创设使大学生在充满井冈山精神的环境中受到熏陶,但要让大学生对井冈山精神有更深入的了解,井冈山精神体验活动少不了。可以从以下两个角度来开展井冈山精神体验活动。

一是充分运用井冈山精神现实资源。长期的斗争实践留下了许多革命遗址,这些都是宝贵的井冈山精神教育资源。井冈山精神体验活动可围绕井冈山革命遗址开展。例如,可以组织大学生到井冈山革命根据地,进行实地参观、考察,穿红军衣、戴红军帽、吃红军粮、听红军故事、重走红军路,通过亲身体验当年革命先辈的生活,实地领略井冈山地势的险峻,感受当时生存与斗争环境的极度艰苦,明白胜利果实来之不易、幸福生活来之不易。

二是合理运用虚拟现实技术(VR)。虚拟现实是一种由计算机和电子技术创造的仿真度较高的模拟环境。使用者可根据自身观感,通过虚拟现实技术(VR)的多种传感设备,使用人的自然技能对虚拟世界中的物体进行考察和操作,参与虚拟世界中的事件。同时,虚拟现实技术(VR)提供视觉、听觉、触觉等直观自然的实时感知,使参与者"沉浸"于模拟环境中。[①]可以运用虚拟现实技术(VR)创设井冈山革命斗争史,使大学生能够身临其境地感受战争的残酷与革命先辈斗争的决心;开发以井冈山精神为背景的学习课堂、战争游戏、井冈山根据地模拟创建程序等。这样既能让大学生在虚拟现实中全方位地体验井冈山精神的形成过程,又能帮助大学生磨炼自身意志,形成坚强的意志品质。

(四)井冈山精神社会实践,促进大学生提高自身的行动能力

井冈山精神是在井冈山革命斗争实践中形成的。大学生要做到对井冈山精神的真正理解,还应回到实践中去,反复学习与践行井冈山精神。开展井冈山精神社会实践是井冈山精神促进大学生成长的最有效途径,也是发挥井冈山精神

[①] 姜学智,李忠华.国内外虚拟现实技术的研究现状[J].辽宁工程技术大学学报,2004(2):238.

促进大学生成长成才作用的重要环节。青年通过社会实践接触实际、了解社会，在思想与实践的多次反复、矛盾、冲突中实现井冈山精神的内化和升华。具体可行的井冈山精神社会实践包括走访老党员、深入井冈山革命老区发掘红色故事、组织大学生深入井冈山革命老区开展"三下乡"社会实践活动等。"三下乡"社会实践活动既能满足老区人民对文化、卫生、科技的需要，又能让参与"三下乡"社会实践活动的大学生们，深入了解革命老区农村的情况，了解农民的真实生活，培养艰苦奋斗、自强不息的精神。革命老区丰富的井冈山精神教育资源，对"三下乡"大学生的教育影响也是最直观、最强烈的，其效果是其他实践路径难以达到的。大学生还可通过这一实践活动提升自身的行动能力和社会适应能力，为进一步参与其他社会实践活动打下良好基础。

坚持井冈山精神宣传教育活动、井冈山精神环境创设、井冈山精神体验活动和井冈山精神社会实践活动，不仅能使大学生在认识、情感、意志、信念、行为五方面的素养得到显著提升，还能促使大学生形成坚定的井冈山精神信仰，成为伟大井冈山精神的身体力行者，自觉将井冈山精神发扬光大，使大学生最终实现知、情、意、行、信五位一体的全方位成长，帮助大学生全面和谐发展。

第四篇

高校学生工作的其他方面研究

- ⊙ 高校党支部"思想+专业"双引导模式研究
- ⊙ 高校安全预防工作的着力点
- ⊙ 胜任力理论视域下高校学生干部队伍建设创新
- ⊙ 家庭经济困难大学生就业困境与出路

本 篇 要 览

高校党支部建在专业上是高校党支部构建模式的一种创新,通过"党建+专业"的构建能够实现思想上和专业上的双重引导。"思想+专业"的双引导模式有利于促进学生党员思想觉悟和专业水平的同步提升,在坚定大学生党员为人民服务的信念同时提升大学生党员为人民服务的本领,有利于提高高校党支部的向心力、战斗力和影响力。

做好高校安全工作是保证大学生健康成长的基本前提,也是创建平安校园、建设和谐社会的先决条件,更是高等院校义不容辞的责任。高校安全工作,要贯彻以预防为主的原则,牢牢把握安全工作的主动权。

高校学生干部是指高校各级组织中的大学生骨干,他们在学校教育、管理、服务等各项工作中充当组织者、协调者和执行者,是高校教育管理工作人员的重要补充,是促进学校改革、发展、稳定的一支重要力量。高校学生干部的建设质量对于高校的发展和高校学生干部的成才具有非常重要的意义,胜任力理论可以为高校学生干部的选拔、培养、激励提供理论指引和思路启发,能够有效促进高校学生干部队伍建设创新。

家庭经济困难大学生作为一个特殊群体,他们面临着经济困难和由此引发的心理障碍等诸多问题。就业不仅能解决家庭经济困难大学生的生存问题,而且让大学生本人和家庭赢得发展的可能,就业帮扶是家庭经济困难大学生帮扶工作的关键点。

第十四章　高校党支部"思想+专业"双引导模式研究

党的基层组织是党在基层的战斗堡垒,是党的各项工作的基础,也是党组织的活力源泉。党的基层组织担负着对社会基层各职业各民族群众的联系、引导、团结、组织工作,担负着在基层贯彻落实党的路线、方针、政策的重任。高校党支部,是党在高校的基层组织,在高校第一线直接联系师生员工、引导师生员工、组织师生员工、团结师生员工,把党的路线、方针、政策在广大师生员工中宣传落实。高校基层党组织特别是高校党支部建设的好坏直接关系到党对高等教育的领导是否有力,直接关系到社会主义的办学方向能否坚持,直接关系到为谁培养人和培养什么样的人,直接关系到高校的稳定和谐,直接关系到党在广大青年学生中的影响力和向心力。

高校党支部要健康、持续发展,必须具有相对稳定的工作体系和组织架构。高校党支部肩负着培养、管理、监督师生党员的职责,如何才能把属于各专业、各年级的学生党员、积极分子和教工党员有效地组织在一起?如何才能让大家在交流上更加顺畅和产生更多共鸣?如何才能做到支部班子选强配优?如何才能保证师生员工作风优良,发挥先锋模范作用?如何才能让支部建设的"传帮带"作用更好地发挥?如何才能让支部对学生党员起到"思想+专业"的双引导作用?以上这些是高校党支部构建模式探索中重要的价值目标。

一、高校党支部"思想+专业"双引导模式构建方式探讨

高校学生党员与教工党员是共建同一个党支部,还是分开构建?高校党支部是建在年级(系、班级)上还是建在专业上?高校党政机关党员干部能否深入基层党支部第一线?学院领导班子成员如何参与高校党支部的构建?专业教师党员在高校党支部中如何发挥作用?以上问题将是高校专业党支部构建中必须考虑的问题。取舍的标准在于是否能够更好地发挥高校党支部的战斗堡垒作用和师生党员的先锋模范作用,是否能够更好地实现高校党建工作的可持续发展。

目前常见的高校党支部构建模式主要有以下几种：① 教工党员和学生党员分别组建党支部，学生党支部以年级为单位构建。② 教工党员和学生党员分别组建党支部，学生党支部以班级为单位构建。③ 教工党员和学生党员分别组建党支部，学生党支部以学院（系）为单位构建。④ 教工党员和学生党员共建党支部，党支部以年级为单位构建。⑤ 教工党员和学生党员共建党支部，党支部以班级为单位构建。⑥ 教工党员和学生党员共建党支部，党支部以学院为单位构建。⑦ 以学生党员学生宿舍分布情况为依据组建党支部。

以上高校党支部构建模式在完成党支部的日常工作方面不会有太大问题，但是缺点也是明显的。首先，把学生党支部建在班上或年级上，在低年级时没有学生党员的示范引领作用，全部工作落在班主任或辅导员身上，班主任或辅导员往往疲于应付日常事务，不能很好地进行思想引领。当学生毕业时，党支部随之解体，支部工作没有连续性，影响了支部工作经验的积累和精神的传承。其次，学生党支部单独设立，缺少党政领导和教工党员的示范和培养，不能实现新老党员的传帮带，不利于高校思想政治教育全员育人政策的实施，也不利于上级党组织及时了解基层党建的情况。最后，高校人才培养目标不仅有思想政治素质的要求，还有专业知识学习的要求，不论教师还是学生的专业意识都日益增强，以年级、班级、宿舍为单位组建的党支部，只是考虑到学生思想政治素质的培养，没有考虑到思想觉悟和专业水平的相互促进。从学生党员的发展与培养角度来说，由于缺少学生先进分子与专业教师的交流指导与培养的恰当平台，很难在思想认识与专业提升上做到同步发展；同样，对于教师党员来说，如果缺少与学生党员的融合，势必对学生群体中的思想状况、专业学习需求缺少针对性的了解，从而使高校人才培养过程仅仅落在完成一些程序层面的工作上。

在目前已有的实践中，部分高校二级学院将党支部建在专业上，将挂点校领导、二级学院党委班子成员、各专业的教工党员与同专业学生党员一同编入相应的党支部。高校党支部建在专业上的初步实践显示了在理论教育、党员交流、成员评价、支部班子选配、党员作风建设、支部传承发展等方面的优势。[1]高校党支部建在专业上的构建模式值得深入调查研究，是一种值得推广的高校党支部构建模式。

高校党支部建在专业上是高校党支部构建模式的一种创新，有利于克服传统构建模式的缺点和劣势；构建"思想＋专业"双引导的党员发展培养体系，能够促进支部党员思想觉悟和专业水平的同步提升，有利于发挥专业优势，树立党员

---

[1] 张瑜，肖述剑．大学生党支部建设：模式与路径——基于湖北省10所高校的调查[J]．湖北社会科学，2017(1)：183-188．

形象,提高党员服务社会的能力,提高高校党支部的战斗力和影响力。

二、高校党支部建在专业上的优势分析

(一) 高校党支部建在专业上的理论教育优势分析

理论教育是高校党支部建设的重要内容,用党的科学理论武装高校师生是高校思想政治教育工作的首要任务。能否以马克思主义最新理论成果——习近平新时代中国特色社会主义思想武装高校师生(党员),能否及时将各级党组织的最新精神传达给高校师生(党员),直接关系到高校师生(党员)思想政治素质能否提高和先锋模范作用能否发挥。

随着中国特色社会主义步入新时代,我国社会的主要矛盾和经济、政治、文化、环境都进入新常态,我国日益步入世界舞台中央,高校党支部建设面对的社会环境发生了不小的变化。在全球一体化潮流的推动下,我们与世界各国的交往日益频繁,高校师生接触到各种各样的文化,价值观念呈现多元化。互联网的广泛覆盖给高校党支部建设既带来了方便也带来了挑战。一方面互联网的应用为党员教育提供了新的途径和平台,扩展了党员教育的时间和空间。另一方面互联网的开放性也让各种消极的内容和错误的价值观腐蚀着高校师生。

"90后"的青年教师、"00后""10后"的大学生思想活跃,心态开放,勇于接受新事物,但也存在个性张扬、追求个性和容易偏激的特点。受社会环境和网络信息的影响,青年教师和大学生世界观、人生观、价值观出现了多元化、异质化和多变性的群体状态。

但是很多高校党支部的党员教育只重视完成上级组织交代的学习任务和要求,没有结合高校的实际,更没有结合不同师生的特点。不同年级、专业的教师和学生一起教育,只看到了党员教育的共性没有看到党员个体差异,忽视了性别、年龄、爱好、心理、动机上的不同,对支部党员的专业特点和个体发展需求没有充分考虑。[①]党员教育的形式也没有跟上时代的发展,还是大量采用"一人讲,满堂灌"的传统方式,让党的先进理论在枯燥乏力的宣讲中丧失了吸引力和影响力。没有很好地利用互联网带来的党员教育优势,雷声大雨点小,线上平台建了不少,但大多数只是用于装点门面,实际效果有限。很多党员教育的平台对党员

---

① 金绍荣,田再悦. 提升大学生基层党建实效:现实困局与双重突围[J]. 探索,2013(3):40-43.

没有吸引力,只能靠强制注册、强行关注的方式来实现辐射,数据上去了但效果没能同步增强。

将高校党支部建在专业上,教工党员和高年级学生党员在进行理论教育和思想引领时可以有效利用学科专业话语体系,实现从专业认知能力到政治觉悟能力的迁移。[①]在共同的学科专业背景下,易于营造青年大学生喜闻乐见的亲和环境,易于激发青年大学生理论学习的兴趣,易于激发青年师生的奋斗精神和家国情怀,进而树立共产主义的人生信仰。青年师生从端正入党动机到践行共产党的宗旨,始终与培养联系人处于共同分享、一起承担、一同面对的平等环境中,这必然增强入党积极分子和预备党员对所处教育环境的认同和接纳,从而增强理论教育的成效。

(二) 高校党支部建在专业上的党员交流优势分析

沟通交流是人与人交往的必经之路,支部成员的交流对高校党支部建设具有非常重要的意义。充分的沟通交流能让党支部的成员紧密联系在一起,通过沟通达成共识、凝心聚力,从而调动支部成员的积极性和主动性,为党支部健康有序发展提供坚强保证。正如列宁所说:"只要千百万劳动者团结得像一个人一样,跟随本阶级的优秀人物前进,胜利也就有了保证。"如果所有的支部成员能够紧紧团结在支部书记等优秀党员周围,集中精力提升支部战斗力,心往一处想、劲往一处使,那么这个目标就一定能够实现。党支部成员之间充分有效的沟通交流还能够发现问题、去除偏见、消除误会、达成共识。党员交流也是支部成员间相互了解、互相学习的重要途径,师生党员间的顺畅交流能够促进学习型党支部的建设,能够提高党支部的凝聚力和向心力,能够在潜移默化中实现共产主义信仰的传承。

毛主席说过"没有调查就没有发言权",高校党支部要做好工作必须深入地了解支部的真实情况和师生党员的内心想法。有些高校党支部开展了各种各样的活动,但往往"公事公办",支部书记和班子成员没有耐心"晓之以理、动之以情",不能做到与支部成员"以心换心"。没有情感的共鸣,支部成员往往"不问不言、言之无物、顾左右而言之",支部书记倾听不到支部党员内心真实的诉求,解决不了党支部发展的问题。

将高校党支部建在专业上,党支部成员涵盖同一专业老师和各年级学生,同

[①] 郭兆云. 激励视阈下的高校专业党支部构建优势探析[J]. 中共南京市委党校学报, 2015(3):82-85.

一党支部的师生、各年级学生不仅一起过组织生活,还经常因为专业课程的教学实践活动互相接触,师生之间、高低年级学生之间都更容易熟悉,支部活动的组织开展更加便利,支部成员的参与积极性也能得到提高。和其他党支部建构模式相比,相同的专业背景让支部成员对同一理论和实践的接受度更统一,更容易取得实效。教师对学生、高年级学生对低年级学生,具有专业上的先期成长优势,在专业认同和崇敬的情感支配下,入党积极分子和预备党员更愿意融合于这样一个集体,接受引领和教育,主动投身实践,并努力向支部中高年级党员和教师党员看齐,从行动到思想上尽可能与之保持一致,共同成长和发展,形成具有先进性、示范性和服务性的党组织。

(三)高校党支部建在专业上的成员评价优势分析

成员评价是指按照一定的标准,采用科学的方法,对积极分子、预备党员、党员的学习、品行、能力、态度等方面进行综合的评定。成员评价是支部建设的重要组成部分,科学公正的成员评价,会对支部成员素质的提升起到良好的促进作用,会有效地提高支部成员的积极性,能使表现优秀者获得更多的发展机会,使表现一般的成员感受到压力并激发他们努力进步的动力。在成员评价过程中可以不断发现问题、改进问题,最终促进支部成员和支部的共同发展。

将高校党支部建在专业上,因为支部成员具有相同的专业背景,培养人与培养对象进行交流时有更多的共同话题,不会局限于党的理念精神的传递与灌输。党员发展与培养教育内容能够依附于具体的专业话题,如某专业发展对社会进步的推动力、专业内优秀党员的示范性、利用专业技能服务师生等。在入党积极分子选拔、培养和发展的过程中,党员评优评先的工作中,评选标准更有可比性,有利于同学们公平参与竞争,切实感受到共同成长的快乐,真心认同先进典型的示范性。

(四)高校党支部建在专业上的支部班子选配优势分析

党支部工作抓得好不好,与支部书记(支部委员)的威望和领导力直接相关。党支部书记(支部委员)没有影响力和凝聚力,党支部就没有战斗力。党支部管理松一寸,党员队伍就散一尺,就容易出现支部建设走形式、搞变通、随意化的问题。党支部书记(支部委员)能否切实担当起"第一责任人"的责任,能否带领教育师生党员在学习、工作、生活中树立党员形象,发挥先锋模范作用,关键在于党支部书记(支部委员)能否选优选强。高校党支部要实现各个历史时期的政治任务,必须始终把加强党的组织建设摆在突出位置。

随着高校的扩张,学生党员也越来越多,部分高校党支部组织配备不强,有的支部没有教工党员,有的党支部教工党员由于忙于教学科研,很少参与支部的建设,导致了"学生党员自娱自乐"的局面。参与高校党支部工作较多的高校辅导员,需要承担事关学生的一切事务,往往日常事务千头万绪,没有太多精力进行党支部建设。许多党支部日常活动处于应付状态,支部书记(委员)不求有功,但求无过,对支部建设有心无力,对支部党员放任自流。同时,很多辅导员年纪轻、资历浅,专业成就积累不够,甚至很多辅导员行政化,放弃了专业提升。这使得部分辅导员兼任的党支部书记(支部委员)威望较低,支部班子领导能力和管理能力都有所欠缺。

将高校党支部建在专业上,将挂点校领导、二级学院党委班子成员、各专业的教工党员与同专业学生党员一同编入相应的党支部,上级组织将更加了解党支部的实际情况,支部的教师党员也将更加充实,党支部有条件选配思想政治素质高、专业学科能力强的同志担任党支部书记(支部委员)。有了坚强有力的支部班子,高校党支部的工作就有了坚实的基础。

(五) 高校党支部建在专业上的党员作风建设优势分析

党的作风是党的形象,是党员党性的外在表现,是人民群众判断一个政党优秀与否的最直接的依据。党员作风优良,人民群众就拥护爱戴,党组织就有凝聚力和战斗力。党员作风不好,人民群众就会躲避和疏远,党组织就失去了动力和活力。党的作风建设关系到人心向背,关系到党的生死荣辱,必须常抓不懈。要切实加强和改进高校党建工作,就必须狠抓作风建设,这关系到高校党委在深化综合改革、建设中国特色现代大学制度中的领导核心作用,关系到社会主义办学方向,关系到人才大国向人才强国转变的战略目标能否实现,关系到能否为中华民族伟大复兴的事业打下坚实的基础。①

个别高校党政干部"为人民服务"的意识缺乏,官僚主义习气很浓,喜欢摆架子,不想师生所想,不急师生所急,有时不作为有时乱作为;不主动学习党的最新文件和精神,意识落后,故步自封,没有创新和改革精神;工作上好大喜功,计划脱离实际,工作不重落实;高高在上,不下基层了解情况,不深入教室寝室等教学一线,对学校的实际问题没有切实把握。一些教师党员只重视教学和科研工作,政治学习不够主动,对于党的思想理论满足于一知半解,没有深入系统地学习掌

---

① 刘延东. 第二十三次全国高等学校党的建设工作会议报告[EB/OL].(2014-12-30). http://cpc.people.com.cn/n/2014/1230/c64094-26297225.html.

握,对参加党组织活动的积极性不高,片面追求个人利益,过于看重个人待遇,缺乏奉献精神,影响了党员群体在群众心中的形象。一些学生党员入党动机不纯,政治立场不坚定,将入党作为就业和个人发展的手段,心口不一,没有真正树立共产主义信仰;部分党员在学习生活中不能以党员标准严格要求自己,人前一套人后一套,严重损害了党组织的形象;部分党员没有正气和底气,对于一些错误言论,不敢义正词严地指出,对于身边的不良现象没有斗争的勇气。

将高校党支部建在专业上,将挂点校领导、二级学院党委班子成员、各专业的教工党员与同专业学生党员一同编入相应的党支部,党政领导和一线师生将直接对话,形成了同台竞技的局面,有利于党政领导深入基层、深入师生,也让新党员能够近距离感受优秀党员的优良作风,处于身边榜样的正能量影响之中。专业教师和学生党员课堂课后全面接触,在思想政治素养和专业涵养上能互相促进,教学相长。将高校党支部建在专业上,还构建了一个全方位的相互监督体系,党员中出现的不良作风可以及时地被发现和整改。

(六)高校党支部建在专业上的支部发展传承优势分析

党支部工作的连续性对支部建设有着非常重要的意义:党支部工作的连续可以让支部工作的经验得以不断地总结;支部新老班子、新老党员的"传帮带"能够更加有序和高效;支部建设的各项资料能够保存完整而有利于处理一些党员遗失档案等特殊情况;支部成员间有一个稳定的联系和交流平台,能够促进支部精神的传承和影响力的扩大。

建在年级和班级上的高校党支部随着支部学生群体的毕业,支部工作也会随着该群体的解体而终止。随着党支部书记(委员)的离任,除党员材料跟随个人档案外,其他各类基础材料难以妥善地保存和管理,更不用说经验的积累和凝练。基层党支部建设始终处于不断重复的探索阶段,无法为青年群体提供追求政治理想所需的有效指导,不利于高校党支部党建的递进式创新发展。将高校党支部建在专业上则较好地解决了这一瓶颈问题。尽管支部成员不断流动,但党支部书记(委员)可以保持相对稳定,新老交替能够做到井然有序,支部工作不会中断,各项材料一直有人负责保管,因此建在专业上的高校党支部能够对多年的工作经验进行传承,对不足进行思考和处理,推动高校支部向专业化、学习型、服务型基层党组织转变,有利于优秀基层党支部彰显特色,发挥示范效应。

三、高校党支部建在专业上的实践路径探索

(一) 高校党支部建在专业上的党支部管理方式探索

党支部管理方式是指党支部建设的基本工作内容,包括支部建设目标的设定和分解,支部班子选配、分工,支部管理的具体方法、手段和程序。推进党支部建设要推进管理制度的完善、考核评价体系的科学化、标准化和规范化等。

高校党支部建在专业上可以将挂点校领导、二级学院党委领导班子成员、各教研室的专业教工党员与同专业学生党员、积极分子一同编入相应的党支部,从而建立了"高校党委监督—二级学院党委领导专业党支部—专业党支部领导培养入党积极分子—入党积极分子来源于班级团支部"的管理模式,将党务活动和专业培养活动有机结合起来。这种党支部管理模式使党支部班子人员的配备上不仅可以考虑政治素养也可以兼顾专业水平;党支部成员具有专业的同一性,使得党支部对支部成员的考核评价具有比较性,考核评价因此更具合理性;搭建了学校党政干部、教工党员与学生党员、积极分子等直接合作和交流的平台,实现了党组织管理的扁平化,上级党组织和领导干部能够及时了解基层党支部的真实情况,加强了党组织对青年学生的影响力和领导力,提升了支部管理的效率。以上种种的优点使得将党支部建在专业上能更好地发挥专业党支部的战斗堡垒作用和师生党员的先锋模范作用,有利于实现支部工作效率的提升和支部发展水平的提升。

(二) 高校党支部建在专业上的党员发展培养体系探索

党员发展培养是支部建设的重点工作,能否发展培养好青年党员关系到党组织的永续发展和党组织的凝聚力、影响力和向心力提升。

将高校党支部建在专业上,党支部可以为每名入党积极分子安排至少1名同专业的教师党员作为入党培养人,培养人不仅具有政治觉悟的先进性,而且具有较强的专业素养,这使得培养人的指导作用更为凸显,专业的同一性也使培养人和被培养人之间不仅仅有共同的党建话题,还有共同的专业话题,这有利于产生亲近感和认同感,相互间的知识和情感交流更加顺畅。同时培养人对入党积极分子的考察也更为全面和细致,不仅可以了解到入党积极分子的政治素质,也能够更深入了解到入党积极分子的学习成绩和专业素质。高校党支部建在专业上

所构建"党建＋专业"模式,能够实现党员发展培养中培养人对培养对象的"思想和专业"双重引导,让党员发展培养和师生、生生之间的专业引领有机结合起来,互相促进。

(三) 高校党支部建在专业上的党员服务社会模式探索

党员服务社会是学习贯彻习近平新时代中国特色社会主义思想的重要载体,是建设服务型基层党组织的重要载体,是共产党员发挥先锋模范作用的重要载体。中国共产党的宗旨就是全心全意为人民服务,这是党取得革命和建设事业胜利的根本保证。历史表明,我党由小变大、由弱变强,最终能够战胜千难万险,取得民主革命胜利,是因为我们取得了人民群众的拥护和支持;在新的历史时期,党领导人民在探索建设有中国特色社会主义的道路中,之所以能取得举世瞩目的成就,也是因为我们取得了人民群众的拥护和支持,从人民那里吸取了无穷无尽的力量。

将高校党支部建在专业上,党支部在党员设岗定责和树立党员模范时,可以将政治觉悟典型和专业学习典型结合起来,充分发挥先进党员在日常学习、工作和生活中的先锋模范作用,影响和带动身边的普通师生共同进步,营造积极向上的学风、班风和院风。高校党支部可以利用专业知识服务社会,发挥专业团队的战斗力,可以更好地激发党员应对挑战的潜能,也有利于师生党员们专业实践能力和业务水平的提升,让广大师生党员不仅有全心全意为人民服务的觉悟,还有全心全意为人民服务的本领。

第十五章　高校安全预防工作的着力点

伴随着高校招生规模的扩大和高校后勤管理的社会化,高校的开放程度在不断加大,与社会的联系日趋紧密,高校校园不再是一个封闭的世外桃源,而是一个开放的"小社会",高校周边治安环境日趋复杂,校园安全问题日益突显,师生财产、人身受损的现象层出不穷。加强高校安全工作,增强大学生的安全防范意识和能力,减少和避免安全事故的发生已成为迫在眉睫的工作。

稳定压倒一切,没有安全就没有一切,没有高校安全工作就难以保障大学生的健康成长,高校安全工作不力就会给人才培养造成巨大损失,就会影响经济社会的平稳健康发展。做好高校安全工作是保证大学生健康成长的基本前提,也是创建平安校园、建设和谐社会的先决条件,更是高等院校义不容辞的责任。

高校安全工作,要贯彻以预防为主的原则,牢牢把握安全工作的主动权。安全预防,一是预测,二是防范。只有预测准确、防范到位,才能实现高校安全"零事故"的目标。做好高校安全预防工作,必须深入学生,认真调研,全面收集信息,制定预案,提前防范;必须采取各种形式传授安全知识,增强学生的防范意识,提高学生的防范能力;必须加强安全管理,净化安全预防环境。唯此,才能及时排除安全隐患,抢占安全工作主动权,把事故苗头消灭在萌芽状态,为创建和谐校园打下坚实的基础。

一、制定安全预案,把握安全工作主动性

"凡事预则立,不预则废",高校安全预防工作是一个系统工程,高校安全预防工作必须适应时代要求,准确把握大学生特点,深入了解影响校园安全的主要因素。进而理清思路,制定预案,明确措施,落实到位。

(一) 制定具体可行的安全预防工作计划

安全预防工作是一个系统工程,要把握工作的主动性,必须全盘考虑、统筹

兼顾，制定涵盖大学生各个阶段的详细的安全预防计划。制定安全预防计划，既要考虑大学生安全预防的一般性要求，又要考虑不同年级、不同时期的特殊情况；既要安排全面、系统的综合性安全预防工作，又要针对不同时期的突出问题，开展一些针对性活动，使安全预防计划具体有效。

（二）明确措施

目标先行，措施随后。安全预防目标确定下来以后，就要明确安全防范措施，使之具有可行性。如何建设队伍、配备物资，如何收集信息、开展活动，这些都要有具体的措施来解决。唯此，安全预防计划才有可行性，校园安全才能得到保障。

（三）落实到位

高校安全预防工作要实行"一把手"负责制，并将责任层层落实到人。各部门的党政负责人对本部门的安全预防工作负总责，分管领导、科室负责人、岗位负责人逐级分别承担相应责任。对因玩忽职守、失职渎职而导致的严重危害学校稳定的重大事件，实行行政问责制。[①]充分发挥院(系)、科室、班级、宿管委员会等一线部门在安全预防中的作用。高校安全预防计划能否有效实施，安全措施能否得到落实的关键是院(系)、科室、班级、宿管委员会是否充分重视，应对措施是否及时得力。要充分发挥一线部门在安全预防中的作用，必须加强指导、强化监督、及时考核，使安全预防工作落到实处，掷地有声。

二、强化宣传教育，提高安全防范能力

（一）高度重视新生安全教育

大学新生由于对环境不太熟悉，加上很大一部分同学心智不是很成熟，往往成为高校安全事故的涉事主体。首先，在新生入校时进行全面及时的安全教育非常必要。新生安全教育是第一课，学生印象深刻，效果比较显著，必须高度重视。新生安全教育首先要让学生对高校安全问题有一个全面了解，要介绍大学学习、生活的特点，大学新生可能碰到的种种问题，校园和周边环境。其次要增

---

① 王敏达，刘超，刘坤. 大学生群体事件的预防机制与应急处理对策研究[J]. 河北青年管理干部学院学报，2009(5)：29-32.

强新生的安全防范意识,指出高校常见的安全问题,教育学生如何识破骗局、避免安全事件、事故的发生;教育学生正确处理碰到的问题和各种特殊情况,提高学生的安全防范技能。最后,对新生进行国家安全和政治安全教育,教育学生坚定政治立场,抵制西方敌对势力的渗透,防止敌对势力的破坏,维护校园的安全稳定。

(二)利用各种媒介、载体广泛宣传

充分利用宣传单、宣传手册、宣传栏和校园网、广播站、校报等校内媒体资源广泛宣传校园安全防范知识。定期开展和举办安全教育月和安全教育周等活动,进行安全板报评比,举办安全知识讲座和竞赛,扩大宣传,营造气氛,让学生人人了解安全防范、人人懂得安全防范、人人重视安全防范。充分发挥学生会和各类校园社团的优势,利用周末文化广场、专项主题活动等校园文化活动,开展形式多样、广大学生喜闻乐见的以防人身伤害、防财物损失、防心理失常等为主题的专项安全教育活动。让学生在轻松参与中增强安全防范意识和提高安全防范技能。

(三)安全教育进课堂

教育职能是高校最基本的功能,将安全教育纳入正规的教学管理是一项容易做、投入少、效果好的工作。首先应建立大学生安全教育领导机构,配备专(兼)职教师,并健全相关配套制度。其次是理顺安全教育运行机制,把大学生的安全教育纳入学校整体教学计划,统一排课,统一检查评估,统一考试和成绩管理。最后利用已有的教学体系,由任课教师结合课程内容适时对学生进行安全教育。比如,在计算机课程中讲授计算机网络安全,在心理课程中讲授心理调适的方法,在化学、物理等实验课中讲授有关防火防爆方面的内容等。[①]

(四)进行个案剖析

案例教育的最大特点就是生动、形象,说服力强。在对学生的安全教育中,要善于抓住发生在学生身边典型的、具有说服力的安全案例加以分析解剖,对学生进行现实的安全教育,使学生在真人、真事中去认识、辨别学习安全知识的重要性,使学生对问题认得清、看得准,往往能够取得较好的教育效果。[②]

---

① 陶娟. 关于新时期大学生安全教育途径的探讨[J]. 湖北经济学院学报(人文社会科学版),2008(5):154-155.

② 丁树歧. 在校大学生安全教育的途径和方法探讨[J]. 江苏技术师范学院学报,2006(3):89-92.

（五）组织大学生参与安全防范的社会实践

"授人以鱼，不如授人以渔"，安全教育的根本目的是让学生增强安全意识，提高防范技能。组织大学生参与安全防卫的社会实践，就是让学生在学习、生活、工作中参加安全方面的实践，进一步增强安全知识的技能化，使之内化成素质，外现为能力。可以指导学生成立大学生安全防范和普法协会等社团组织，定期进行自我安全防范大检查，通过检查评比，发现、解决存在的安全问题，增强大学生的安全防范意识；成立学生自律委员会，引导热爱保卫事业的大学生积极参与学校的执勤、巡逻等治安管理工作；[①]积极鼓励大学生参加诸如消防演练、水中救援、火场逃生等各种安全技能的培训、演习活动，让大学生在参与中习得自我保护技能，提高安全防范能力。

三、全面收集信息，增强安全预防针对性

（一）全面收集安全信息

建立健全信息收集、上报制度，值班、下寝室制度和保卫登记、盘查制度，依靠各种媒介和方式畅通信息渠道，随时了解和掌握学校的安全动态。要经常深入学生当中，了解学生的所思所想和实际困难，认真排查学生当中存在的安全隐患，做到防患于未然。为此，一是要定期召开班干部和学生党员座谈会，了解学生情况，充分发挥学生干部和学生党员在安全预防工作中的表率作用。二是经常深入学生宿舍和教室，了解学生动态，帮助他们解决实际面临的安全问题，听取学生对学校安全预防工作的意见和建议。[②]三是加强校园保卫的登记和盘查制度，对往来人员进行有效的监控。

（二）突出重点，增强针对性

做好高校安全预防工作，既要全面开展，又要有所侧重，做到以点带面、点面

---

① 陶娟.关于新时期大学生安全教育途径的探讨[J].湖北经济学院学报(人文社会科学版)，2008(5):154-155.

② 方敬永，黄春晓.丰富内容拓宽渠道切实提高大学生安全教育的实效性[J].河南教育学院学报(哲学社会科学版)，2006(5):125-126.

结合。一是抓好重点对象的安全预防。对情况异常的同学要及时了解并做好工作，排除隐患。对可疑人员严加盘查，及时处理，防止安全事件的发生。二是抓重点场所的安全预防。对防火、防爆有一定要求的教学和实习场所，要教育学生严格遵守规章制度，防止意外事故的发生。在人员比较集中和地形比较复杂的场所，要教育学生文明礼让，遵守秩序，服从指挥，并注意观察场所周围的环境和安全通道，避免发生安全事故。三是抓重点时期的安全预防。新生刚跨入大学校门时，由于对校园及周边环境不熟悉，缺乏安全防范知识，最容易发生各类安全事故。节假日期间学生思想容易松懈，易发生财物被盗、火灾、食物中毒、溺水、车祸等事故。学生外出实习、找工作时脱离了学校管理人员的视线，也易发生各类事件。[1]要做好安全预防工作，对这些时期必须重点防范。

四、加强安全管理，净化安全预防环境

(一) 加强校园安全预防管理

随着社会和高教事业的不断发展，高校安全工作情况发生了很大变化，学校应适应新形势，针对新问题，切实加强对学生安全工作的管理。必须建立和健全安全预防工作机构，包括领导机构、执行机构、监督检查机构和学生自治机构。制定和完善各项学校安全防范制度，包括安全防范责任追究制度、保卫登记盘查制度、学生管理人员值班和下寝室制度、学生安全信息收集和传达上报制度等。让大学安全预防工作有机构领导、有制度可循、有专人负责，三位一体，高效运行。

(二) 大力建设高校安全预防工作队伍

要做好安全预防工作，必须建立一支阵容整齐的高素质队伍。首先，要加强安全保卫队伍建设。安全保卫部门直接负责学校的安全预防工作。保卫队伍素质的好坏直接关系到高校安全预防工作的成效，关系到大学生人身财产利益的维护。其次，要加强专职学工干部队伍建设，专职学工干部队伍包括团学工作行政队伍和辅导员队伍。这支队伍是学生工作队伍的中坚力量，也是高校安全预防工作的重要力量。再次，要加强班主任队伍建设。班主任队伍是高校安全预防工作的基础力量，班主任管理工作的好坏直接影响高校安全预防工作的水平

---

[1] 王能武. 高校安全教育研究[J]. 江西公安专科学校学报, 2008(3):125-128.

和效果。最后,要加强学生干部队伍建设。学生干部队伍是高校安全预防工作的重要力量,他们的个人素质、工作水平及在学生中的威信都直接影响着高校安全预防工作的效果。①

(三)建立健全疏导机制

学校要建立畅通的沟通渠道,设立专门机构做好学校安全问题反映与信访接待工作。学校及学院、系部等有关部门和学生工作部门对安全问题来访要有登记、有汇报、有查办、有结案、有反馈。对于学生当中的矛盾和纠纷,学校办公室、各学院或系部、保卫部门应设立专门的协调机构和负责人,发现矛盾和纠纷应及时了解情况、及时排除安全隐患。②同时要充分考虑校园安全问题的多样性特点,有针对性地搭建安全预防教育个性化平台,开展多样性的安全咨询服务活动,对症下药,切实解决校园中的各种安全问题,帮助学生远离安全事故。同时,要搭建网络安全预防平台,充分发挥网络的不受时空限制的特点,开展网上安全教育、咨询和安全问题受理反馈活动,增强安全预防工作的效果。③

(四)强化治安综合治理,净化安全预防环境

学校安全保卫部门要经常对消防、治安、交通和校园环境等方面进行全面彻底的检查,及时整治落实各项安全防范措施,加大对各种特种设备的安全检查,加强危险品仓库管理,落实易燃易爆与有毒物品的使用、保管制度,加强学校施工工地管理,督促后勤集团和校办企业积极开展安全生产活动。另外,要积极联络并会同当地公安、工商、文化、教育等部门认真按照公安部、教育部的要求,加强高校校内和周边环境的整治,净化高校安全预防环境,为高校安全预防工作提供有力的环境保障。④

---

① 曹红,张继革.完善高校学生思想政治工作体制切实加强学生工作队伍建设[J].兰州大学学报,2004(6):128-130.
② 王敏达,刘超,刘坤.大学生群体事件的预防机制与应急处理对策研究[J].河北青年管理干部学院学报,2009(5):29-32.
③ 方敬永,黄春晓.丰富内容拓宽渠道切实提高大学生安全教育的实效性[J].河南教育学院学报(哲学社会科学版),2006(5):125-126
④ 陈鸿雁,张义平.当代大学生犯罪的原因及预防机制研究[J].云南警官学院学报,2008(6):103-105.

第十六章　胜任力理论视域下高校学生干部队伍建设创新

高校学生干部是指高校各级组织中的大学生骨干,他们在学校教育、管理、服务等各项工作中充当组织者、协调者和执行者,是高校教育管理工作人员的重要补充,是促进学校改革、发展、稳定的一支重要力量。[①]高校学生干部的建设质量对于高校的发展和高校学生干部的成才具有非常重要的意义,胜任力理论可以为高校学生干部的选拔、培养、激励提供理论指引和思路启发,能够有效促进高校学生干部队伍建设创新。

一、加强高校学生干部队伍建设创新的必要性

(一) 高校学生干部建设具有重要而深远的意义

高校学生干部作为高校学生活动和校园文化建设的重要组织者和参与者,深入学生一线,与广大青年大学生零距离接触,了解学生的思想状况,能够第一时间应对学生突发事件,对于维护校园的安全稳定有着至关重要的作用。高校学生干部生活在学生中间,能够发挥朋辈效应,在潜移默化中发挥思想引领、行为示范、舆情疏导等作用,有力地加强了大学生价值引领工作和高校思想政治教育工作。高校学生干部同时又是高校教师们的助手,他们能够发挥上传下达的桥梁作用,促进学校、教师、学生三者的有效沟通,提高高校办学质量。高校学生干部毕业后进入到各行各业,能够发出主流声音、传播正能量、引领社会思潮和价值取向,对于国家的安全稳定和社会的进步、发展有着重要的作用。

(二) 高校学生干部队伍建设存在一些亟待解决的问题

由于主客观原因,当前高校学生干部队伍建设存在一些问题,影响了高校学

---

① 共青团中央,全国学联. 高校学生干部培养规划:2006—2010[Z]. 2006.

生干部作用的发挥,影响了高校的改革、发展与稳定。部分高校对学生干部队伍建设重视不够,考虑不够长远,没有从培养社会主义坚定接班人的角度来考量;高校学生干部队伍建设的资金配给、人员配备以及高校学生干部的职能定位和职责划分比较随意,没有制度制约,重使用轻培养,没有纳入人才培养体系。一些指导和使用学生干部的教职工没有经过培训,对高校学生干部的选拔和使用比较随意,存在只顾工作任务完成不管队伍建设质量的现象。部分高校学生组织在培养、选拔学生干部时对工作技能看得多、对思想品德管得少,政治标准强调不足;选拔任用制度不科学,缺乏科学性和合理性,有的甚至不能坚持公平公正公开原则,导致人才流失和公信力不足。[①]部分高校学生干部动机不纯,存在混资历、混奖项的功利主义思想,把担任学生干部作为入党和就业的敲门砖,使命意识不足、敬业精神不足、工作动力不足。部分高校学生干部能力不足,不能发挥先锋模范作用,不能有效地开展组织和管理作用,存在为学校"帮倒忙"的现象,不能得到学生的认可,影响了高校学生干部和学校有关部门的公信力。部分高校缺少学生干部激励机制,特别是长效激励机制,在保研、就业等事关个体长远发展的事项中没有作相关考量,影响了学生干部的积极性和作用发挥。

(三) 新时代高校学生工作需要面对一些新的挑战

在信息化、全球化浪潮冲击下,作为"网络原住民"的青年大学生价值观念多元化、行为方式多样化,功利主义、历史虚无主义等社会思潮在部分大学生中流行,大学生价值引领和舆论引导工作面大量多,需要进一步提升高校学生干部队伍政治素质和宣传本领。随着高等教育步入大众化阶段,高校学生规模扩大,大学生们的素质参差不齐,学生需求多样化,学生工作复杂化,需要进一步壮大高校学生干部队伍来对接一部分学生需求、提供一部分学生服务项目。大学生、家长、社会对高校的期待越来越高,高校对自身建设质量,对人才培养的质量要求也越来越高,高校学生工作范围不断扩大,服务项目不断增加,学生工作的难度不断提高,这对高校学生干部队伍建设的质量和创新意识提出了新的要求。在这样一种形势下,创新高校学生干部队伍建设、提升高校学生干部建设质量对高校的发展和稳定越发重要,也更具紧迫性。

---

① 鄢智青. 从胜任力角度谈高校学生干部队伍建设[J]. 考试周刊, 2009(33):222-224.

二、胜任力理论应用于高校学生干部队伍建设创新的价值

美国社会心理学家 David McClelland 在研究中发现传统的测验方式在预测复杂工作或高层次职位的绩效方面效果不明显,而利用胜任力指标进行预测,有效性明显提高。[1]胜任力指能将工作绩效优秀和工作绩效一般的人员区分开来的特征,这些特征有的是显性的、比较容易观察到,比如工作知识和工作技能;有的是隐性的、深层次的、难以观察到的,比如价值观和个性品德。[2]胜任力理论首先在商业领域应用,在取得明显的效果后逐步推广到政府机关、教育行业等其他领域。胜任力理论在各个领域的应用让人才的选拔和使用更加合理和规范,也为人才的培养和激励提供了科学的指引。

(一) 胜任力理论的应用可以提升高校学生干部的选拔质量

目前在高校学生干部的选拔中存在一些大学生们不太认可的做法,比如有的以学习成绩代替选拔标准,有的只看做事的能力不太注重对政治素质和个性品质的考察,有的采用教师指定方式、有的采用全体成员投票推选的方式,等等。这些做法都有一定的依据,但是在选拔方式的选择上和选拔考察指标的确定上没有科学理论的指导,导致高校学生干部的选拔比较盲目和随意,影响了高校学生干部的选拔质量和高校学生干部在学生中的公信力和影响力。同时,很多高校学生干部选拔的面试人员没有经过专门培训,在面试中存在重表象轻动机、对表达能力和形象气质方面考虑过多、对学生工作经历方面考虑过多等一系列问题。

按照胜任力理论,胜任力分为基准性胜任力和鉴别性胜任力。基准性胜任力是对任职者的基本要求,这一类胜任力可以通过培训的方式得到比较明显的提升,比如知识和工作技能。鉴别性胜任力是影响绩效水平的关键性胜任力特征,这一类胜任力很难在短期内改变,比如价值观和个性品质。[3]因此,在选拔高校学生干部时,不仅要进行知识、技能的考查,更为重要的是要考查候选人的动

---

[1] McCLELL D. Testing for competence rather than for "intelligence"[J]. American Psychologist,1973(28):1-4.

[2][3] SPENCER L M,SPENCER S M. Competence at work:models for superior performance [M]. New York:John Wiley & Sons,Inc.,1993:222-226.

机、政治素质、道德品质等内在特征,因为鉴别性胜任力是影响高校学生干部工作绩效的关键性因素。

高校学生干部胜任力研究表明高校学生干部的任职时间和年级、学生干部的职位、入学前是否有任学生干部的经历、学生干部的专业等因素均会引起胜任力水平差异。[①]因此,选拔学生干部时需要综合考查这些"胜任力"影响因素。

按照胜任力理论,厘清高校学生干部胜任力影响因素,建构胜任力模型,依据胜任力指标来全面考核选拔高校学生干部,能够提高选拔的科学性和合理性,增强学生干部选拔的权威性和吸引力,提升高校学生干部队伍的选拔质量。

(二)胜任力理论的应用可以完善高校学生干部的培养体系

高校学生干部的培养上存在"重使用轻培养""知识和技能培训较多,政治素质和个性品德培养欠缺""理论教授较多,实践锻炼较少""培训课程过于统一,缺少针对性""培训方式比较单一、培训吸引力不足"等弊端,这导致学生干部不能得到有效培养,组织、管理能力和综合素质得不到明显提升,在学生中的影响力和号召力有限,不能有效地发挥学生干部的桥梁和引领作用。

按照胜任力理论,高校学生干部要胜任工作,不仅要符合知识、技能等方面的基本要求,更要具有良好的政治素质和品德修养。相对于较容易通过培训、教育来发展的知识和技能,短期内难以改变的深层个性特质对高校学生干部胜任工作具有更加深远的意义。胜任力是基于工作环境的一种考量,它与实践工作的情境密切相关。这启示我们,高校学生干部的培训体系需要进一步改革。不仅要有传统的知识、技能方面的培训,还要开发培养高校学生干部深层次个性特质的培养体系。不仅要有岗前培训来提升高校学生干部素质,更要在学生工作的实际情境中锻炼和培养高校学生干部。不同胜任力水平的高校学生干部,他们对培训内容和培训方式的需求是不一样的。胜任力理论视域下的高校学生干部培养,要基于胜任力测评的结果,按照分层、分类、分模块的方式探索"递进式"的培训课程,坚持知行合一、久久为功、考虑长远的原则,建立"重在培养"的高校学生干部培养体系。

(三)胜任力理论的应用可以破解高校学生干部考核和激励困境

高校学生干部的成长需要科学的外在引导和强烈的内在需求。内在需求是

---

① 吕莹璐.高校学生干部胜任力问卷编制与调查[J].长春教育学院学报,2012,28(9):53,63.

高校学生干部愿意投身学生工作并追求卓越的精神动力。如何将学生组织的使命与高校学生干部的内在需求有机地结合起来,如何将学生干部个人成长和学校的发展有机地结合起来,这就涉及高校学生干部的考核和激励问题。

高校学生干部的考核和激励是一个难题。大部分高校对学生干部的考核实行一学期或一学年考核一次,最后的考核结果出来时大部分学生干部已经离任,不能提供过程反馈和激励。同时与部分高校学生组织选拔的随意性一样,部分高校学生组织的考核和激励机制也比较随意,这导致考核结果不能正确全面地反映学生干部的实际情况,挫伤了一部分工作认真负责但考核结果一般的学生干部的积极性,同时也对一部分工作不认真但考核较好的学生干部的价值观和人生观形成了错误的导向。同时,越来越多的大学生们不屑于担任学生干部,很多担任学生干部的同学也浅尝辄止,担任一两年就不肯继续担任了。留住高年级学生继续担任学生干部成为高校各级各类学生组织一个较为普遍的难题。高校学生干部是否留任关键在于他们是否具备使命感和奉献精神,如果学生干部考核和激励机制只是对学生干部工作作功利性评价,则不能激发学生干部的使命感和责任感。同时,大部分高校对学生干部的激励措施比较单一、力度也比较小,对高校学生干部的激励效果非常有限。

胜任力理论指出胜任力是动态发展的,提升学生干部的胜任力需要进行过程指导、过程考核、过程激励。同时,高校学生干部的使命感、责任感和奉献精神属于内隐性胜任力特征,这些特征属于高校学生干部的深层次个性特质,短期内难以改变,一般性的激励措施效果非常有限,需要建立基于胜任力的绩效考评制度来唤醒高校学生干部的深层次需求,塑造这些深层次的个性特质,从而破解高校学生干部的考核和激励困境。

三、胜任力理论视域下高校学生干部队伍建设的路径

(一)建构胜任力模型,建立科学、合理的学生干部选拔机制

与传统学生干部选拔方法相比,基于胜任力模型的高校学生干部选拔机制依据优秀学生干部应该具备的能力和素质来进行选拔和安排职位,具有科学性和针对性,能够提升高校学生干部选拔的有效性。这种选拔机制也更加复杂,对高校学生干部指导老师的要求也更高,但是这种机制也更为科学、合理,对提升高校学生干部选拔质量来说,是一种值得探索的方式。

高校学生干部胜任力模型就是针对优秀高校学生干部素质及能力的要求组

合起来的胜任力结构。构建高校学生干部胜任力模型,首先要筛选胜任力指标,明确哪些因素会影响高校学生干部的工作绩效。第二步就是将筛选出来的胜任力指标进行权重编码,形成胜任力模型。高校学生干部胜任力指模型的构建一般可以采用行为事件访谈法和专家小组法来完成,也可以借助问卷调查法来进行。行为事件访谈法是一种开放式的、回顾式的探索胜任力特征的方法,这种方法特别强调情境性,通过对优秀高校学生干部进行回忆反思式的访谈,来探索优秀高校学生干部应当具备的胜任力特征。这种方法效果比较好,但要求也比较高,要求经过培训的有经验的学生工作专家来进行访谈。专家小组法是通过学生工作专家会议研讨的方法来甄选高校学生干部的胜任力特征的方法。这种方法受专家的学生工作水平和学生工作经验影响较大,专家数量要求较多。专家小组法的优点在于效率比较高。问卷调查法通过发放问卷来收集高校学生干部的胜任力特征,这种方法的优势在于可以收集到较大数量的信息,但由于调查对象对学生干部胜任力的了解程度不同,有效性难以控制。

基于胜任力模型进行学生干部选拔时,需要对面试官进行培训,通过培训让面试官们熟悉胜任力理论,准确地识别胜任力特征并能作出比较合理的程度判断,从而做到识别趋同。胜任力理论是基于工作情境的一种考察,建立科学合理的高校学生干部选拔机制还要丰富选拔形式来加强对候选人在工作情境中的表现的考察,可以选择性采用情景模拟、团体辅导、结构化面试、无领导小组讨论等考查形式,这些方式可以更真实地反映候选人的胜任力特征,提高学生干部选拔的准确性和有效性。

基于胜任力模型的学生干部选拔机制,需要自始至终贯彻"人职匹配"的理念。针对不同的学生干部岗位,要建立不同的胜任力指标评价标准,针对岗位特点,有所侧重地考查学生干部的胜任力。在安排学生干部岗位时,也要根据学生干部岗位的胜任力要求和学生干部候选人的胜任力特点进行合理的安排,做到"人职匹配"。

(二)开发"递进式"培训课程,完善"重在培养"的学生干部培养体系

高校学生干部胜任力结构是一个多维度多要素的复合体,进行高校学生干部培养要统筹兼顾,确保学生干部成长的全面性;同时更要着力于鉴别性胜任力的培养,因为这是优秀学生干部成长的核心胜任力,也是关系到高校学生干部工作成效的关键因素。[①]在进行高校学生干部培训体系构建时,在涵盖知识学习、

---

① 沈燎,刘枭.高校学生干部胜任力模型构建研究[J].当代青年研究,2009(12):61-64.

技能训练等基准性胜任力内容基础上,要拓展针对政治素养、个性品德、奉献精神和使命意识等鉴别性胜任力内容的培训内容和课程。对于鉴别性胜任力的培养不仅在内容上要扩展,培训方式也要不断地探索。传统的讲授式、示范式、参观式的培训方式对外显型胜任力的培训效果较好,但对内隐藏式胜任力的培训效果非常有限,需要进一步探索开发体验式、沉浸式、参与式的实践型培训方式。

不同学生组织岗位、不同年级、不同任职时间、不同专业学生干部的胜任力结构和胜任力水平是不一样的。胜任力结构的不同体现在胜任力构成要素的不同和每种胜任力要素在整个胜任力模型中的重要性的不同。胜任力水平高低往往相对于高校学生干部能否胜任其担任的学生干部岗位而言,不同岗位对学生干部胜任力的要求是不一样的。基于胜任力的高校学生干部培养体系,应该根据胜任力结构和水平的不同,开发分层、分类、分模块的递进式培训内容和培训课程,增强学生干部培训课程的针对性和选择性。[①]传统的学生干部培训由于不能区分学生干部能力提升的需求差别,存在培训内容和培训课程"一刀切"的现象,导致了学生干部学习动力不足、高年级学生干部反复培训、培训效果比较差的情况。构建"递进式"的高校学生干部培训内容和培训课程,可以根据胜任力测评的结果,向高校学生干部推送不一样的培训内容,从而实现对高校学生干部进行个性化的职位胜任力指引,提升培训的针对性和有效性。

鉴别性胜任力是影响高校学生干部工作成效的关键性因素,需要特别强化高校学生干部鉴别性胜任力的培养。同时胜任力理论也指出,鉴别性胜任力是深层次的个性特质,往往短期内难以改变。这要求我们建立"重在培养"的学生干部培养体系,将培养贯穿高校学生干部任职的全过程,自始至终注重高校学生干部政治素质、使命意识和奉献精神等鉴别性胜任力的培养,扭转"重使用、轻培养"的不良倾向,转变"够用就行"的功利主义学生干部培养理念,将学生干部的培养作为高校人才培养的重要内容,着眼于为各行各业输送高素质骨干人才,让高校学生干部在毕业后也能发挥中流砥柱和示范引领作用,树立"功在大学、利在长远"的学生干部培养理念。胜任力理论指出鉴别性胜任力往往是内隐性的深层次个性特质,这些胜任力的改变比较缓慢而困难,这要求创新培训方式,引入体验式、参与式、翻转式、沉浸式的培训方式;丰富培养方式,坚持在使用中培养、在实践中锻炼提升学生干部的胜任力。

---

① 丁谌.高职院校学生干部胜任力培养研究[J].佳木斯职业学院学报,2015(11):40-41.

（三）推动考核反馈"常态化"，形成高校学生干部长效激励机制

考核评价机制对学生干部的成长具有非常重要的作用，合理的考核评价机制能够让高校学生干部保持持久的动力和高度的责任感。建立基于高校学生干部胜任力模型的绩效考核制度，可以提升学生干部考核的客观性、公正性和有效性，形成可预见的"常态化"激励机制。

构建基于胜任力模型的高校学生干部绩效考核制度是指通过将高校学生干部个人目标和学生组织的工作目标相结合，不断激励和开发高校学生干部的胜任力，提升高校学生干部的工作效率，进而实现学生组织工作目标的循环往复的过程。[①]建立绩效考核长效机制，首先要构建基于胜任力的绩效指标。绩效指标的确定要兼具全面性和倾向性，一方面要全面体现基准性胜任力指标和鉴别性胜任力指标的各个维度，另一方面在指标的权重方面要向鉴别性胜任力指标倾斜，鼓励高校学生干部的担当精神和创新精神。

在绩效考核的执行过程中需要指导老师与高校学生干部保持比较密切的工作关系，一方面可以全面了解学生干部实际工作情况，为绩效考核提供充分的依据；另一方面可以通过经常性的绩效反馈，对高校学生干部进行"常态化"工作指导和督促，助力高校学生干部胜任力的提升。基于胜任力理论的学生干部绩效考核，不仅要看工作目标是否达成、工作绩效是否提升，还要看学生干部的胜任力有没有得到提升。胜任力是否提升，不仅是对前一段时间工作结果的反映，更重要的是它能在一定程度上预估高校学生干部未来的工作胜任情况和工作绩效，为高校学生干部的调整使用和后续培养提供科学的依据。[②]

根据绩效考核结果，对高校学生干部进行评价和激励是高校学生干部队伍建设非常关键的一环。准确地评价等次，能给表现不同的高校学生干部恰当的反馈，一方面能鼓励表现优秀的学生干部再接再厉，另一方面也能督促表现一般的高校学生干部及时反思和改进。对优秀高校学生干部的表彰激励不仅是对他们前期工作的肯定，更是提升学生干部队伍积极性、主动性的有效手段。激励的方式有荣誉证书、物质奖励、公开表彰等各种方式，部分高校在常规激励的基础上，对优秀学生干部在就业、保研等方面进行特殊激励，效果比较好。恰当的激

---

① 李登印，李颖，张宁. 胜任力模型应用实务：企业人力资源体系构建技术、范例及工具[M]. 北京：人民邮电出版社，2014.

② 周云，张翼，李海黔. 从胜任力的视角谈校学生干部的选拔与培养[J]. 教育与职业，2013(11)：40-41.

励方式能够激发学生干部的成就动机,调动学生干部工作的积极性和主动性。在当前就业竞争激烈、高校学生干部任务繁重、高校学生干部在安全稳定方面作用凸显的背景下,还需要进一步强化激励措施,在保研、留校、参加国家选调生选拔、优质就业单位推荐方面进一步出台激励政策,建立高校学生干部激励的长效机制。

第十七章　家庭经济困难大学生就业困境与出路

家庭经济困难大学生作为一个特殊群体,他们面临着经济困难和由此引发的心理障碍等诸多问题。由于家庭经济困难,就业对这些大学生来说显得尤为重要,一份合适的工作不仅能解决毕业后的生存问题,而且能够保证大学期间个人和家庭债务的及时偿还,从而让家庭经济困难大学生毕业后本人和家庭走出困境,赢得发展。但是,在激烈的就业竞争中,家庭经济困难大学生由于自身就业观念的偏差,经济资源、社会资源的相对匮乏,竞争力不强而面临着种种就业困境。这些困境给家庭经济困难大学生本人带来极大的压力并引发了系列的问题,也给家庭经济困难大学生家庭和社会带来了许多负面影响,帮助家庭经济困难大学生提升竞争力、顺利就业是一项非常重要的工作,具有非常重要的意义。

一、就业帮扶是家庭经济困难大学生帮扶工作的关键点

近年来,国家对家庭经济困难大学生的资助力度不断加大,"不让一个大学生因家庭经济困难而被迫辍学"的目标基本实现,但是这只是一个较低层次的目标。不辍学并不意味家庭经济困难大学生能按质按量地完成学业,并不意味着家庭经济困难大学生就业能力能达到社会的要求。如果一个家庭经济困难大学生毕业后不能顺利就业,他们的生存问题就难以解决,发展就更加谈不上了,通过教育阻断贫困代际传递的目的也不能实现。国家的资助就只是"输血",而未能达到"造血"的目的,家庭经济困难大学生及其家庭还是难以改变贫穷的命运,进而影响社会的稳定和国家的发展。所以,家庭经济困难大学生帮扶工作必须始终向着就业的方向,围绕家庭经济困难大学生就业能力的提升逐步逐层开展,让物质资助、励志教育、学业指导、心理辅导等所有帮扶工作在就业帮扶上得到最终的落实。

二、家庭经济困难大学生就业困境与出路

(一) 困境

1. 受传统观念束缚,就业观念出现偏差

受家庭和传统社会观念的影响,一些家庭经济困难大学生没有对高等教育的现状和社会发展的进程形成清醒的认识,就业观念发生了偏差。今天,高等教育已经由精英教育阶段发展到大众化阶段,大学培养的主要是普通的社会劳动者,但一些家庭经济困难大学生存在严重的"精英情结",他们在父辈"上大学＝好工作＝出人头地"的思想束缚下,产生了过高的就业期望,对职业收入、职业舒适度、职业影响力的要求高于自身的竞争力,希望能够通过就业实现"鲤鱼跳龙门"的效果,在短时间内改变自身和家庭的状况;把择业目标局限在中大型城市、公务员事业单位、大型国企和外资企业,不愿意到县城、乡镇等基层一线干事就业,不愿意回家乡发展,大大缩小了家庭经济困难大学生毕业后择业的机会和空间。

一部分家庭经济困难大学生不能正确地面对家庭的贫困,产生了自卑和焦虑心理,不再奋发图强,一切"等、靠、要",甚至产生一些不切实际的攀比心理,"打肿脸充胖子",把家庭艰难供给和国家资助的学习生活费用花在不合适的消费上,把学习、能力的提高抛诸脑后,学习没有自觉性,参与活动没有积极性,就业没有主动性。这些家庭经济困难大学生在求职中退缩焦虑,不能适应人才市场的竞争,不能找到正确的原因,片面地归咎于家庭资源的欠缺和社会制度的消极方面,最终徘徊在就业的大门外怨天尤人。以上这些就业观念与劳动力市场的现状严重不符,严重制约了家庭经济困难大学生毕业后的顺利就业,也不利于经济社会的发展。

2. 综合素质不强,就业竞争力弱

由于入学前的"先天不足"和入校后的学习困难,较大一部分家庭经济困难大学生学习排名靠后,社会实践锻炼偏少,毕业生在就业市场上没有竞争优势,这成为制约他们顺利就业的最主要因素。大多数家庭经济困难大学生来自落后地区,基础教育不发达,教育观念和方法比较落后,长期以来只注重应试能力的培养,导致大部分家庭经济困难大学生在学习的自主性、动手能力、表达沟通能力等方面存在较大的不足,这些使较大一部分家庭经济困难大学生在高校显得

"先天不足"。在大学期间,由于经济因素的制约,有些家庭经济困难大学生把大量的时间花在勤工俭学上面,不能专心学习,学习成绩受到较大影响;有些家庭经济困难大学生由于囊中羞涩,刻意回避与同学一起活动,也不积极参加学校、学院、班级开展的各项文体活动,在寝室中慢慢变得"不合群",在学校、班级中越来越"边缘化",社会实践能力没能得到提高,甚至有些还产生了心理问题;有的家庭经济困难大学生缩衣节食,一分钱掰成两半花,必要的学习和生活花费也千方百计地节省,爱好和新特长的培养更是无暇顾及,身体素质和既有特长也没能得到锻炼。这些情况导致一部分家庭经济困难大学生的综合素质总体上较弱,在就业市场上竞争力较低。

3. 经济和社会资源相对匮乏,就业渠道不畅

随着国家经济的快速发展,高校毕业生在择业和就业过程中的花费也越来越多。由于就业市场竞争激烈,在大学生毕业求职过程中,从简历制作与打印、报名确认到求职培训、服装购买、形象设计,加上求职往返中的交通费、食宿费等,往往要花费上百元甚至上千元。而一些经济特别困难的家庭年收入也不到万元,除掉必要的生活开销,一年到头不仅存不下钱,往往还要借钱。这样的一大笔就业开销,对家庭经济困难大学生及其家庭来说是不小的压力。[①]家庭经济困难大学生毕业时由于经济资源的匮乏,难以承担较大的求职支出,不得不放弃很多就业机会。

在经济社会急剧转型的今天,就业市场的竞争非常激烈,不仅大学生自身的能力品质决定了大学生的就业能力。大学生及其家庭能够获取的各种资源的多寡也对高校毕业生的就业有一定的影响。由于经济困难和社会资源较少,家庭经济困难大学生及其家庭的信息获取和人际交往能力往往比较差。除此之外,有些单位实行的"特殊政策"也催生了家庭经济困难大学生在就业中的诸多不平等和"大麻烦":有些单位要求有经济担保,有些单位收取就业押金甚至是大额的服务期保证金,有些单位需要担保人推荐,等等。这些"特殊政策"给家庭经济困难大学生就业带来了或大或小、方方面面的消极影响。[②]以上种种,都使得经济和社会资源相对匮乏的家庭经济困难大学生就业渠道不太通畅。

[①] 肖秋芳. 地方高校贫困生就业存在的问题及对策[J]. 教育探索, 2010(8):142-143.
[②] 褚惠萍. 高校贫困生就业存在的问题及对策研究[J]. 教育与职业, 2005(32):10-11.

(二) 出路

1. 树立正确的就业观念

要引导家庭经济困难大学生正确定位,摆脱精英情结的束缚。改革开放以来,我国高等教育不断发展,高等教育的规模越来越大,适龄人口的大学生比例越来越高,研究生教育的发展也非常迅速。高校的培养对象已经由社会精英扩展为合格的社会主义劳动者。家庭经济困难大学生由于自身和家庭暂时存在的劣势,一毕业就找到称心如意的工作的概率相对而言比较小。大多数家庭经济困难大学生就业时必须按照自己的能力和资历调整就业预期,摆正心态,正确定位,按照社会的要求,结合自身的条件,选择合适的工作。

要引导家庭经济困难大学生树立先就业、后择业、逐步走向职业成功的观念。很多大学生就业时总希望找到自己喜欢的,能发挥所长,并能一干到底的岗位。在就业市场竞争激烈的形势下,这是一种不太现实的想法,对于家庭经济困难大学生尤为如此。家庭经济困难大学生应该实事求是,根据自身的家庭情况,坚持"先生存后发展"的择业原则,积极主动地适应人才市场的需求,而不能犹犹豫豫,造成"毕业即失业"的被动局面。可以先在初次就业的工作中积累经验、提升能力、筹集资本,做好抓住下一次机会的准备。当时机成熟的时候,可以再次择业,一步一步实现自己的职业期望和人生理想。

2. 夯实专业基础,提升实践能力,凸显竞争力

家庭经济困难大学生专业基础是否扎实,实践能力是否突出,将对他们的就业甚至以后的职业生涯产生重要的影响。要对家庭经济困难大学生进行就业帮扶,必须加强家庭经济困难大学生的综合素质培养,提高他们的就业竞争力。

专业素质是综合素质的基础。专业素质的高低直接关系到家庭经济困难大学生能否成为优秀的大学生,能否在竞争中拥有专业优势,从而在就业竞争中获得本专业领域的就业优先权。家庭经济困难大学生要学会学习、积极学习。要明确只有学得好、学得精才能弥补"先天不足",进而实现进位赶超,在就业中贴上"高才生"的标签,进而获得用人单位的厚爱。

据调查,很多用人单位反映现在的大学生理论知识往往掌握得很好,但是很多大学生的动手操作能力比较弱,用人单位选人时对大学生实践能力的考察越来越重视。家庭经济困难大学生在学好专业知识的同时,应该克服经济困难,积极主动地参加各项集体活动和社会锻炼,积极主动地与同学和老师交往,积极主动地与相关社会人员交往,积极主动地寻求社会实践能力的锻炼机会;深入地了

解社情民意,主动地提升自己的组织管理能力、沟通交际能力,不仅要学会学习,还要学会做人、学会做事,不断地提高自身的专业素养和实践能力,凸显自身的竞争力。

3. 加强就业资助和推荐,拓宽就业渠道

经济因素是家庭经济困难大学生就业的基础性因素,会对家庭经济困难大学生的就业产生方方面面的影响。不论是就业心态、行业选择,还是职位比较、求职花费都会受到经济因素的制约,经济因素是解决家庭经济困难大学生就业难问题的基础条件。[1]可以尝试设立"助就金",减少就业的经济壁垒。建立、健全"助就金"制度,给家庭经济困难大学生一笔费用用于求职中的必要开销,这将直接缓解家庭经济困难大学生在求职中面临的现实困难,帮助他们获得更多的就业机会。同时,也使得我国对家庭经济困难大学生的帮扶政策更加完善和有效,帮到"最后一公里"。[2]建立家庭经济困难大学生毕业失业救助制度是另外一项不可或缺的工作,使一时找不到工作的家庭经济困难大学生能够获得最低的生活保障,从而延长家庭经济困难大学生求职时间,间接地增加了他们的就业机会。[3]现在国家已经出台政策,对那些通过从银行贷款上学的家庭经济困难大学生减免其部分债务,或者是延长其还贷期限,这个政策有效地减轻了家庭经济困难大学生就业时的压力,如果再辅以家庭经济困难大学生毕业失业救助制度,将极大地解除家庭经济困难大学生择业时的思想顾虑,提升他们的就业信心,促进家庭经济困难大学生有效就业。

由于家庭经济状况的窘迫,家庭经济困难大学生及其家庭参与的社会交往活动较少,人际网络和社会关系往往比较单一,这导致他们就业时能够获得的信息和推荐机会偏少、就业途径相对单一。高校要特别重视做好家庭经济困难大学生的就业推荐工作,在引导和帮助家庭经济困难大学生择业的过程中,高校就业指导部门和相关部门的工作人员、班主任、辅导员要对家庭经济困难大学生这个特殊群体予以特别的注意和关爱,下大力气做好家庭经济困难大学生就业的重点和专门推荐工作,为家庭经济困难大学生提供更多的与用人单位交流和接触的机会,使用人单位有时间和空间来发现优秀家庭经济困难大学生的良好品

---

[1] 刘艳艳. 高校家庭经济困难学生就业竞争力研究[D]. 西安:西安理工大学,2008.
[2] 戴勇. 高校贫困生就业援助模式探析[J]. 中国高等教育,2008(24):35-36.
[3] 刘桂华. 提升高校贫困生就业竞争力的SWOT分析[J]. 河南师范大学学报(哲学社会科学版),2009,36(5):218-220.

质和突出才能,从而起到牵线搭桥的作用。[①] 学校就业部门要积极开拓就业市场,拓宽家庭经济困难大学生就业渠道;要把"走出去"和"请进来"结合起来进行,积极增进高校和用人单位双方之间的了解和共识,促进彼此的信任和合作,促进供需合作的深入开展;要和企业就实习、实训、订单式培养模式等方面积极进行探讨,明确用人单位对人才的需求,指导家庭经济困难大学生有针对性地做好职业生涯规划,使之同市场需求相适应,进一步畅通家庭经济困难大学生就业的渠道并有效提升家庭经济困难大学生就业的有效性。

---

① 林建浩. 从就业上解决高校在读贫困生问题的途径探索[J]. 内蒙古农业大学学报(社会科学版), 2007(3):77-78.

附 录

高校学生工作相关的法律法规文件

- 中华人民共和国高等教育法
- 中华人民共和国教师法
- 普通高等学校学生管理规定
- 学生伤害事故处理办法
- 关于加强和改进新形势下高校思想政治工作的意见
- 普通高等学校辅导员队伍建设规定
- 中华人民共和国精神卫生法
- 国家教育考试违规处理办法

本篇要览

　　伴随着社会主义民主法治和政治文明建设的推进,高等教育的发展环境、发展理念、发展方式正在发生深刻变化,迫切需要全面推进依法治校、加快建设现代学校制度。推进依法治校,是学校适应加快建设社会主义法治国家要求,发挥法治在学校管理中的重要作用,提高学校治理法治化、科学化水平的客观需要;是适应教育发展新形势,提高管理水平与效益,维护学校、教师、学生各方合法权益,全面提高人才培养质量,实现教育现代化的重要保障。高校学生工作者必须系统掌握高校学生工作相关的法律法规文件,在依法治校的基础上推进各项学生工作,不断增强高校学生工作成效。

中华人民共和国高等教育法

（2018年12月）

（1998年8月29日第九届全国人民代表大会常务委员会第四次会议通过；根据2015年12月27日第十二届全国人民代表大会常务委员会第十八次会议《关于修改〈中华人民共和国高等教育法〉的决定》第一次修正；根据2018年12月29日第十三届全国人民代表大会常务委员会第七次会议《关于修改〈中华人民共和国电力法〉等四部法律的决定》第二次修正）

第一章 总 则

第一条 为了发展高等教育事业，实施科教兴国战略，促进社会主义物质文明和精神文明建设，根据宪法和教育法，制定本法。

第二条 在中华人民共和国境内从事高等教育活动，适用本法。

本法所称高等教育，是指在完成高级中等教育基础上实施的教育。

第三条 国家坚持以马克思列宁主义、毛泽东思想、邓小平理论为指导，遵循宪法确定的基本原则，发展社会主义的高等教育事业。

第四条 高等教育必须贯彻国家的教育方针，为社会主义现代化建设服务、为人民服务，与生产劳动和社会实践相结合，使受教育者成为德、智、体、美等方面全面发展的社会主义建设者和接班人。

第五条 高等教育的任务是培养具有社会责任感、创新精神和实践能力的高级专门人才，发展科学技术文化，促进社会主义现代化建设。

第六条 国家根据经济建设和社会发展的需要，制定高等教育发展规划，举办高等学校，并采取多种形式积极发展高等教育事业。

国家鼓励企业事业组织、社会团体及其他社会组织和公民等社会力量依法举办高等学校，参与和支持高等教育事业的改革和发展。

第七条 国家按照社会主义现代化建设和发展社会主义市场经济的需要，根据不同类型、不同层次高等学校的实际，推进高等教育体制改革和高等教育教学改革，优化高等教育结构和资源配置，提高高等教育的质量和效益。

第八条 国家根据少数民族的特点和需要，帮助和支持少数民族地区发展高等教育事业，为少数民族培养高级专门人才。

第九条 公民依法享有接受高等教育的权利。

国家采取措施，帮助少数民族学生和经济困难的学生接受高等教育。

高等学校必须招收符合国家规定的录取标准的残疾学生入学，不得因其残疾而拒绝招收。

第十条 国家依法保障高等学校中的科学研究、文学艺术创作和其他文化活动的自由。

在高等学校中从事科学研究、文学艺术创作和其他文化活动，应当遵守法律。

第十一条　高等学校应当面向社会,依法自主办学,实行民主管理。

第十二条　国家鼓励高等学校之间、高等学校与科学研究机构以及企业事业组织之间开展协作,实行优势互补,提高教育资源的使用效益。

国家鼓励和支持高等教育事业的国际交流与合作。

第十三条　国务院统一领导和管理全国高等教育事业。

省、自治区、直辖市人民政府统筹协调本行政区域内的高等教育事业,管理主要为地方培养人才和国务院授权管理的高等学校。

第十四条　国务院教育行政部门主管全国高等教育工作,管理由国务院确定的主要为全国培养人才的高等学校。国务院其他有关部门在国务院规定的职责范围内,负责有关的高等教育工作。

第二章　高等教育基本制度

第十五条　高等教育包括学历教育和非学历教育。

高等教育采用全日制和非全日制教育形式。

国家支持采用广播、电视、函授及其他远程教育方式实施高等教育。

第十六条　高等学历教育分为专科教育、本科教育和研究生教育。

高等学历教育应当符合下列学业标准:

(一)专科教育应当使学生掌握本专业必备的基础理论、专门知识,具有从事本专业实际工作的基本技能和初步能力;

(二)本科教育应当使学生比较系统地掌握本学科、专业必需的基础理论、基本知识,掌握本专业必要的基本技能、方法和相关知识,具有从事本专业实际工作和研究工作的初步能力;

(三)硕士研究生教育应当使学生掌握本学科坚实的基础理论、系统的专业知识,掌握相应的技能、方法和相关知识,具有从事本专业实际工作和科学研究工作的能力。博士研究生教育应当使学生掌握本学科坚实宽广的基础理论、系统深入的专业知识、相应的技能和方法,具有独立从事本学科创造性科学研究工作和实际工作的能力。

第十七条　专科教育的基本修业年限为二至三年,本科教育的基本修业年限为四至五年,硕士研究生教育的基本修业年限为二至三年,博士研究生教育的基本修业年限为三至四年。非全日制高等学历教育的修业年限应当适当延长。高等学校根据实际需要,可以对本学校的修业年限作出调整。

第十八条　高等教育由高等学校和其他高等教育机构实施。

大学、独立设置的学院主要实施本科及本科以上教育。高等专科学校实施专科教育。经国务院教育行政部门批准,科学研究机构可以承担研究生教育的任务。

其他高等教育机构实施非学历高等教育。

第十九条　高级中等教育毕业或者具有同等学力的,经考试合格,由实施相应学历教育的高等学校录取,取得专科生或者本科生入学资格。

本科毕业或者具有同等学力的,经考试合格,由实施相应学历教育的高等学校或者经批准承担研究生教育任务的科学研究机构录取,取得硕士研究生入学资格。

硕士研究生毕业或者具有同等学力的,经考试合格,由实施相应学历教育的高等学校或者经批准承担研究生教育任务的科学研究机构录取,取得博士研究生入学资格。

允许特定学科和专业的本科毕业生直接取得博士研究生入学资格,具体办法由国务院教育行政部门规定。

第二十条　接受高等学历教育的学生,由所在高等学校或者经批准承担研究生教育任务的科学研究机构根据其修业年限、学业成绩等,按照国家有关规定,发给相应的学历证书或者其他学业证书。

接受非学历高等教育的学生,由所在高等学校或者其他高等教育机构发给相应的结业证书。结业证书应当载明修业年限和学业内容。

第二十一条　国家实行高等教育自学考试制度,经考试合格的,发给相应的学历证书或者其他学业证书。

第二十二条　国家实行学位制度。学位分为学士、硕士和博士。

公民通过接受高等教育或者自学,其学业水平达到国家规定的学位标准,可以向学位授予单位申请授予相应的学位。

第二十三条　高等学校和其他高等教育机构应当根据社会需要和自身办学条件,承担实施继续教育的工作。

第三章　高等学校的设立

第二十四条　设立高等学校,应当符合国家高等教育发展规划,符合国家利益和社会公共利益。

第二十五条　设立高等学校,应当具备教育法规定的基本条件。

大学或者独立设置的学院还应当具有较强的教学、科学研究力量,较高的教学、科学研究水平和相应规模,能够实施本科及本科以上教育。大学还必须设有三个以上国家规定的学科门类为主要学科。设立高等学校的具体标准由国务院制定。

设立其他高等教育机构的具体标准,由国务院授权的有关部门或者省、自治区、直辖市人民政府根据国务院规定的原则制定。

第二十六条　设立高等学校,应当根据其层次、类型、所设学科类别、规模、教学和科学研究水平,使用相应的名称。

第二十七条　申请设立高等学校的,应当向审批机关提交下列材料:

(一) 申办报告;

(二) 可行性论证材料;

(三) 章程;

（四）审批机关依照本法规定要求提供的其他材料。

第二十八条　高等学校的章程应当规定以下事项：

（一）学校名称、校址；

（二）办学宗旨；

（三）办学规模；

（四）学科门类的设置；

（五）教育形式；

（六）内部管理体制；

（七）经费来源、财产和财务制度；

（八）举办者与学校之间的权利、义务；

（九）章程修改程序；

（十）其他必须由章程规定的事项。

第二十九条　设立实施本科及以上教育的高等学校，由国务院教育行政部门审批；设立实施专科教育的高等学校，由省、自治区、直辖市人民政府审批，报国务院教育行政部门备案；设立其他高等教育机构，由省、自治区、直辖市人民政府教育行政部门审批。审批设立高等学校和其他高等教育机构应当遵守国家有关规定。

审批设立高等学校，应当委托由专家组成的评议机构评议。

高等学校和其他高等教育机构分立、合并、终止，变更名称、类别和其他重要事项，由本条第一款规定的审批机关审批；修改章程，应当根据管理权限，报国务院教育行政部门或者省、自治区、直辖市人民政府教育行政部门核准。

第四章　高等学校的组织和活动

第三十条　高等学校自批准设立之日起取得法人资格。高等学校的校长为高等学校的法定代表人。

高等学校在民事活动中依法享有民事权利，承担民事责任。

第三十一条　高等学校应当以培养人才为中心，开展教学、科学研究和社会服务，保证教育教学质量达到国家规定的标准。

第三十二条　高等学校根据社会需求、办学条件和国家核定的办学规模，制定招生方案，自主调节系科招生比例。

第三十三条　高等学校依法自主设置和调整学科、专业。

第三十四条　高等学校根据教学需要，自主制定教学计划、选编教材、组织实施教学活动。

第三十五条　高等学校根据自身条件，自主开展科学研究、技术开发和社会服务。

国家鼓励高等学校同企业事业组织、社会团体及其他社会组织在科学研究、技术开发和推广等方面进行多种形式的合作。

国家支持具备条件的高等学校成为国家科学研究基地。

第三十六条　高等学校按照国家有关规定,自主开展与境外高等学校之间的科学技术文化交流与合作。

第三十七条　高等学校根据实际需要和精简、效能的原则,自主确定教学、科学研究、行政职能部门等内部组织机构的设置和人员配备;按照国家有关规定,评聘教师和其他专业技术人员的职务,调整津贴及工资分配。

第三十八条　高等学校对举办者提供的财产、国家财政性资助、受捐赠财产依法自主管理和使用。

高等学校不得将用于教学和科学研究活动的财产挪作他用。

第三十九条　国家举办的高等学校实行中国共产党高等学校基层委员会领导下的校长负责制。中国共产党高等学校基层委员会按照中国共产党章程和有关规定,统一领导学校工作,支持校长独立负责地行使职权,其领导职责主要是:执行中国共产党的路线、方针、政策,坚持社会主义办学方向,领导学校的思想政治工作和德育工作,讨论决定学校内部组织机构的设置和内部组织机构负责人的人选,讨论决定学校的改革、发展和基本管理制度等重大事项,保证以培养人才为中心的各项任务的完成。

社会力量举办的高等学校的内部管理体制按照国家有关社会力量办学的规定确定。

第四十条　高等学校的校长,由符合教育法规定的任职条件的公民担任。高等学校的校长、副校长按照国家有关规定任免。

第四十一条　高等学校的校长全面负责本学校的教学、科学研究和其他行政管理工作,行使下列职权:

(一)拟订发展规划,制定具体规章制度和年度工作计划并组织实施;

(二)组织教学活动、科学研究和思想品德教育;

(三)拟订内部组织机构的设置方案,推荐副校长人选,任免内部组织机构的负责人;

(四)聘任与解聘教师以及内部其他工作人员,对学生进行学籍管理并实施奖励或者处分;

(五)拟订和执行年度经费预算方案,保护和管理校产,维护学校的合法权益;

(六)章程规定的其他职权。

高等学校的校长主持校长办公会议或者校务会议,处理前款规定的有关事项。

第四十二条　高等学校设立学术委员会,履行下列职责:

(一)审议学科建设、专业设置,教学、科学研究计划方案;

(二)评定教学、科学研究成果;

(三)调查、处理学术纠纷;

(四)调查、认定学术不端行为;

（五）按照章程审议、决定有关学术发展、学术评价、学术规范的其他事项。

第四十三条　高等学校通过以教师为主体的教职工代表大会等组织形式，依法保障教职工参与民主管理和监督，维护教职工合法权益。

第四十四条　高等学校应当建立本学校办学水平、教育质量的评价制度，及时公开相关信息，接受社会监督。

教育行政部门负责组织专家或者委托第三方专业机构对高等学校的办学水平、效益和教育质量进行评估。评估结果应当向社会公开。

第五章　高等学校教师和其他教育工作者

第四十五条　高等学校的教师及其他教育工作者享有法律规定的权利，履行法律规定的义务，忠诚于人民的教育事业。

第四十六条　高等学校实行教师资格制度。中国公民凡遵守宪法和法律，热爱教育事业，具有良好的思想品德，具备研究生或者大学本科毕业学历，有相应的教育教学能力，经认定合格，可以取得高等学校教师资格。不具备研究生或者大学本科毕业学历的公民，学有所长，通过国家教师资格考试，经认定合格，也可以取得高等学校教师资格。

第四十七条　高等学校实行教师职务制度。高等学校教师职务根据学校所承担的教学、科学研究等任务的需要设置。教师职务设助教、讲师、副教授、教授。

高等学校的教师取得前款规定的职务应当具备下列基本条件：

（一）取得高等学校教师资格；

（二）系统地掌握本学科的基础理论；

（三）具备相应职务的教育教学能力和科学研究能力；

（四）承担相应职务的课程和规定课时的教学任务。

教授、副教授除应当具备以上基本任职条件外，还应当对本学科具有系统而坚实的基础理论和比较丰富的教学、科学研究经验，教学成绩显著，论文或者著作达到较高水平或者有突出的教学、科学研究成果。

高等学校教师职务的具体任职条件由国务院规定。

第四十八条　高等学校实行教师聘任制。教师经评定具备任职条件的，由高等学校按照教师职务的职责、条件和任期聘任。

高等学校的教师的聘任，应当遵循双方平等自愿的原则，由高等学校校长与受聘教师签订聘任合同。

第四十九条　高等学校的管理人员，实行教育职员制度。高等学校的教学辅助人员及其他专业技术人员，实行专业技术职务聘任制度。

第五十条　国家保护高等学校教师及其他教育工作者的合法权益，采取措施改善高等学校教师及其他教育工作者的工作条件和生活条件。

第五十一条　高等学校应当为教师参加培训、开展科学研究和进行学术交流提供便利条件。

高等学校应当对教师、管理人员和教学辅助人员及其他专业技术人员的思想政治表现、职业道德、业务水平和工作实绩进行考核,考核结果作为聘任或者解聘、晋升、奖励或者处分的依据。

第五十二条　高等学校的教师、管理人员和教学辅助人员及其他专业技术人员,应当以教学和培养人才为中心做好本职工作。

第六章　高等学校的学生

第五十三条　高等学校的学生应当遵守法律、法规,遵守学生行为规范和学校的各项管理制度,尊敬师长,刻苦学习,增强体质,树立爱国主义、集体主义和社会主义思想,努力学习马克思列宁主义、毛泽东思想、邓小平理论,具有良好的思想品德,掌握较高的科学文化知识和专业技能。

高等学校学生的合法权益,受法律保护。

第五十四条　高等学校的学生应当按照国家规定缴纳学费。

家庭经济困难的学生,可以申请补助或者减免学费。

第五十五条　国家设立奖学金,并鼓励高等学校、企业事业组织、社会团体以及其他社会组织和个人按照国家有关规定设立各种形式的奖学金,对品学兼优的学生、国家规定的专业的学生以及到国家规定的地区工作的学生给予奖励。

国家设立高等学校学生勤工助学基金和贷学金,并鼓励高等学校、企业事业组织、社会团体以及其他社会组织和个人设立各种形式的助学金,对家庭经济困难的学生提供帮助。

获得贷学金及助学金的学生,应当履行相应的义务。

第五十六条　高等学校的学生在课余时间可以参加社会服务和勤工助学活动,但不得影响学业任务的完成。

高等学校应当对学生的社会服务和勤工助学活动给予鼓励和支持,并进行引导和管理。

第五十七条　高等学校的学生,可以在校内组织学生团体。学生团体在法律、法规规定的范围内活动,服从学校的领导和管理。

第五十八条　高等学校的学生思想品德合格,在规定的修业年限内学完规定的课程,成绩合格或者修满相应的学分,准予毕业。

第五十九条　高等学校应当为毕业生、结业生提供就业指导和服务。

国家鼓励高等学校毕业生到边远、艰苦地区工作。

第七章　高等教育投入和条件保障

第六十条　高等教育实行以举办者投入为主、受教育者合理分担培养成本、高等学校多种渠道筹措经费的机制。

国务院和省、自治区、直辖市人民政府依照教育法第五十六条的规定,保证国家举办的高等教育的经费逐步增长。

国家鼓励企业事业组织、社会团体及其他社会组织和个人向高等教育投入。

第六十一条 高等学校的举办者应当保证稳定的办学经费来源,不得抽回其投入的办学资金。

第六十二条 国务院教育行政部门会同国务院其他有关部门根据在校学生年人均教育成本,规定高等学校年经费开支标准和筹措的基本原则;省、自治区、直辖市人民政府教育行政部门会同有关部门制订本行政区域内高等学校年经费开支标准和筹措办法,作为举办者和高等学校筹措办学经费的基本依据。

第六十三条 国家对高等学校进口图书资料、教学科研设备以及校办产业实行优惠政策。高等学校所办产业或者转让知识产权以及其他科学技术成果获得的收益,用于高等学校办学。

第六十四条 高等学校收取的学费应当按照国家有关规定管理和使用,其他任何组织和个人不得挪用。

第六十五条 高等学校应当依法建立、健全财务管理制度,合理使用、严格管理教育经费,提高教育投资效益。

高等学校的财务活动应当依法接受监督。

第八章 附 则

第六十六条 对高等教育活动中违反教育法规定的,依照教育法的有关规定给予处罚。

第六十七条 中国境外个人符合国家规定的条件并办理有关手续后,可以进入中国境内高等学校学习、研究、进行学术交流或者任教,其合法权益受国家保护。

第六十八条 本法所称高等学校是指大学、独立设置的学院和高等专科学校,其中包括高等职业学校和成人高等学校。

本法所称其他高等教育机构是指除高等学校和经批准承担研究生教育任务的科学研究机构以外的从事高等教育活动的组织。

本法有关高等学校的规定适用于其他高等教育机构和经批准承担研究生教育任务的科学研究机构,但是对高等学校专门适用的规定除外。

第六十九条 本法自1999年1月1日起施行。

中华人民共和国教师法
（2009年8月）

（1993年10月31日第八届全国人民代表大会常务委员会第四次会议通过；根据2009年8月27日第十一届全国人民代表大会常务委员会第十次会议《关于修改部分法律的决定》修正）

第一章 总　　则

第一条　为了保障教师的合法权益，建设具有良好思想品德修养和业务素质的教师队伍，促进社会主义教育事业的发展，制定本法。

第二条　本法适用于在各级各类学校和其他教育机构中专门从事教育教学工作的教师。

第三条　教师是履行教育教学职责的专业人员，承担教书育人，培养社会主义事业建设者和接班人、提高民族素质的使命。教师应当忠诚于人民的教育事业。

第四条　各级人民政府应当采取措施，加强教师的思想政治教育和业务培训，改善教师的工作条件和生活条件，保障教师的合法权益，提高教师的社会地位。

全社会都应当尊重教师。

第五条　国务院教育行政部门主管全国的教师工作。

国务院有关部门在各自职权范围内负责有关的教师工作。

学校和其他教育机构根据国家规定，自主进行教师管理工作。

第六条　每年九月十日为教师节。

第二章　权利和义务

第七条　教师享有下列权利：

（一）进行教育教学活动，开展教育教学改革和实验；

（二）从事科学研究、学术交流，参加专业的学术团体，在学术活动中充分发表意见；

（三）指导学生的学习和发展，评定学生的品行和学业成绩；

（四）按时获取工资报酬，享受国家规定的福利待遇以及寒暑假期的带薪休假；

（五）对学校教育教学、管理工作和教育行政部门的工作提出意见和建议，通过教职工代表大会或者其他形式，参与学校的民主管理；

（六）参加进修或者其他方式的培训。

第八条　教师应当履行下列义务：

（一）遵守宪法、法律和职业道德，为人师表；

（二）贯彻国家的教育方针，遵守规章制度，执行学校的教学计划，履行教师聘约，完成教育教学工作任务；

（三）对学生进行宪法所确定的基本原则的教育和爱国主义、民族团结的教育，

法制教育以及思想品德、文化、科学技术教育,组织、带领学生开展有益的社会活动;

(四)关心、爱护全体学生,尊重学生人格,促进学生在品德、智力、体质等方面全面发展;

(五)制止有害于学生的行为或者其他侵犯学生合法权益的行为,批评和抵制有害于学生健康成长的现象;

(六)不断提高思想政治觉悟和教育教学业务水平。

第九条 为保障教师完成教育教学任务,各级人民政府、教育行政部门、有关部门、学校和其他教育机构应当履行下列职责:

(一)提供符合国家安全标准的教育教学设施和设备;

(二)提供必需的图书、资料及其他教育教学用品;

(三)对教师在教育教学、科学研究中的创造性工作给以鼓励和帮助;

(四)支持教师制止有害于学生的行为或者其他侵犯学生合法权益的行为。

第三章 资格和任用

第十条 国家实行教师资格制度。

中国公民凡遵守宪法和法律,热爱教育事业,具有良好的思想品德,具备本法规定的学历或者经国家教师资格考试合格,有教育教学能力,经认定合格的,可以取得教师资格。

第十一条 取得教师资格应当具备的相应学历是:

(一)取得幼儿园教师资格,应当具备幼儿师范学校毕业及其以上学历;

(二)取得小学教师资格,应当具备中等师范学校毕业及其以上学历;

(三)取得初级中学教师、初级职业学校文化、专业课教师资格,应当具备高等师范专科学校或者其他大学专科毕业及其以上学历;

(四)取得高级中学教师资格和中等专业学校、技工学校、职业高中文化课、专业课教师资格,应当具备高等师范院校本科或者其他大学本科毕业及其以上学历;取得中等专业学校、技工学校和职业高中学生实习指导教师资格应当具备的学历,由国务院教育行政部门规定;

(五)取得高等学校教师资格,应当具备研究生或者大学本科毕业学历;

(六)取得成人教育教师资格,应当按照成人教育的层次、类别,分别具备高等、中等学校毕业及其以上学历。

不具备本法规定的教师资格学历的公民,申请获取教师资格,必须通过国家教师资格考试。国家教师资格考试制度由国务院规定。

第十二条 本法实施前已经在学校或者其他教育机构中任教的教师,未具备本法规定学历的,由国务院教育行政部门规定教师资格过渡办法。

第十三条 中小学教师资格由县级以上地方人民政府教育行政部门认定。中等专业学校、技工学校的教师资格由县级以上地方人民政府教育行政部门组织有关主管部门认定。普通高等学校的教师资格由国务院或者省、自治区、直辖市教育行政部门或者由其委托的学校认定。

具备本法规定的学历或者经国家教师资格考试合格的公民,要求有关部门认定其教师资格的,有关部门应当依照本法规定的条件予以认定。

取得教师资格的人员首次任教时,应当有试用期。

第十四条　受到剥夺政治权利或者故意犯罪受到有期徒刑以上刑事处罚的,不能取得教师资格;已经取得教师资格的,丧失教师资格。

第十五条　各级师范学校毕业生,应当按照国家有关规定从事教育教学工作。

国家鼓励非师范高等学校毕业生到中小学或者职业学校任教。

第十六条　国家实行教师职务制度,具体办法由国务院规定。

第十七条　学校和其他教育机构应当逐步实行教师聘任制。教师的聘任应当遵循双方地位平等的原则,由学校和教师签订聘任合同,明确规定双方的权利、义务和责任。

实施教师聘任制的步骤、办法由国务院教育行政部门规定。

第四章　培养和培训

第十八条　各级人民政府和有关部门应当办好师范教育,并采取措施,鼓励优秀青年进入各级师范学校学习。各级教师进修学校承担培训中小学教师的任务。

非师范学校应当承担培养和培训中小学教师的任务。

各级师范学校学生享受专业奖学金。

第十九条　各级人民政府教育行政部门、学校主管部门和学校应当制定教师培训规划,对教师进行多种形式的思想政治、业务培训。

第二十条　国家机关、企业事业单位和其他社会组织应当为教师的社会调查和社会实践提供方便,给予协助。

第二十一条　各级人民政府应当采取措施,为少数民族地区和边远贫困地区培养、培训教师。

第五章　考　　核

第二十二条　学校或者其他教育机构应当对教师的政治思想、业务水平、工作态度和工作成绩进行考核。

教育行政部门对教师的考核工作进行指导、监督。

第二十三条　考核应当客观、公正、准确,充分听取教师本人、其他教师以及学生的意见。

第二十四条　教师考核结果是受聘任教、晋升工资、实施奖惩的依据。

第六章　待　　遇

第二十五条　教师的平均工资水平应当不低于或者高于国家公务员的平均工资

水平,并逐步提高。建立正常晋级增薪制度,具体办法由国务院规定。

第二十六条 中小学教师和职业学校教师享受教龄津贴和其他津贴,具体办法由国务院教育行政部门会同有关部门制定。

第二十七条 地方各级人民政府对教师以及具有中专以上学历的毕业生到少数民族地区和边远贫困地区从事教育教学工作的,应当予以补贴。

第二十八条 地方各级人民政府和国务院有关部门,对城市教师住房的建设、租赁、出售实行优先、优惠。

县、乡两级人民政府应当为农村中小学教师解决住房提供方便。

第二十九条 教师的医疗同当地国家公务员享受同等的待遇;定期对教师进行身体健康检查,并因地制宜安排教师进行休养。

医疗机构应当对当地教师的医疗提供方便。

第三十条 教师退休或者退职后,享受国家规定的退休或者退职待遇。

县级以上地方人民政府可以适当提高长期从事教育教学工作的中小学退休教师的退休金比例。

第三十一条 各级人民政府应当采取措施,改善国家补助、集体支付工资的中小学教师的待遇,逐步做到在工资收入上与国家支付工资的教师同工同酬,具体办法由地方各级人民政府根据本地区的实际情况规定。

第三十二条 社会力量所办学校的教师的待遇,由举办者自行确定并予以保障。

第七章 奖 励

第三十三条 教师在教育教学、培养人才、科学研究、教学改革、学校建设、社会服务、勤工俭学等方面成绩优异的,由所在学校予以表彰、奖励。

国务院和地方各级人民政府及其有关部门对有突出贡献的教师,应当予以表彰、奖励。

对有重大贡献的教师,依照国家有关规定授予荣誉称号。

第三十四条 国家支持和鼓励社会组织或者个人向依法成立的奖励教师的基金组织捐助资金,对教师进行奖励。

第八章 法律责任

第三十五条 侮辱、殴打教师的,根据不同情况,分别给予行政处分或者行政处罚;造成损害的,责令赔偿损失;情节严重,构成犯罪的,依法追究刑事责任。

第三十六条 对依法提出申诉、控告、检举的教师进行打击报复的,由其所在单位或者上级机关责令改正;情节严重的,可以根据具体情况给予行政处分。

国家工作人员对教师打击报复构成犯罪的,依照刑法有关规定追究刑事责任。

第三十七条 教师有下列情形之一的,由所在学校、其他教育机构或者教育行政部门给予行政处分或者解聘:

(一) 故意不完成教育教学任务给教育教学工作造成损失的;

（二）体罚学生,经教育不改的；

（三）品行不良、侮辱学生,影响恶劣的。

教师有前款第(二)项、第(三)项所列情形之一,情节严重,构成犯罪的,依法追究刑事责任。

第三十八条　地方人民政府对违反本法规定,拖欠教师工资或者侵犯教师其他合法权益的,应当责令其限期改正。

违反国家财政制度、财务制度,挪用国家财政用于教育的经费,严重妨碍教育教学工作,拖欠教师工资,损害教师合法权益的,由上级机关责令限期归还被挪用的经费,并对直接责任人员给予行政处分；情节严重,构成犯罪的,依法追究刑事责任。

第三十九条　教师对学校或者其他教育机构侵犯其合法权益的,或者对学校或者其他教育机构作出的处理不服的,可以向教育行政部门提出申诉,教育行政部门应当在接到申诉的三十日内,作出处理。

教师认为当地人民政府有关行政部门侵犯其根据本法规定享有的权利的,可以向同级人民政府或者上一级人民政府有关部门提出申诉,同级人民政府或者上一级人民政府有关部门应当作出处理。

第九章　附　　则

第四十条　本法下列用语的含义是：

（一）各级各类学校,是指实施学前教育、普通初等教育、普通中等教育、职业教育、普通高等教育以及特殊教育、成人教育的学校。

（二）其他教育机构,是指少年宫以及地方教研室、电化教育机构等。

（三）中小学教师,是指幼儿园、特殊教育机构、普通中小学、成人初等中等教育机构、职业中学以及其他教育机构的教师。

第四十一条　学校和其他教育机构中的教育教学辅助人员,其他类型的学校的教师和教育教学辅助人员,可以根据实际情况参照本法的有关规定执行。

军队所属院校的教师和教育教学辅助人员,由中央军事委员会依照本法制定有关规定。

第四十二条　外籍教师的聘任办法由国务院教育行政部门规定。

第四十三条　本法自1994年1月1日起施行。

普通高等学校学生管理规定
（2017年9月）

（2017年2月4日中华人民共和国教育部令第41号公布；自2017年9月1日起施行）

第一章　总　则

第一条　为规范普通高等学校学生管理行为，维护普通高等学校正常的教育教学秩序和生活秩序，保障学生合法权益，培养德、智、体、美等方面全面发展的社会主义建设者和接班人，依据教育法、高等教育法以及有关法律、法规，制定本规定。

第二条　本规定适用于普通高等学校、承担研究生教育任务的科学研究机构（以下称学校）对接受普通高等学历教育的研究生和本科、专科（高职）学生（以下称学生）的管理。

第三条　学校要坚持社会主义办学方向，坚持马克思主义的指导地位，全面贯彻国家教育方针；要坚持以立德树人为根本，以理想信念教育为核心，培育和践行社会主义核心价值观，弘扬中华优秀传统文化和革命文化、社会主义先进文化，培养学生的社会责任感、创新精神和实践能力；要坚持依法治校，科学管理，健全和完善管理制度，规范管理行为，将管理与育人相结合，不断提高管理和服务水平。

第四条　学生应当拥护中国共产党领导，努力学习马克思列宁主义、毛泽东思想、中国特色社会主义理论体系，深入学习习近平总书记系列重要讲话精神和治国理政新理念新思想新战略，坚定中国特色社会主义道路自信、理论自信、制度自信、文化自信，树立中国特色社会主义共同理想；应当树立爱国主义思想，具有团结统一、爱好和平、勤劳勇敢、自强不息的精神；应当增强法治观念，遵守宪法、法律、法规，遵守公民道德规范，遵守学校管理制度，具有良好的道德品质和行为习惯；应当刻苦学习，勇于探索，积极实践，努力掌握现代科学文化知识和专业技能；应当积极锻炼身体，增进身心健康，提高个人修养，培养审美情趣。

第五条　实施学生管理，应当尊重和保护学生的合法权利，教育和引导学生承担应尽的义务与责任，鼓励和支持学生实行自我管理、自我服务、自我教育、自我监督。

第二章　学生的权利与义务

第六条　学生在校期间依法享有下列权利：

（一）参加学校教育教学计划安排的各项活动，使用学校提供的教育教学资源；

（二）参加社会实践、志愿服务、勤工助学、文娱体育及科技文化创新等活动，获得就业创业指导服务；

（三）申请奖学金、助学金及助学贷款；

（四）在思想品德、学业成绩等方面获得科学、公正评价，完成学校规定学业后获得相应的学历证书、学位证书；

（五）在校内组织、参加学生团体，以适当方式参与学校管理，对学校与学生权益相关事务享有知情权、参与权、表达权和监督权；

（六）对学校给予的处理或者处分有异议，向学校、教育行政部门提出申诉，对学校、教职员工侵犯其人身权、财产权等合法权益的行为，提出申诉或者依法提起诉讼；

（七）法律、法规及学校章程规定的其他权利。

第七条　学生在校期间依法履行下列义务：

（一）遵守宪法和法律、法规；

（二）遵守学校章程和规章制度；

（三）恪守学术道德，完成规定学业；

（四）按规定缴纳学费及有关费用，履行获得贷学金及助学金的相应义务；

（五）遵守学生行为规范，尊敬师长，养成良好的思想品德和行为习惯；

（六）法律、法规及学校章程规定的其他义务。

第三章　学籍管理

第一节　入学与注册

第八条　按国家招生规定录取的新生，持录取通知书，按学校有关要求和规定的期限到校办理入学手续。因故不能按期入学的，应当向学校请假。未请假或者请假逾期的，除因不可抗力等正当事由以外，视为放弃入学资格。

第九条　学校应当在报到时对新生入学资格进行初步审查，审查合格的办理入学手续，予以注册学籍；审查发现新生的录取通知、考生信息等证明材料，与本人实际情况不符，或者有其他违反国家招生考试规定情形的，取消入学资格。

第十条　新生可以申请保留入学资格。保留入学资格期间不具有学籍。保留入学资格的条件、期限等由学校规定。

新生保留入学资格期满前应向学校申请入学，经学校审查合格后，办理入学手续。审查不合格的，取消入学资格；逾期不办理入学手续且未有因不可抗力延迟等正当理由的，视为放弃入学资格。

第十一条　学生入学后，学校应当在3个月内按照国家招生规定进行复查。复查内容主要包括以下方面：

（一）录取手续及程序等是否合乎国家招生规定；

（二）所获得的录取资格是否真实、合乎相关规定；

（三）本人及身份证明与录取通知、考生档案等是否一致；

（四）身心健康状况是否符合报考专业或者专业类别体检要求，能否保证在校正常学习、生活；

（五）艺术、体育等特殊类型录取学生的专业水平是否符合录取要求。

复查中发现学生存在弄虚作假、徇私舞弊等情形的，确定为复查不合格，应当取消学籍；情节严重的，学校应当移交有关部门调查处理。

复查中发现学生身心状况不适宜在校学习，经学校指定的二级甲等以上医院诊断,需要在家休养的,可以按照第十条的规定保留入学资格。

复查的程序和办法,由学校规定。

第十二条　每学期开学时,学生应当按学校规定办理注册手续。不能如期注册的,应当履行暂缓注册手续。未按学校规定缴纳学费或者有其他不符合注册条件的,不予注册。

家庭经济困难的学生可以申请助学贷款或者其他形式资助,办理有关手续后注册。

学校应当按照国家有关规定为家庭经济困难学生提供教育救助,完善学生资助体系,保证学生不因家庭经济困难而放弃学业。

第二节　考核与成绩记载

第十三条　学生应当参加学校教育教学计划规定的课程和各种教育教学环节(以下统称课程)的考核,考核成绩记入成绩册,并归入学籍档案。

考核分为考试和考查两种。考核和成绩评定方式,以及考核不合格的课程是否重修或者补考,由学校规定。

第十四条　学生思想品德的考核、鉴定,以本规定第四条为主要依据,采取个人小结、师生民主评议等形式进行。

学生体育成绩评定要突出过程管理,可以根据考勤、课内教学、课外锻炼活动和体质健康等情况综合评定。

第十五条　学生每学期或者每学年所修课程或者应修学分数以及升级、跳级、留级、降级等要求,由学校规定。

第十六条　学生根据学校有关规定,可以申请辅修校内其他专业或者选修其他专业课程;可以申请跨校辅修专业或者修读课程,参加学校认可的开放式网络课程学习。学生修读的课程成绩(学分),学校审核同意后,予以承认。

第十七条　学生参加创新创业、社会实践等活动以及发表论文、获得专利授权等与专业学习、学业要求相关的经历、成果,可以折算为学分,计入学业成绩。具体办法由学校规定。

学校应当鼓励、支持和指导学生参加社会实践、创新创业活动,可以建立创新创业档案、设置创新创业学分。

第十八条　学校应当健全学生学业成绩和学籍档案管理制度,真实、完整地记载、出具学生学业成绩,对通过补考、重修获得的成绩,应当予以标注。

学生严重违反考核纪律或者作弊的,该课程考核成绩记为无效,并应视其违纪或者作弊情节,给予相应的纪律处分。给予警告、严重警告、记过及留校察看处分的,经教育表现较好,可以对该课程给予补考或者重修机会。

学生因退学等情况中止学业,其在校学习期间所修课程及已获得学分,应当予以记录。学生重新参加入学考试、符合录取条件,再次入学的,其已获得学分,经录取学校认定,可以予以承认。具体办法由学校规定。

第十九条　学生应当按时参加教育教学计划规定的活动。不能按时参加的,应当事先请假并获得批准。无故缺席的,根据学校有关规定给予批评教育,情节严重的,给予相应的纪律处分。

第二十条　学校应当开展学生诚信教育,以适当方式记录学生学业、学术、品行等方面的诚信信息,建立对失信行为的约束和惩戒机制;对有严重失信行为的,可以规定给予相应的纪律处分,对违背学术诚信的,可以对其获得学位及学术称号、荣誉等作出限制。

第三节　转专业与转学

第二十一条　学生在学习期间对其他专业有兴趣和专长的,可以申请转专业;以特殊招生形式录取的学生,国家有关规定或者录取前与学校有明确约定的,不得转专业。

学校应当制定学生转专业的具体办法,建立公平、公正的标准和程序,健全公示制度。学校根据社会对人才需求情况的发展变化,需要适当调整专业的,应当允许在读学生转到其他相关专业就读。

休学创业或退役后复学的学生,因自身情况需要转专业的,学校应当优先考虑。

第二十二条　学生一般应当在被录取学校完成学业。因患病或者有特殊困难、特别需要,无法继续在本校学习或者不适应本校学习要求的,可以申请转学。有下列情形之一,不得转学:

（一）入学未满一学期或者毕业前一年的;
（二）高考成绩低于拟转入学校相关专业同一生源地相应年份录取成绩的;
（三）由低学历层次转为高学历层次的;
（四）以定向就业招生录取的;
（五）研究生拟转入学校、专业的录取控制标准高于其所在学校、专业的;
（六）无正当转学理由的。

学生因学校培养条件改变等非本人原因需要转学的,学校应当出具证明,由所在地省级教育行政部门协调转学到同层次学校。

第二十三条　学生转学由学生本人提出申请,说明理由,经所在学校和拟转入学校同意,由转入学校负责审核转学条件及相关证明,认为符合本校培养要求且学校有培养能力的,经学校校长办公会或者专题会议研究决定,可以转入。研究生转学还应当经拟转入专业导师同意。

跨省转学的,由转出地省级教育行政部门商转入地省级教育行政部门,按转学条件确认后办理转学手续。须转户口的由转入地省级教育行政部门将有关文件抄送转入学校所在地的公安机关。

第二十四条　学校应当按照国家有关规定,建立健全学生转学的具体办法;对转学情况应当及时进行公示,并在转学完成后3个月内,由转入学校报所在地省级教育行政部门备案。

省级教育行政部门应当加强对区域内学校转学行为的监督和管理,及时纠正违规转学行为。

第四节　休学与复学

第二十五条　学生可以分阶段完成学业,除另有规定外,应当在学校规定的最长学习年限(含休学和保留学籍)内完成学业。

学生申请休学或者学校认为应当休学的,经学校批准,可以休学。休学次数和期限由学校规定。

第二十六条　学校可以根据情况建立并实行灵活的学习制度。对休学创业的学生,可以单独规定最长学习年限,并简化休学批准程序。

第二十七条　新生和在校学生应征参加中国人民解放军(含中国人民武装警察部队),学校应当保留其入学资格或者学籍至退役后2年。

学生参加学校组织的跨校联合培养项目,在联合培养学校学习期间,学校同时为其保留学籍。

学生保留学籍期间,与其实际所在的部队、学校等组织建立管理关系。

第二十八条　休学学生应当办理手续离校。学生休学期间,学校应为其保留学籍,但不享受在校学习学生待遇。因病休学学生的医疗费按国家及当地的有关规定处理。

第二十九条　学生休学期满前应当在学校规定的期限内提出复学申请,经学校复查合格,方可复学。

第五节　退　　学

第三十条　学生有下列情形之一,学校可予退学处理:

(一)学业成绩未达到学校要求或者在学校规定的学习年限内未完成学业的;

(二)休学、保留学籍期满,在学校规定期限内未提出复学申请或者申请复学经复查不合格的;

(三)根据学校指定医院诊断,患有疾病或者意外伤残不能继续在校学习的;

(四)未经批准连续两周未参加学校规定的教学活动的;

(五)超过学校规定期限未注册而又未履行暂缓注册手续的;

(六)学校规定的不能完成学业、应予退学的其他情形。

学生本人申请退学的,经学校审核同意后,办理退学手续。

第三十一条　退学学生,应当按学校规定期限办理退学手续离校。退学的研究生,按已有毕业学历和就业政策可以就业的,由学校报所在地省级毕业生就业部门办理相关手续;在学校规定期限内没有聘用单位的,应当办理退学手续离校。

退学学生的档案由学校退回其家庭所在地,户口应当按照国家相关规定迁回原户籍地或者家庭户籍所在地。

第六节　毕业与结业

第三十二条　学生在学校规定学习年限内,修完教育教学计划规定内容,成绩合格,达到学校毕业要求的,学校应当准予毕业,并在学生离校前发给毕业证书。

符合学位授予条件的,学位授予单位应当颁发学位证书。

学生提前完成教育教学计划规定内容,获得毕业所要求的学分,可以申请提前毕业。学生提前毕业的条件,由学校规定。

第三十三条 学生在学校规定学习年限内,修完教育教学计划规定内容,但未达到学校毕业要求的,学校可以准予结业,发给结业证书。

结业后是否可以补考、重修或者补作毕业设计、论文、答辩,以及是否颁发毕业证书、学位证书,由学校规定。合格后颁发的毕业证书、学位证书,毕业时间、获得学位时间按发证日期填写。

对退学学生,学校应当发给肄业证书或者写实性学习证明。

第七节 学业证书管理

第三十四条 学校应当严格按照招生时确定的办学类型和学习形式,以及学生招生录取时填报的个人信息,填写、颁发学历证书、学位证书及其他学业证书。

学生在校期间变更姓名、出生日期等证书需填写的个人信息的,应当有合理、充分的理由,并提供有法定效力的相应证明文件。学校进行审查,需要学生生源地省级教育行政部门及有关部门协助核查的,有关部门应当予以配合。

第三十五条 学校应当执行高等教育学籍学历电子注册管理制度,完善学籍学历信息管理办法,按相关规定及时完成学生学籍学历电子注册。

第三十六条 对完成本专业学业同时辅修其他专业并达到该专业辅修要求的学生,由学校发给辅修专业证书。

第三十七条 对违反国家招生规定取得入学资格或者学籍的,学校应当取消其学籍,不得发给学历证书、学位证书;已发的学历证书、学位证书,学校应当依法予以撤销。对以作弊、剽窃、抄袭等学术不端行为或者其他不正当手段获得学历证书、学位证书的,学校应当依法予以撤销。

被撤销的学历证书、学位证书已注册的,学校应当予以注销并报教育行政部门宣布无效。

第三十八条 学历证书和学位证书遗失或者损坏,经本人申请,学校核实后应当出具相应的证明书。证明书与原证书具有同等效力。

第四章 校园秩序与课外活动

第三十九条 学校、学生应当共同维护校园正常秩序,保障学校环境安全、稳定,保障学生的正常学习和生活。

第四十条 学校应当建立和完善学生参与管理的组织形式,支持和保障学生依法、依章程参与学校管理。

第四十一条 学生应当自觉遵守公民道德规范,自觉遵守学校管理制度,创造和维护文明、整洁、优美、安全的学习和生活环境,树立安全风险防范和自我保护意识,保障自身合法权益。

第四十二条　学生不得有酗酒、打架斗殴、赌博、吸毒,传播、复制、贩卖非法书刊和音像制品等违法行为;不得参与非法传销和进行邪教、封建迷信活动;不得从事或者参与有损大学生形象、有悖社会公序良俗的活动。

学校发现学生在校内有违法行为或者严重精神疾病可能对他人造成伤害的,可以依法采取或者协助有关部门采取必要措施。

第四十三条　学校应当坚持教育与宗教相分离原则。任何组织和个人不得在学校进行宗教活动。

第四十四条　学校应当建立健全学生代表大会制度,为学生会、研究生会等开展活动提供必要条件,支持其在学生管理中发挥作用。

学生可以在校内成立、参加学生团体。学生成立团体,应当按学校有关规定提出书面申请,报学校批准并施行登记和年检制度。

学生团体应当在宪法、法律、法规和学校管理制度范围内活动,接受学校的领导和管理。学生团体邀请校外组织、人员到校举办讲座等活动,需经学校批准。

第四十五条　学校提倡并支持学生及学生团体开展有益于身心健康、成长成才的学术、科技、艺术、文娱、体育等活动。

学生进行课外活动不得影响学校正常的教育教学秩序和生活秩序。

学生参加勤工助学活动应当遵守法律、法规以及学校、用工单位的管理制度,履行勤工助学活动的有关协议。

第四十六条　学生举行大型集会、游行、示威等活动,应当按法律程序和有关规定获得批准。对未获批准的,学校应当依法劝阻或者制止。

第四十七条　学生应当遵守国家和学校关于网络使用的有关规定,不得登录非法网站和传播非法文字、音频、视频资料等,不得编造或者传播虚假、有害信息;不得攻击、侵入他人计算机和移动通讯网络系统。

第四十八条　学校应当建立健全学生住宿管理制度。学生应当遵守学校关于学生住宿管理的规定。鼓励和支持学生通过制定公约,实施自我管理。

第五章　奖励与处分

第四十九条　学校、省(区、市)和国家有关部门应当对在德、智、体、美等方面全面发展或者在思想品德、学业成绩、科技创造、体育竞赛、文艺活动、志愿服务及社会实践等方面表现突出的学生,给予表彰和奖励。

第五十条　对学生的表彰和奖励可以采取授予"三好学生"称号或者其他荣誉称号、颁发奖学金等多种形式,给予相应的精神鼓励或者物质奖励。

学校对学生予以表彰和奖励,以及确定推荐免试研究生、国家奖学金、公派出国留学人选等赋予学生利益的行为,应当建立公开、公平、公正的程序和规定,建立和完善相应的选拔、公示等制度。

第五十一条　对有违反法律法规、本规定以及学校纪律行为的学生，学校应当给予批评教育，并可视情节轻重，给予如下纪律处分：

（一）警告；

（二）严重警告；

（三）记过；

（四）留校察看；

（五）开除学籍。

第五十二条　学生有下列情形之一，学校可以给予开除学籍处分：

（一）违反宪法，反对四项基本原则、破坏安定团结、扰乱社会秩序的；

（二）触犯国家法律，构成刑事犯罪的；

（三）受到治安管理处罚，情节严重、性质恶劣的；

（四）代替他人或者让他人代替自己参加考试、组织作弊、使用通讯设备或其他器材作弊、向他人出售考试试题或答案牟取利益，以及其他严重作弊或扰乱考试秩序行为的；

（五）学位论文、公开发表的研究成果存在抄袭、篡改、伪造等学术不端行为，情节严重的，或者代写论文、买卖论文的；

（六）违反本规定和学校规定，严重影响学校教育教学秩序、生活秩序以及公共场所管理秩序的；

（七）侵害其他个人、组织合法权益，造成严重后果的；

（八）屡次违反学校规定受到纪律处分，经教育不改的。

第五十三条　学校对学生作出处分，应当出具处分决定书。处分决定书应当包括下列内容：

（一）学生的基本信息；

（二）作出处分的事实和证据；

（三）处分的种类、依据、期限；

（四）申诉的途径和期限；

（五）其他必要内容。

第五十四条　学校给予学生处分，应当坚持教育与惩戒相结合，与学生违法、违纪行为的性质和过错的严重程度相适应。学校对学生的处分，应当做到证据充分、依据明确、定性准确、程序正当、处分适当。

第五十五条　在对学生作出处分或者其他不利决定之前，学校应当告知学生作出决定的事实、理由及依据，并告知学生享有陈述和申辩的权利，听取学生的陈述和申辩。

处理、处分决定以及处分告知书等，应当直接送达学生本人，学生拒绝签收的，可以以留置方式送达；已离校的，可以采取邮寄方式送达；难于联系的，可以利用学校网站、新闻媒体等以公告方式送达。

第五十六条 对学生作出取消入学资格、取消学籍、退学、开除学籍或者其他涉及学生重大利益的处理或者处分决定的,应当提交校长办公会或者校长授权的专门会议研究决定,并应当事先进行合法性审查。

第五十七条 除开除学籍处分以外,给予学生处分一般应当设置6到12个月期限,到期按学校规定程序予以解除。解除处分后,学生获得表彰、奖励及其他权益,不再受原处分的影响。

第五十八条 对学生的奖励、处理、处分及解除处分材料,学校应当真实完整地归入学校文书档案和本人档案。

被开除学籍的学生,由学校发给学习证明。学生按学校规定期限离校,档案由学校退回其家庭所在地,户口应当按照国家相关规定迁回原户籍地或者家庭户籍所在地。

第六章 学生申诉

第五十九条 学校应当成立学生申诉处理委员会,负责受理学生对处理或者处分决定不服提起的申诉。

学生申诉处理委员会应当由学校相关负责人、职能部门负责人、教师代表、学生代表、负责法律事务的相关机构负责人等组成,可以聘请校外法律、教育等方面专家参加。

学校应当制定学生申诉的具体办法,健全学生申诉处理委员会的组成与工作规则,提供必要条件,保证其能够客观、公正地履行职责。

第六十条 学生对学校的处理或者处分决定有异议的,可以在接到学校处理或者处分决定书之日起10日内,向学校学生申诉处理委员会提出书面申诉。

第六十一条 学生申诉处理委员会对学生提出的申诉进行复查,并在接到书面申诉之日起15日内作出复查结论并告知申诉人。情况复杂不能在规定限期内作出结论的,经学校负责人批准,可延长15日。学生申诉处理委员会认为必要的,可以建议学校暂缓执行有关决定。

学生申诉处理委员会经复查,认为作出处理或者处分的事实、依据、程序等存在不当,可以作出建议撤销或变更的复查意见,要求相关职能部门予以研究,重新提交校长办公会或者专门会议作出决定。

第六十二条 学生对复查决定有异议的,在接到学校复查决定书之日起15日内,可以向学校所在地省级教育行政部门提出书面申诉。

省级教育行政部门应当在接到学生书面申诉之日起30个工作日内,对申诉人的问题给予处理并作出决定。

第六十三条 省级教育行政部门在处理因对学校处理或者处分决定不服提起的学生申诉时,应当听取学生和学校的意见,并可根据需要进行必要的调查。根据审查结论,区别不同情况,分别作出下列处理:

（一）事实清楚、依据明确、定性准确、程序正当、处分适当的，予以维持；

（二）认定事实不存在，或者学校超越职权、违反上位法规定作出决定的，责令学校予以撤销；

（三）认定事实清楚，但认定情节有误、定性不准确，或者适用依据有错误的，责令学校变更或者重新作出决定；

（四）认定事实不清、证据不足，或者违反本规定以及学校规定的程序和权限的，责令学校重新作出决定。

第六十四条　自处理、处分或者复查决定书送达之日起，学生在申诉期内未提出申诉的视为放弃申诉，学校或者省级教育行政部门不再受理其提出的申诉。

处理、处分或者复查决定书未告知学生申诉期限的，申诉期限自学生知道或者应当知道处理或者处分决定之日起计算，但最长不得超过6个月。

第六十五条　学生认为学校及其工作人员违反本规定，侵害其合法权益的；或者学校制定的规章制度与法律法规和本规定抵触的，可以向学校所在地省级教育行政部门投诉。

教育主管部门在实施监督或者处理申诉、投诉过程中，发现学校及其工作人员有违反法律、法规及本规定的行为或者未按照本规定履行相应义务的，或者学校自行制定的相关管理制度、规定，侵害学生合法权益的，应当责令改正；发现存在违法违纪的，应当及时进行调查处理或者移送有关部门，依据有关法律和相关规定，追究有关责任人的责任。

第七章　附　　则

第六十六条　学校对接受高等学历继续教育的学生、港澳台侨学生、留学生的管理，参照本规定执行。

第六十七条　学校应当根据本规定制定或修改学校的学生管理规定或者纪律处分规定，报主管教育行政部门备案（中央部委属校同时抄报所在地省级教育行政部门），并及时向学生公布。

省级教育行政部门根据本规定，指导、检查和监督本地区高等学校的学生管理工作。

第六十八条　本规定自2017年9月1日起施行。原《普通高等学校学生管理规定》（教育部令第21号）同时废止。其他有关文件规定与本规定不一致的，以本规定为准。

学生伤害事故处理办法
(2010年12月)

(2002年6月25日教育部令第12号发布;根据2010年12月13日《教育部关于修改和废止部分规章的决定》修正)

第一章 总 则

第一条 为积极预防、妥善处理在校学生伤害事故,保护学生、学校的合法权益,根据《中华人民共和国教育法》、《中华人民共和国未成年人保护法》和其他相关法律、行政法规及有关规定,制定本办法。

第二条 在学校实施的教育教学活动或者学校组织的校外活动中,以及在学校负有管理责任的校舍、场地、其他教育教学设施、生活设施内发生的,造成在校学生人身损害后果的事故的处理,适用本办法。

第三条 学生伤害事故应当遵循依法、客观公正、合理适当的原则,及时、妥善地处理。

第四条 学校的举办者应当提供符合安全标准的校舍、场地、其他教育教学设施和生活设施。

教育行政部门应当加强学校安全工作,指导学校落实预防学生伤害事故的措施,指导、协助学校妥善处理学生伤害事故,维护学校正常的教育教学秩序。

第五条 学校应当对在校学生进行必要的安全教育和自护自救教育;应当按照规定,建立健全安全制度,采取相应的管理措施,预防和消除教育教学环境中存在的安全隐患;当发生伤害事故时,应当及时采取措施救助受伤害学生。

学校对学生进行安全教育、管理和保护,应当针对学生年龄、认知能力和法律行为能力的不同,采用相应的内容和预防措施。

第六条 学生应当遵守学校的规章制度和纪律;在不同的受教育阶段,应当根据自身的年龄、认知能力和法律行为能力,避免和消除相应的危险。

第七条 未成年学生的父母或者其他监护人(以下称为监护人)应当依法履行监护职责,配合学校对学生进行安全教育、管理和保护工作。

学校对未成年学生不承担监护职责,但法律有规定的或者学校依法接受委托承担相应监护职责的情形除外。

第二章 事故与责任

第八条 发生学生伤害事故,造成学生人身损害的,学校应当按照《中华人民共和国侵权责任法》及相关法律、法规的规定,承担相应的事故责任。

第九条 因下列情形之一造成的学生伤害事故,学校应当依法承担相应的责任:

(一)学校的校舍、场地、其他公共设施,以及学校提供给学生使用的学具、教育教学和生活设施、设备不符合国家规定的标准,或者有明显不安全因素的;

（二）学校的安全保卫、消防、设施设备管理等安全管理制度有明显疏漏，或者管理混乱，存在重大安全隐患，而未及时采取措施的；

（三）学校向学生提供的药品、食品、饮用水等不符合国家或者行业的有关标准、要求的；

（四）学校组织学生参加教育教学活动或者校外活动，未对学生进行相应的安全教育，并未在可预见的范围内采取必要的安全措施的；

（五）学校知道教师或者其他工作人员患有不适宜担任教育教学工作的疾病，但未采取必要措施的；

（六）学校违反有关规定，组织或者安排未成年学生从事不宜未成年人参加的劳动、体育运动或者其他活动的；

（七）学生有特异体质或者特定疾病，不宜参加某种教育教学活动，学校知道或者应当知道，但未予以必要的注意的；

（八）学生在校期间突发疾病或者受到伤害，学校发现，但未根据实际情况及时采取相应措施，导致不良后果加重的；

（九）学校教师或者其他工作人员体罚或者变相体罚学生，或者在履行职责过程中违反工作要求、操作规程、职业道德或者其他有关规定的；

（十）学校教师或者其他工作人员在负有组织、管理未成年学生的职责期间，发现学生行为具有危险性，但未进行必要的管理、告诫或者制止的；

（十一）对未成年学生擅自离校等与学生人身安全直接相关的信息，学校发现或者知道，但未及时告知未成年学生的监护人，导致未成年学生因脱离监护人的保护而发生伤害的；

（十二）学校有未依法履行职责的其他情形的。

第十条　学生或者未成年学生监护人由于过错，有下列情形之一，造成学生伤害事故，应当依法承担相应的责任：

（一）学生违反法律法规的规定，违反社会公共行为准则、学校的规章制度或者纪律，实施按其年龄和认知能力应当知道具有危险或者可能危及他人的行为的；

（二）学生行为具有危险性，学校、教师已经告诫、纠正，但学生不听劝阻、拒不改正的；

（三）学生或者其监护人知道学生有特异体质，或者患有特定疾病，但未告知学校的；

（四）未成年学生的身体状况、行为、情绪等有异常情况，监护人知道或者已被学校告知，但未履行相应监护职责的；

（五）学生或者未成年学生监护人有其他过错的。

第十一条　学校安排学生参加活动，因提供场地、设备、交通工具、食品及其他消费与服务的经营者，或者学校以外的活动组织者的过错造成的学生伤害事故，有过错的当事人应当依法承担相应的责任。

第十二条　因下列情形之一造成的学生伤害事故,学校已履行了相应职责,行为并无不当的,无法律责任:

(一)地震、雷击、台风、洪水等不可抗的自然因素造成的;

(二)来自学校外部的突发性、偶发性侵害造成的;

(三)学生有特异体质、特定疾病或者异常心理状态,学校不知道或者难于知道的;

(四)学生自杀、自伤的;

(五)在对抗性或者具有风险性的体育竞赛活动中发生意外伤害的;

(六)其他意外因素造成的。

第十三条　下列情形下发生的造成学生人身损害后果的事故,学校行为并无不当的,不承担事故责任;事故责任应当按有关法律法规或者其他有关规定认定:

(一)在学生自行上学、放学、返校、离校途中发生的;

(二)在学生自行外出或者擅自离校期间发生的;

(三)在放学后、节假日或者假期等学校工作时间以外,学生自行滞留学校或者自行到校发生的;

(四)其他在学校管理职责范围外发生的。

第十四条　因学校教师或者其他工作人员与其职务无关的个人行为,或者因学生、教师及其他个人故意实施的违法犯罪行为,造成学生人身损害的,由致害人依法承担相应的责任。

第三章　事故处理程序

第十五条　发生学生伤害事故,学校应当及时救助受伤害学生,并应当及时告知未成年学生的监护人;有条件的,应当采取紧急救援等方式救助。

第十六条　发生学生伤害事故,情形严重的,学校应当及时向主管教育行政部门及有关部门报告;属于重大伤亡事故的,教育行政部门应当按照有关规定及时向同级人民政府和上一级教育行政部门报告。

第十七条　学校的主管教育行政部门应学校要求或者认为必要,可以指导、协助学校进行事故的处理工作,尽快恢复学校正常的教育教学秩序。

第十八条　发生学生伤害事故,学校与受伤害学生或者学生家长可以通过协商方式解决;双方自愿,可以书面请求主管教育行政部门进行调解。

成年学生或者未成年学生的监护人也可以依法直接提起诉讼。

第十九条　教育行政部门收到调解申请,认为必要的,可以指定专门人员进行调解,并应当在受理申请之日起60日内完成调解。

第二十条　经教育行政部门调解,双方就事故处理达成一致意见的,应当在调解人员的见证下签订调解协议,结束调解;在调解期限内,双方不能达成一致意见,或者调解过程中一方提起诉讼,人民法院已经受理的,应当终止调解。

调解结束或者终止,教育行政部门应当书面通知当事人。

第二十一条 对经调解达成的协议,一方当事人不履行或者反悔的,双方可以依法提起诉讼。

第二十二条 事故处理结束,学校应当将事故处理结果书面报告主管的教育行政部门;重大伤亡事故的处理结果,学校主管的教育行政部门应当向同级人民政府和上一级教育行政部门报告。

第四章 事故损害的赔偿

第二十三条 对发生学生伤害事故负有责任的组织或者个人,应当按照法律法规的有关规定,承担相应的损害赔偿责任。

第二十四条 学生伤害事故赔偿的范围与标准,按照有关行政法规、地方性法规或者最高人民法院司法解释中的有关规定确定。

教育行政部门进行调解时,认为学校有责任的,可以依照有关法律法规及国家有关规定,提出相应的调解方案。

第二十五条 对受伤害学生的伤残程度存在争议的,可以委托当地具有相应鉴定资格的医院或者有关机构,依据国家规定的人体伤残标准进行鉴定。

第二十六条 学校对学生伤害事故负有责任的,根据责任大小,适当予以经济赔偿,但不承担解决户口、住房、就业等与救助受伤害学生、赔偿相应经济损失无直接关系的其他事项。

学校无责任的,如果有条件,可以根据实际情况,本着自愿和可能的原则,对受伤害学生给予适当的帮助。

第二十七条 因学校教师或者其他工作人员在履行职务中的故意或者重大过失造成的学生伤害事故,学校予以赔偿后,可以向有关责任人员追偿。

第二十八条 未成年学生对学生伤害事故负有责任的,由其监护人依法承担相应的赔偿责任。

学生的行为侵害学校教师及其他工作人员以及其他组织、个人的合法权益,造成损失的,成年学生或者未成年学生的监护人应当依法予以赔偿。

第二十九条 根据双方达成的协议、经调解形成的协议或者人民法院的生效判决,应当由学校负担的赔偿金,学校应当负责筹措;学校无力完全筹措的,由学校的主管部门或者举办者协助筹措。

第三十条 县级以上人民政府教育行政部门或者学校举办者有条件的,可以通过设立学生伤害赔偿准备金等多种形式,依法筹措伤害赔偿金。

第三十一条 学校有条件的,应当依据保险法的有关规定,参加学校责任保险。

教育行政部门可以根据实际情况,鼓励中小学参加学校责任保险。

提倡学生自愿参加意外伤害保险。在尊重学生意愿的前提下,学校可以为学生参加意外伤害保险创造便利条件,但不得从中收取任何费用。

第五章 事故责任者的处理

第三十二条 发生学生伤害事故,学校负有责任且情节严重的,教育行政部门应当根据有关规定,对学校的直接负责的主管人员和其他直接责任人员,分别给予相应的行政处分;有关责任人的行为触犯刑律的,应当移送司法机关依法追究刑事责任。

第三十三条 学校管理混乱,存在重大安全隐患的,主管的教育行政部门或者其他有关部门应当责令其限期整顿;对情节严重或者拒不改正的,应当依据法律法规的有关规定,给予相应的行政处罚。

第三十四条 教育行政部门未履行相应职责,对学生伤害事故的发生负有责任的,由有关部门对直接负责的主管人员和其他直接责任人员分别给予相应的行政处分;有关责任人的行为触犯刑律的,应当移送司法机关依法追究刑事责任。

第三十五条 违反学校纪律,对造成学生伤害事故负有责任的学生,学校可以给予相应的处分;触犯刑律的,由司法机关依法追究刑事责任。

第三十六条 受伤害学生的监护人、亲属或者其他有关人员,在事故处理过程中无理取闹,扰乱学校正常教育教学秩序,或者侵犯学校、学校教师或者其他工作人员的合法权益的,学校应当报告公安机关依法处理;造成损失的,可以依法要求赔偿。

第六章 附 则

第三十七条 本办法所称学校,是指国家或者社会力量举办的全日制的中小学(含特殊教育学校)、各类中等职业学校、高等学校。

本办法所称学生是指在上述学校中全日制就读的受教育者。

第三十八条 幼儿园发生的幼儿伤害事故,应当根据幼儿为完全无行为能力人的特点,参照本办法处理。

第三十九条 其他教育机构发生的学生伤害事故,参照本办法处理。

在学校注册的其他受教育者在学校管理范围内发生的伤害事故,参照本办法处理。

第四十条 本办法自2002年9月1日起实施,原国家教委、教育部颁布的与学生人身安全事故处理有关的规定,与本办法不符的,以本办法为准。

在本办法实施之前已处理完毕的学生伤害事故不再重新处理。

关于加强和改进新形势下高校思想政治工作的意见

（2017年2月）

中共中央、国务院印发了《关于加强和改进新形势下高校思想政治工作的意见》（以下简称《意见》）。

《意见》强调指出，高校肩负着人才培养、科学研究、社会服务、文化传承创新、国际交流合作的重要使命。加强和改进高校思想政治工作，事关办什么样的大学、怎样办大学的根本问题，事关党对高校的领导，事关中国特色社会主义事业后继有人，是一项重大的政治任务和战略工程。

《意见》分为七个部分：一、重要意义和总体要求；二、强化思想理论教育和价值引领；三、发挥哲学社会科学育人功能；四、加强对课堂教学和各类思想文化阵地的建设管理；五、加强教师队伍和专门力量建设；六、推进高校思想政治工作改革创新；七、加强和改善党对高校的领导。

《意见》指出，我们党历来高度重视高校思想政治工作，探索形成了一系列基本方针原则和工作遵循。党的十八大以来，以习近平同志为核心的党中央把高校思想政治工作摆在突出位置，作出一系列重大决策部署，各地区各有关部门各高校采取有力有效措施，积极主动开展工作，创造了许多成功做法，积累了许多宝贵经验。大学生思想政治教育成效显著，教师思想政治素质明显提高，各类思想文化阵地建设和管理不断加强，中国特色社会主义理论体系进教材、进课堂、进头脑工作扎实有效，社会主义核心价值观建设持续推进，高校意识形态领域主流积极健康向上，广大师生对以习近平同志为核心的党中央拥护信任，对党中央治国理政新理念新思想新战略高度认同，对中国特色社会主义和中华民族伟大复兴中国梦充满信心。总体上看，高校思想政治工作持续加强和改进，呈现出良好发展态势，为保证高等教育改革发展、服务党和国家工作大局作出了重要贡献。

《意见》指出，加强和改进高校思想政治工作的指导思想是：高举中国特色社会主义伟大旗帜，全面贯彻党的十八大和十八届三中、四中、五中、六中全会精神，以马克思列宁主义、毛泽东思想、邓小平理论、"三个代表"重要思想、科学发展观为指导，深入学习贯彻习近平总书记系列重要讲话精神和治国理政新理念新思想新战略，全面贯彻党的教育方针，坚持社会主义办学方向，扎根中国大地办大学，以立德树人为根本，以理想信念教育为核心，以社会主义核心价值观为引领，切实抓好各方面基础性建设和基础性工作，切实加强和改善党的领导，全面提升思想政治工作水平，紧密团结在以习近平同志为核心的党中央周围，牢固树立政治意识、大局意识、核心意识、看齐意识，坚定不移维护党中央权威和党中央集中统一领导，为实现"两个一百年"奋斗目标、实现中华民族伟大复兴的中国梦，培养又红又专、德才兼备、全面发展的中国特色社会主义合格建设者和可靠接班人。

《意见》指出，加强和改进高校思想政治工作的基本原则是：(1)坚持党对高校的领导。落实全面从严治党要求，把党的建设贯穿始终，着力解决突出问题，维护党中央权威、保证党的团结统一,牢牢掌握党对高校的领导权。(2) 坚持社会主义办学方向。坚持马克思主义指导地位,坚持以人民为中心的发展思想,更好为改革开放和社会主义现代化建设服务、为人民服务。(3) 坚持全员全过程全方位育人。把思想价值引领贯穿教育教学全过程和各环节,形成教书育人、科研育人、实践育人、管理育人、服务育人、文化育人、组织育人长效机制。(4) 坚持遵循教育规律、思想政治工作规律、学生成长规律。把握师生思想特点和发展需求,注重理论教育和实践活动相结合、普遍要求和分类指导相结合,提高工作科学化精细化水平。(5) 坚持改革创新。推进理念思路、内容形式、方法手段创新,增强工作时代感和实效性。

《意见》指出,要强化思想理论教育和价值引领。把理想信念教育放在首位,切实抓好马克思列宁主义、毛泽东思想学习教育,广泛开展中国特色社会主义理论体系学习教育,深入学习习近平总书记系列重要讲话精神,引导师生深刻领会党中央治国理政新理念新思想新战略,坚定中国特色社会主义道路自信、理论自信、制度自信、文化自信。要培育和践行社会主义核心价值观,把社会主义核心价值观体现到教书育人全过程,引导师生树立正确的世界观、人生观、价值观,加强国家意识、法治意识、社会责任意识教育,加强民族团结进步教育、国家安全教育、科学精神教育,以诚信建设为重点,加强社会公德、职业道德、家庭美德、个人品德教育,提升师生道德素养。要弘扬中华优秀传统文化和革命文化、社会主义先进文化,实施中华文化传承工程,推动中华优秀传统文化融入教育教学,加强革命文化和社会主义先进文化教育,深化中国共产党史、中华人民共和国史、改革开放史和社会主义发展史学习教育,利用我国改革发展的伟大成就、重大历史事件纪念活动、爱国主义教育基地、国家公祭仪式等组织开展主题教育,弘扬以爱国主义为核心的民族精神和以改革创新为核心的时代精神。要进一步办好高校思想政治理论课,充分发挥思想政治理论课的主渠道作用,深入实施高校思想政治理论课建设体系创新计划,完善教材体系,提高教师素质,创新教学方法,增强教学的吸引力、说服力、感染力。要加强高校马克思主义学院建设,打造马克思主义理论教学、研究、宣传和人才培养的坚强阵地,支持有条件的高校设置马克思主义理论专业,深入实施马克思主义理论研究和建设工程。

《意见》指出,要发挥哲学社会科学育人功能。强调要加强哲学社会科学学科体系建设,积极构建中国特色、中国风格、中国气派的哲学社会科学学科体系,强化马克思主义理论学科的引领作用,支持有条件的高校在马克思主义理论一级学科下设置党的建设二级学科,实施高校马克思主义理论人才支持培养计划,积极推进学术话语体系创新,加快完善具有中国特色和国际视野的哲学、历史学、经济学、政治学、法学、社会学、民族学、新闻学、人口学、宗教学、心理学等学科,努力建设一批中国特色、世界一流的哲学社会科学学科。加快建设一批哲学社会科学专业核心课程教材。要规范哲学社会科学教材选用,建立国家优秀教材评选奖励制度,完善学术评价体系和评价标准,建立科学权威、公开透明的哲学社会科学成果评价体系,健全优秀成果评选推广机制,提高高校学术委员会建设水平。

《意见》指出,要加强对课堂教学和各类思想文化阵地的建设管理。充分发掘和运用各学科蕴含的思想政治教育资源,健全高校课堂教学管理办法。要加强对校园各类思想文化阵地的规范管理,加强校园网络安全管理,营造风清气正的网络环境。

《意见》指出,要加强教师队伍和专门力量建设。强调要提升教师思想政治素质,加强思想政治工作,建立中青年教师社会实践和校外挂职制度,加强师德师风建设,增强教师教书育人的责任担当。要完善教师评聘和考核机制,增加课堂教学权重,引导教师将更多精力投入到课堂教学上,完善教师职业道德规范,实施师德"一票否决"。高校思想政治工作队伍和党务工作队伍具有教师和管理人员双重身份,要纳入高校人才队伍建设总体规划,形成一支专职为主、专兼结合、数量充足、素质优良的工作力量。

《意见》指出,要推进高校思想政治工作改革创新。强调要贴近师生思想实际,以改革创新精神做好高校思想政治工作,建立健全校领导、院(系)领导联系师生、谈心谈话制度,在平等沟通、民主讨论、互动交流中进行思想引导,有的放矢、生动活泼地开展工作,发挥师德楷模、名师大家、学术带头人等的示范引领作用。要加强互联网思想政治工作载体建设,加强学生互动社区、主题教育网站、专业学术网站和"两微一端"建设,运用大学生喜欢的表达方式开展思想政治教育。要强化社会实践育人,提高实践教学比重,组织师生参加社会实践活动,完善科教融合、校企联合等协同育人模式,加强实践教学基地建设,建立健全国家机关、企事业单位、社会团体接收大学生实习实训制度,开设创新创业教育专门课程,增强军事训练实效,建立健全学雷锋志愿服务制度。要在服务引导中加强思想教育,把解决思想问题与解决实际问题结合起来,做到既讲道理又办实事,加强学生学业就业指导,帮助大学生顺利完成学业,加强人文关怀和心理疏导,促进大学生身心和人格健康发展,加强对家庭经济困难学生的资助工作,积极帮助解决教师的合理诉求。积极发挥共青团、学生会组织和学生社团作用。要健全高校思想政治工作评价体系,研究制定内容全面、指标合理、方法科学的评价体系,推动高校思想政治工作制度化。

《意见》最后强调,要加强和改善党对高校的领导。要完善高校党的领导体制,坚持和完善普通高校党委领导下的校长负责制,高校党委对本校工作实行全面领导,履行管党治党、办学治校的主体责任,切实发挥领导核心作用。按照社会主义政治家、教育家标准,选好配强高校领导班子特别是党委书记和校长。高校党委书记主持党委全面工作,履行高校思想政治工作和党的建设第一责任人的职责。校长是学校的法人代表,在党委领导下组织实施党委有关决议,行使高等教育法等规定的各项职权。其他党委班子成员履行"一岗双责",结合业务分工抓好思想政治工作和党的建设工作。要强化院(系)党的领导,发挥院(系)党委(党总支)的政治核心作用,履行政治责任,保证监督党的路线方针政策及上级党组织决定的贯彻执行。认真执行民主集中制原则,通过院(系)党政联席会议讨论和决定本单位重要事项,健全院(系)集体领导、党政分工合作、协调运行的工作机制,提升班子整体功能和议事决策水平。要加强高校基层党建工作，建立健全高校基层党组织，加强教师党支部、学生党支部特别是研究生党支部建设，充分发挥党支部战斗堡垒作用。坚持党的组织生活各项制度，组织党员深入开展"两学一做"学习教育，认真做好在高校优秀青年教师、高校学生中发展党员工作，加强党员日常管理监督。要健全地方党委抓高校思想政治工作制度，切实加强组织领导和工作指导，坚持和完善党委定期研究、领导干部联系高校等制度，建立部门协作常态机制，形成党委统一领导、党政齐抓共管、职能部门组织协调、社会各方积极参与的工作格局。高度重视民办高校、中外合作办学中党的建设和思想政治工作，探索党组织发挥政治核心作用的有效途径，完善政策保障和经费支持，为加强和改进高校思想政治工作创造良好条件。

普通高等学校辅导员队伍建设规定

（2017年10月）

第一章 总 则

第一条 为深入贯彻落实全国高校思想政治工作会议精神和《中共中央 国务院关于加强和改进新形势下高校思想政治工作的意见》，切实加强高等学校辅导员队伍专业化职业化建设，依据《高等教育法》等有关法律法规，制定本规定。

第二条 辅导员是开展大学生思想政治教育的骨干力量，是高等学校学生日常思想政治教育和管理工作的组织者、实施者、指导者。辅导员应当努力成为学生成长成才的人生导师和健康生活的知心朋友。

第三条 高等学校要坚持把立德树人作为中心环节，把辅导员队伍建设作为教师队伍和管理队伍建设的重要内容，整体规划、统筹安排，不断提高队伍的专业水平和职业能力，保证辅导员工作有条件、干事有平台、待遇有保障、发展有空间。

第二章 要求与职责

第四条 辅导员工作的要求是：恪守爱国守法、敬业爱生、育人为本、终身学习、为人师表的职业守则；围绕学生、关照学生、服务学生，把握学生成长规律，不断提高学生思想水平、政治觉悟、道德品质、文化素养；引导学生正确认识世界和中国发展大势、正确认识中国特色和国际比较、正确认识时代责任和历史使命、正确认识远大抱负和脚踏实地，成为又红又专、德才兼备、全面发展的中国特色社会主义合格建设者和可靠接班人。

第五条 辅导员的主要工作职责是：

（一）思想理论教育和价值引领。引导学生深入学习习近平总书记系列重要讲话精神和治国理政新理念新思想新战略，深入开展中国特色社会主义、中国梦宣传教育和社会主义核心价值观教育，帮助学生不断坚定中国特色社会主义道路自信、理论自信、制度自信、文化自信，牢固树立正确的世界观、人生观、价值观。掌握学生思想行为特点及思想政治状况，有针对性地帮助学生处理好思想认识、价值取向、学习生活、择业交友等方面的具体问题。

（二）党团和班级建设。开展学生骨干的遴选、培养、激励工作，开展学生入党积极分子培养教育工作，开展学生党员发展和教育管理服务工作，指导学生党支部和班团组织建设。

（三）学风建设。熟悉了解学生所学专业的基本情况，激发学生学习兴趣，引导学生养成良好的学习习惯，掌握正确的学习方法。指导学生开展课外科技学术实践活动，营造浓厚学习氛围。

（四）学生日常事务管理。开展入学教育、毕业生教育及相关管理和服务工作。组织开展学生军事训练。组织评选各类奖学金、助学金。指导学生办理助学贷款。

组织学生开展勤工俭学活动,做好学生困难帮扶。为学生提供生活指导,促进学生和谐相处、互帮互助。

(五)心理健康教育与咨询工作。协助学校心理健康教育机构开展心理健康教育,对学生心理问题进行初步排查和疏导,组织开展心理健康知识普及宣传活动,培育学生理性平和、乐观向上的健康心态。

(六)网络思想政治教育。运用新媒体新技术,推动思想政治工作传统优势与信息技术高度融合。构建网络思想政治教育重要阵地,积极传播先进文化。加强学生网络素养教育,积极培养校园好网民,引导学生创作网络文化作品,弘扬主旋律,传播正能量。创新工作路径,加强与学生的网上互动交流,运用网络新媒体对学生开展思想引领、学习指导、生活辅导、心理咨询等。

(七)校园危机事件应对。组织开展基本安全教育。参与学校、院(系)危机事件工作预案制定和执行。对校园危机事件进行初步处理,稳定局面控制事态发展,及时掌握危机事件信息并按程序上报。参与危机事件后期应对及总结研究分析。

(八)职业规划与就业创业指导。为学生提供科学的职业生涯规划和就业指导以及相关服务,帮助学生树立正确的就业观念,引导学生到基层、到西部、到祖国最需要的地方建功立业。

(九)理论和实践研究。努力学习思想政治教育的基本理论和相关学科知识,参加相关学科领域学术交流活动,参与校内外思想政治教育课题或项目研究。

第三章 配备与选聘

第六条 高等学校应当按总体上师生比不低于1:200的比例设置专职辅导员岗位,按照专兼结合、以专为主的原则,足额配备到位。

专职辅导员是指在院(系)专职从事大学生日常思想政治教育工作的人员,包括院(系)党委(党总支)副书记、学工组长、团委(团总支)书记等专职工作人员,具有教师和管理人员双重身份。高等学校应参照专任教师聘任的待遇和保障,与专职辅导员建立人事聘用关系。

高等学校可以从优秀专任教师、管理人员、研究生中选聘一定数量兼职辅导员。兼职辅导员工作量按专职辅导员工作量的三分之一核定。

第七条 辅导员应当符合以下基本条件:

(一)具有较高的政治素质和坚定的理想信念,坚决贯彻执行党的基本路线和各项方针政策,有较强的政治敏感性和政治辨别力;

(二)具备本科以上学历,热爱大学生思想政治教育事业,甘于奉献,潜心育人,具有强烈的事业心和责任感;

(三)具有从事思想政治教育工作相关学科的宽口径知识储备,掌握思想政治教育工作相关学科的基本原理和基础知识,掌握思想政治教育专业基本理论、知识和方法,掌握马克思主义中国化相关理论和知识,掌握大学生思想政治教育工作实务相关

知识,掌握有关法律法规知识;

(四)具备较强的组织管理能力和语言、文字表达能力,及教育引导能力、调查研究能力,具备开展思想理论教育和价值引领工作的能力;

(五)具有较强的纪律观念和规矩意识,遵纪守法,为人正直,作风正派,廉洁自律。

第八条 辅导员选聘工作要在高等学校党委统一领导下进行,由学生工作部门、组织、人事、纪检等相关部门共同组织开展。根据辅导员基本条件要求和实际岗位需要,确定具体选拔条件,通过组织推荐和公开招聘相结合的方式,经过笔试、面试、公示等相关程序进行选拔。

第九条 青年教师晋升高一级专业技术职务(职称),须有至少一年担任辅导员或班主任工作经历并考核合格。高等学校要鼓励新入职教师以多种形式参与辅导员或班主任工作。

第四章 发展与培训

第十条 高等学校应当制定专门办法和激励保障机制,落实专职辅导员职务职级"双线"晋升要求,推动辅导员队伍专业化职业化建设。

第十一条 高等学校应当结合实际,按专任教师职务岗位结构比例合理设置专职辅导员的相应教师职务岗位,专职辅导员可按教师职务(职称)要求评聘思想政治教育学科或其他相关学科的专业技术职务(职称)。

专职辅导员专业技术职务(职称)评聘应更加注重考察工作业绩和育人实效,单列计划、单设标准、单独评审。将优秀网络文化成果纳入专职辅导员的科研成果统计、职务(职称)评聘范围。

第十二条 高等学校可以成立专职辅导员专业技术职务(职称)聘任委员会,具体负责本校专职辅导员专业技术职务(职称)聘任工作。聘任委员会一般应由学校党委有关负责人、学生工作、组织人事、教学科研部门负责人、相关学科专家等人员组成。

第十三条 高等学校应当制定辅导员管理岗位聘任办法,根据辅导员的任职年限及实际工作表现,确定相应级别的管理岗位等级。

第十四条 辅导员培训应当纳入高等学校师资队伍和干部队伍培训整体规划。

建立国家、省级和高等学校三级辅导员培训体系。教育部设立高等学校辅导员培训和研修基地,开展国家级示范培训。省级教育部门应当根据区域内现有高等学校辅导员规模数量设立辅导员培训专项经费,建立辅导员培训和研修基地,承担所在区域内高等学校辅导员的岗前培训、日常培训和骨干培训。高等学校负责对本校辅导员的系统培训,确保每名专职辅导员每年参加不少于16个学时的校级培训,每5年参加1次国家级或省级培训。

第十五条 省级教育部门、高等学校要积极选拔优秀辅导员参加国内国际交流学习和研修深造，创造条件支持辅导员到地方党政机关、企业、基层等挂职锻炼，支持辅导员结合大学生思想政治教育的工作实践和思想政治教育学科的发展开展研究。高等学校要鼓励辅导员在做好工作的基础上攻读相关专业学位，承担思想政治理论课等相关课程的教学工作，为辅导员提升专业水平和科研能力提供条件保障。

第十六条　高等学校要积极为辅导员的工作和生活创造便利条件，应根据辅导员的工作特点，在岗位津贴、办公条件、通讯经费等方面制定相关政策，为辅导员的工作和生活提供必要保障。

第五章　管理与考核

第十七条　高等学校辅导员实行学校和院(系)双重管理。

学生工作部门牵头负责辅导员的培养、培训和考核等工作，同时要与院(系)党委(党总支)共同做好辅导员日常管理工作。院(系)党委(党总支)负责对辅导员进行直接领导和管理。

第十八条　高等学校要根据辅导员职业能力标准，制定辅导员工作考核的具体办法，健全辅导员队伍的考核评价体系。对辅导员的考核评价应由学生工作部门牵头，组织人事部门、院(系)党委(党总支)和学生共同参与。考核结果与辅导员的职务聘任、奖惩、晋级等挂钩。

第十九条　教育部在全国教育系统先进集体和先进个人表彰中对高校优秀辅导员进行表彰。各地教育部门和高等学校要结合实际情况建立辅导员单独表彰体系并将优秀辅导员表彰奖励纳入各级教师、教育工作者表彰奖励体系中。

第六章　附　　则

第二十条　本规定适用于普通高等学校辅导员队伍建设。其他类型高等学校的辅导员队伍建设或思想政治工作其他队伍建设可以参照本规定执行。

第二十一条　高等学校要根据本规定，结合实际制定相关实施细则，并报主管教育部门备案。

第二十二条　本规定自2017年10月1日起施行。原《普通高等学校辅导员队伍建设规定》同时废止。

中华人民共和国精神卫生法

（2018年4月）

（2012年10月26日第十一届全国人民代表大会常务委员会第二十九次会议通过；根据2018年4月27日第十三届全国人民代表大会常务委员会第二次会议《关于修改〈中华人民共和国国境卫生检疫法〉等六部法律的决定》修正）

第一章 总 则

第一条 为了发展精神卫生事业，规范精神卫生服务，维护精神障碍患者的合法权益，制定本法。

第二条 在中华人民共和国境内开展维护和增进公民心理健康、预防和治疗精神障碍、促进精神障碍患者康复的活动，适用本法。

第三条 精神卫生工作实行预防为主的方针，坚持预防、治疗和康复相结合的原则。

第四条 精神障碍患者的人格尊严、人身和财产安全不受侵犯。

精神障碍患者的教育、劳动、医疗以及从国家和社会获得物质帮助等方面的合法权益受法律保护。

有关单位和个人应当对精神障碍患者的姓名、肖像、住址、工作单位、病历资料以及其他可能推断出其身份的信息予以保密；但是，依法履行职责需要公开的除外。

第五条 全社会应当尊重、理解、关爱精神障碍患者。

任何组织或者个人不得歧视、侮辱、虐待精神障碍患者，不得非法限制精神障碍患者的人身自由。

新闻报道和文学艺术作品等不得含有歧视、侮辱精神障碍患者的内容。

第六条 精神卫生工作实行政府组织领导、部门各负其责、家庭和单位尽力尽责、全社会共同参与的综合管理机制。

第七条 县级以上人民政府领导精神卫生工作，将其纳入国民经济和社会发展规划，建设和完善精神障碍的预防、治疗和康复服务体系，建立健全精神卫生工作协调机制和工作责任制，对有关部门承担的精神卫生工作进行考核、监督。

乡镇人民政府和街道办事处根据本地区的实际情况，组织开展预防精神障碍发生、促进精神障碍患者康复等工作。

第八条 国务院卫生行政部门主管全国的精神卫生工作。县级以上地方人民政府卫生行政部门主管本行政区域的精神卫生工作。

县级以上人民政府司法行政、民政、公安、教育、医疗保障等部门在各自职责范围内负责有关的精神卫生工作。

第九条 精神障碍患者的监护人应当履行监护职责，维护精神障碍患者的合法权益。

禁止对精神障碍患者实施家庭暴力，禁止遗弃精神障碍患者。

第十条　中国残疾人联合会及其地方组织依照法律、法规或者接受政府委托,动员社会力量,开展精神卫生工作。

村民委员会、居民委员会依照本法的规定开展精神卫生工作,并对所在地人民政府开展的精神卫生工作予以协助。

国家鼓励和支持工会、共产主义青年团、妇女联合会、红十字会、科学技术协会等团体依法开展精神卫生工作。

第十一条　国家鼓励和支持开展精神卫生专门人才的培养,维护精神卫生工作人员的合法权益,加强精神卫生专业队伍建设。

国家鼓励和支持开展精神卫生科学技术研究,发展现代医学、我国传统医学、心理学,提高精神障碍预防、诊断、治疗、康复的科学技术水平。

国家鼓励和支持开展精神卫生领域的国际交流与合作。

第十二条　各级人民政府和县级以上人民政府有关部门应当采取措施,鼓励和支持组织、个人提供精神卫生志愿服务,捐助精神卫生事业,兴建精神卫生公益设施。

对在精神卫生工作中作出突出贡献的组织、个人,按照国家有关规定给予表彰、奖励。

第二章　心理健康促进和精神障碍预防

第十三条　各级人民政府和县级以上人民政府有关部门应当采取措施,加强心理健康促进和精神障碍预防工作,提高公众心理健康水平。

第十四条　各级人民政府和县级以上人民政府有关部门制定的突发事件应急预案,应当包括心理援助的内容。发生突发事件,履行统一领导职责或者组织处置突发事件的人民政府应当根据突发事件的具体情况,按照应急预案的规定,组织开展心理援助工作。

第十五条　用人单位应当创造有益于职工身心健康的工作环境,关注职工的心理健康;对处于职业发展特定时期或者在特殊岗位工作的职工,应当有针对性地开展心理健康教育。

第十六条　各级各类学校应当对学生进行精神卫生知识教育;配备或者聘请心理健康教育教师、辅导人员,并可以设立心理健康辅导室,对学生进行心理健康教育。学前教育机构应当对幼儿开展符合其特点的心理健康教育。

发生自然灾害、意外伤害、公共安全事件等可能影响学生心理健康的事件,学校应当及时组织专业人员对学生进行心理援助。

教师应当学习和了解相关的精神卫生知识,关注学生心理健康状况,正确引导、激励学生。地方各级人民政府教育行政部门和学校应当重视教师心理健康。

学校和教师应当与学生父母或者其他监护人、近亲属沟通学生心理健康情况。

第十七条　医务人员开展疾病诊疗服务,应当按照诊断标准和治疗规范的要求,对就诊者进行心理健康指导;发现就诊者可能患有精神障碍的,应当建议其到符合本法规定的医疗机构就诊。

第十八条　监狱、看守所、拘留所、强制隔离戒毒所等场所,应当对服刑人员,被依法拘留、逮捕、强制隔离戒毒的人员等,开展精神卫生知识宣传,关注其心理健康状况,必要时提供心理咨询和心理辅导。

第十九条　县级以上地方人民政府人力资源社会保障、教育、卫生、司法行政、公安等部门应当在各自职责范围内分别对本法第十五条至第十八条规定的单位履行精神障碍预防义务的情况进行督促和指导。

第二十条　村民委员会、居民委员会应当协助所在地人民政府及其有关部门开展社区心理健康指导、精神卫生知识宣传教育活动,创建有益于居民身心健康的社区环境。

乡镇卫生院或者社区卫生服务机构应当为村民委员会、居民委员会开展社区心理健康指导、精神卫生知识宣传教育活动提供技术指导。

第二十一条　家庭成员之间应当相互关爱,创造良好、和睦的家庭环境,提高精神障碍预防意识;发现家庭成员可能患有精神障碍的,应当帮助其及时就诊,照顾其生活,做好看护管理。

第二十二条　国家鼓励和支持新闻媒体、社会组织开展精神卫生的公益性宣传,普及精神卫生知识,引导公众关注心理健康,预防精神障碍的发生。

第二十三条　心理咨询人员应当提高业务素质,遵守执业规范,为社会公众提供专业化的心理咨询服务。

心理咨询人员不得从事心理治疗或者精神障碍的诊断、治疗。

心理咨询人员发现接受咨询的人员可能患有精神障碍的,应当建议其到符合本法规定的医疗机构就诊。

心理咨询人员应当尊重接受咨询人员的隐私,并为其保守秘密。

第二十四条　国务院卫生行政部门建立精神卫生监测网络,实行严重精神障碍发病报告制度,组织开展精神障碍发生状况、发展趋势等的监测和专题调查工作。精神卫生监测和严重精神障碍发病报告管理办法,由国务院卫生行政部门制定。

国务院卫生行政部门应当会同有关部门、组织,建立精神卫生工作信息共享机制,实现信息互联互通、交流共享。

第三章　精神障碍的诊断和治疗

第二十五条　开展精神障碍诊断、治疗活动,应当具备下列条件,并依照医疗机构的管理规定办理有关手续:

(一)有与从事的精神障碍诊断、治疗相适应的精神科执业医师、护士;

(二)有满足开展精神障碍诊断、治疗需要的设施和设备;

(三)有完善的精神障碍诊断、治疗管理制度和质量监控制度。

从事精神障碍诊断、治疗的专科医疗机构还应当配备从事心理治疗的人员。

第二十六条 精神障碍的诊断、治疗,应当遵循维护患者合法权益、尊重患者人格尊严的原则,保障患者在现有条件下获得良好的精神卫生服务。

精神障碍分类、诊断标准和治疗规范,由国务院卫生行政部门组织制定。

第二十七条 精神障碍的诊断应当以精神健康状况为依据。

除法律另有规定外,不得违背本人意志进行确定其是否患有精神障碍的医学检查。

第二十八条 除个人自行到医疗机构进行精神障碍诊断外,疑似精神障碍患者的近亲属可以将其送往医疗机构进行精神障碍诊断。对查找不到近亲属的流浪乞讨疑似精神障碍患者,由当地民政等有关部门按照职责分工,帮助送往医疗机构进行精神障碍诊断。

疑似精神障碍患者发生伤害自身、危害他人安全的行为,或者有伤害自身、危害他人安全的危险的,其近亲属、所在单位、当地公安机关应当立即采取措施予以制止,并将其送往医疗机构进行精神障碍诊断。

医疗机构接到送诊的疑似精神障碍患者,不得拒绝为其作出诊断。

第二十九条 精神障碍的诊断应当由精神科执业医师作出。

医疗机构接到依照本法第二十八条第二款规定送诊的疑似精神障碍患者,应当将其留院,立即指派精神科执业医师进行诊断,并及时出具诊断结论。

第三十条 精神障碍的住院治疗实行自愿原则。

诊断结论、病情评估表明,就诊者为严重精神障碍患者并有下列情形之一的,应当对其实施住院治疗:

(一)已经发生伤害自身的行为,或者有伤害自身的危险的;

(二)已经发生危害他人安全的行为,或者有危害他人安全的危险的。

第三十一条 精神障碍患者有本法第三十条第二款第一项情形的,经其监护人同意,医疗机构应当对患者实施住院治疗;监护人不同意的,医疗机构不得对患者实施住院治疗。监护人应当对在家居住的患者做好看护管理。

第三十二条 精神障碍患者有本法第三十条第二款第二项情形,患者或者其监护人对需要住院治疗的诊断结论有异议,不同意对患者实施住院治疗的,可以要求再次诊断和鉴定。

依照前款规定要求再次诊断的,应当自收到诊断结论之日起三日内向原医疗机构或者其他具有合法资质的医疗机构提出。承担再次诊断的医疗机构应当在接到再次诊断要求后指派二名初次诊断医师以外的精神科执业医师进行再次诊断,并及时出具再次诊断结论。承担再次诊断的执业医师应当到收治患者的医疗机构面见、询问患者,该医疗机构应当予以配合。

对再次诊断结论有异议的,可以自主委托依法取得执业资质的鉴定机构进行精神障碍医学鉴定;医疗机构应当公示经公告的鉴定机构名单和联系方式。接受委托的鉴定机构应当指定本机构具有该鉴定事项执业资格的二名以上鉴定人共同进行鉴定,并及时出具鉴定报告。

第三十三条　鉴定人应当到收治精神障碍患者的医疗机构面见、询问患者,该医疗机构应当予以配合。

鉴定人本人或者其近亲属与鉴定事项有利害关系,可能影响其独立、客观、公正进行鉴定的,应当回避。

第三十四条　鉴定机构、鉴定人应当遵守有关法律、法规、规章的规定,尊重科学,恪守职业道德,按照精神障碍鉴定的实施程序、技术方法和操作规范,依法独立进行鉴定,出具客观、公正的鉴定报告。

鉴定人应当对鉴定过程进行实时记录并签名。记录的内容应当真实、客观、准确、完整,记录的文本或者声像载体应当妥善保存。

第三十五条　再次诊断结论或者鉴定报告表明,不能确定就诊者为严重精神障碍患者,或者患者不需要住院治疗的,医疗机构不得对其实施住院治疗。

再次诊断结论或者鉴定报告表明,精神障碍患者有本法第三十条第二款第二项情形的,其监护人应当同意对患者实施住院治疗。监护人阻碍实施住院治疗或者患者擅自脱离住院治疗的,可以由公安机关协助医疗机构采取措施对患者实施住院治疗。

在相关机构出具再次诊断结论、鉴定报告前,收治精神障碍患者的医疗机构应当按照诊疗规范的要求对患者实施住院治疗。

第三十六条　诊断结论表明需要住院治疗的精神障碍患者,本人没有能力办理住院手续的,由其监护人办理住院手续;患者属于查找不到监护人的流浪乞讨人员的,由送诊的有关部门办理住院手续。

精神障碍患者有本法第三十条第二款第二项情形,其监护人不办理住院手续的,由患者所在单位、村民委员会或者居民委员会办理住院手续,并由医疗机构在患者病历中予以记录。

第三十七条　医疗机构及其医务人员应当将精神障碍患者在诊断、治疗过程中享有的权利,告知患者或者其监护人。

第三十八条　医疗机构应当配备适宜的设施、设备,保护就诊和住院治疗的精神障碍患者的人身安全,防止其受到伤害,并为住院患者创造尽可能接近正常生活的环境和条件。

第三十九条　医疗机构及其医务人员应当遵循精神障碍诊断标准和治疗规范,制定治疗方案,并向精神障碍患者或者其监护人告知治疗方案和治疗方法、目的以及可能产生的后果。

第四十条　精神障碍患者在医疗机构内发生或者将要发生伤害自身、危害他人安全、扰乱医疗秩序的行为,医疗机构及其医务人员在没有其他可替代措施的情况下,可以实施约束、隔离等保护性医疗措施。实施保护性医疗措施应当遵循诊断标准和治疗规范,并在实施后告知患者的监护人。

禁止利用约束、隔离等保护性医疗措施惩罚精神障碍患者。

第四十一条　对精神障碍患者使用药物,应当以诊断和治疗为目的,使用安全、有效的药物,不得为诊断或者治疗以外的目的使用药物。

医疗机构不得强迫精神障碍患者从事生产劳动。

第四十二条　禁止对依照本法第三十条第二款规定实施住院治疗的精神障碍患者实施以治疗精神障碍为目的的外科手术。

第四十三条　医疗机构对精神障碍患者实施下列治疗措施,应当向患者或者其监护人告知医疗风险、替代医疗方案等情况,并取得患者的书面同意;无法取得患者意见的,应当取得其监护人的书面同意,并经本医疗机构伦理委员会批准:

(一)导致人体器官丧失功能的外科手术;

(二)与精神障碍治疗有关的实验性临床医疗。

实施前款第一项治疗措施,因情况紧急查找不到监护人的,应当取得本医疗机构负责人和伦理委员会批准。

禁止对精神障碍患者实施与治疗其精神障碍无关的实验性临床医疗。

第四十四条　自愿住院治疗的精神障碍患者可以随时要求出院,医疗机构应当同意。

对有本法第三十条第二款第一项情形的精神障碍患者实施住院治疗的,监护人可以随时要求患者出院,医疗机构应当同意。

医疗机构认为前两款规定的精神障碍患者不宜出院的,应当告知不宜出院的理由;患者或者其监护人仍要求出院的,执业医师应当在病历资料中详细记录告知的过程,同时提出出院后的医学建议,患者或者其监护人应当签字确认。

对有本法第三十条第二款第二项情形的精神障碍患者实施住院治疗,医疗机构认为患者可以出院的,应当立即告知患者及其监护人。

医疗机构应当根据精神障碍患者病情,及时组织精神科执业医师对依照本法第三十条第二款规定实施住院治疗的患者进行检查评估。评估结果表明患者不需要继续住院治疗的,医疗机构应当立即通知患者及其监护人。

第四十五条　精神障碍患者出院,本人没有能力办理出院手续的,监护人应当为其办理出院手续。

第四十六条　医疗机构及其医务人员应当尊重住院精神障碍患者的通讯和会见探访者等权利。除在急性发病期或者为了避免妨碍治疗可以暂时性限制外,不得限制患者的通讯和会见探访者等权利。

第四十七条　医疗机构及其医务人员应当在病历资料中如实记录精神障碍患者的病情、治疗措施、用药情况、实施约束、隔离措施等内容,并如实告知患者或者其监护人。患者及其监护人可以查阅、复制病历资料;但是,患者查阅、复制病历资料可能对其治疗产生不利影响的除外。病历资料保存期限不得少于三十年。

第四十八条　医疗机构不得因就诊者是精神障碍患者,推诿或者拒绝为其治疗属于本医疗机构诊疗范围的其他疾病。

第四十九条 精神障碍患者的监护人应当妥善看护未住院治疗的患者,按照医嘱督促其按时服药、接受随访或者治疗。村民委员会、居民委员会、患者所在单位等应当依患者或者其监护人的请求,对监护人看护患者提供必要的帮助。

第五十条 县级以上地方人民政府卫生行政部门应当定期就下列事项对本行政区域内从事精神障碍诊断、治疗的医疗机构进行检查:

(一)相关人员、设施、设备是否符合本法要求;

(二)诊疗行为是否符合本法以及诊断标准、治疗规范的规定;

(三)对精神障碍患者实施住院治疗的程序是否符合本法规定;

(四)是否依法维护精神障碍患者的合法权益。

县级以上地方人民政府卫生行政部门进行前款规定的检查,应当听取精神障碍患者及其监护人的意见;发现存在违反本法行为的,应当立即制止或者责令改正,并依法作出处理。

第五十一条 心理治疗活动应当在医疗机构内开展。专门从事心理治疗的人员不得从事精神障碍的诊断,不得为精神障碍患者开具处方或者提供外科治疗。心理治疗的技术规范由国务院卫生行政部门制定。

第五十二条 监狱、强制隔离戒毒所等场所应当采取措施,保证患有精神障碍的服刑人员、强制隔离戒毒人员等获得治疗。

第五十三条 精神障碍患者违反治安管理处罚法或者触犯刑法的,依照有关法律的规定处理。

第四章 精神障碍的康复

第五十四条 社区康复机构应当为需要康复的精神障碍患者提供场所和条件,对患者进行生活自理能力和社会适应能力等方面的康复训练。

第五十五条 医疗机构应当为在家居住的严重精神障碍患者提供精神科基本药物维持治疗,并为社区康复机构提供有关精神障碍康复的技术指导和支持。

社区卫生服务机构、乡镇卫生院、村卫生室应当建立严重精神障碍患者的健康档案,对在家居住的严重精神障碍患者进行定期随访,指导患者服药和开展康复训练,并对患者的监护人进行精神卫生知识和看护知识的培训。县级人民政府卫生行政部门应当为社区卫生服务机构、乡镇卫生院、村卫生室开展上述工作给予指导和培训。

第五十六条 村民委员会、居民委员会应当为生活困难的精神障碍患者家庭提供帮助,并向所在地乡镇人民政府或者街道办事处以及县级人民政府有关部门反映患者及其家庭的情况和要求,帮助其解决实际困难,为患者融入社会创造条件。

第五十七条 残疾人组织或者残疾人康复机构应当根据精神障碍患者康复的需要,组织患者参加康复活动。

第五十八条 用人单位应当根据精神障碍患者的实际情况,安排患者从事力所能及的工作,保障患者享有同等待遇,安排患者参加必要的职业技能培训,提高患者的就业能力,为患者创造适宜的工作环境,对患者在工作中取得的成绩予以鼓励。

第五十九条　精神障碍患者的监护人应当协助患者进行生活自理能力和社会适应能力等方面的康复训练。

精神障碍患者的监护人在看护患者过程中需要技术指导的,社区卫生服务机构或者乡镇卫生院、村卫生室、社区康复机构应当提供。

第五章　保 障 措 施

第六十条　县级以上人民政府卫生行政部门会同有关部门依据国民经济和社会发展规划的要求,制定精神卫生工作规划并组织实施。

精神卫生监测和专题调查结果应当作为制定精神卫生工作规划的依据。

第六十一条　省、自治区、直辖市人民政府根据本行政区域的实际情况,统筹规划,整合资源,建设和完善精神卫生服务体系,加强精神障碍预防、治疗和康复服务能力建设。

县级人民政府根据本行政区域的实际情况,统筹规划,建立精神障碍患者社区康复机构。

县级以上地方人民政府应当采取措施,鼓励和支持社会力量举办从事精神障碍诊断、治疗的医疗机构和精神障碍患者康复机构。

第六十二条　各级人民政府应当根据精神卫生工作需要,加大财政投入力度,保障精神卫生工作所需经费,将精神卫生工作经费列入本级财政预算。

第六十三条　国家加强基层精神卫生服务体系建设,扶持贫困地区、边远地区的精神卫生工作,保障城市社区、农村基层精神卫生工作所需经费。

第六十四条　医学院校应当加强精神医学的教学和研究,按照精神卫生工作的实际需要培养精神医学专门人才,为精神卫生工作提供人才保障。

第六十五条　综合性医疗机构应当按照国务院卫生行政部门的规定开设精神科门诊或者心理治疗门诊,提高精神障碍预防、诊断、治疗能力。

第六十六条　医疗机构应当组织医务人员学习精神卫生知识和相关法律、法规、政策。

从事精神障碍诊断、治疗、康复的机构应当定期组织医务人员、工作人员进行在岗培训,更新精神卫生知识。

县级以上人民政府卫生行政部门应当组织医务人员进行精神卫生知识培训,提高其识别精神障碍的能力。

第六十七条　师范院校应当为学生开设精神卫生课程;医学院校应当为非精神医学专业的学生开设精神卫生课程。

县级以上人民政府教育行政部门对教师进行上岗前和在岗培训,应当有精神卫生的内容,并定期组织心理健康教育教师、辅导人员进行专业培训。

第六十八条　县级以上人民政府卫生行政部门应当组织医疗机构为严重精神障碍患者免费提供基本公共卫生服务。

精神障碍患者的医疗费用按照国家有关社会保险的规定由基本医疗保险基金支付。医疗保险经办机构应当按照国家有关规定将精神障碍患者纳入城镇职工基本医疗保险、城镇居民基本医疗保险或者新型农村合作医疗的保障范围。县级人民政府应当按照国家有关规定对家庭经济困难的严重精神障碍患者参加基本医疗保险给予资助。医疗保障、财政等部门应当加强协调，简化程序，实现属于基本医疗保险基金支付的医疗费用由医疗机构与医疗保险经办机构直接结算。

精神障碍患者通过基本医疗保险支付医疗费用后仍有困难，或者不能通过基本医疗保险支付医疗费用的，医疗保障部门应当优先给予医疗救助。

第六十九条　对符合城乡最低生活保障条件的严重精神障碍患者，民政部门应当会同有关部门及时将其纳入最低生活保障。

对属于农村五保供养对象的严重精神障碍患者，以及城市中无劳动能力、无生活来源且无法定赡养、抚养、扶养义务人，或者其法定赡养、抚养、扶养义务人无赡养、抚养、扶养能力的严重精神障碍患者，民政部门应当按照国家有关规定予以供养、救助。

前两款规定以外的严重精神障碍患者确有困难的，民政部门可以采取临时救助等措施，帮助其解决生活困难。

第七十条　县级以上地方人民政府及其有关部门应当采取有效措施，保证患有精神障碍的适龄儿童、少年接受义务教育，扶持有劳动能力的精神障碍患者从事力所能及的劳动，并为已经康复的人员提供就业服务。

国家对安排精神障碍患者就业的用人单位依法给予税收优惠，并在生产、经营、技术、资金、物资、场地等方面给予扶持。

第七十一条　精神卫生工作人员的人格尊严、人身安全不受侵犯，精神卫生工作人员依法履行职责受法律保护。全社会应当尊重精神卫生工作人员。

县级以上人民政府及其有关部门、医疗机构、康复机构应当采取措施，加强对精神卫生工作人员的职业保护，提高精神卫生工作人员的待遇水平，并按照规定给予适当的津贴。精神卫生工作人员因工致伤、致残、死亡的，其工伤待遇以及抚恤按照国家有关规定执行。

第六章　法律责任

第七十二条　县级以上人民政府卫生行政部门和其他有关部门未依照本法规定履行精神卫生工作职责，或者滥用职权、玩忽职守、徇私舞弊的，由本级人民政府或者上一级人民政府有关部门责令改正，通报批评，对直接负责的主管人员和其他直接责任人员依法给予警告、记过或者记大过的处分；造成严重后果的，给予降级、撤职或者开除的处分。

第七十三条　不符合本法规定条件的医疗机构擅自从事精神障碍诊断、治疗的，由县级以上人民政府卫生行政部门责令停止相关诊疗活动,给予警告,并处五千元以上一万元以下罚款,有违法所得的,没收违法所得;对直接负责的主管人员和其他直接责任人员依法给予或者责令给予降低岗位等级或者撤职、开除的处分;对有关医务人员,吊销其执业证书。

第七十四条　医疗机构及其工作人员有下列行为之一的,由县级以上人民政府卫生行政部门责令改正,给予警告;情节严重的,对直接负责的主管人员和其他直接责任人员依法给予或者责令给予降低岗位等级或者撤职、开除的处分,并可以责令有关医务人员暂停一个月以上六个月以下执业活动:

(一)拒绝对送诊的疑似精神障碍患者作出诊断的;

(二)对依照本法第三十条第二款规定实施住院治疗的患者未及时进行检查评估或者未根据评估结果作出处理的。

第七十五条　医疗机构及其工作人员有下列行为之一的,由县级以上人民政府卫生行政部门责令改正,对直接负责的主管人员和其他直接责任人员依法给予或者责令给予降低岗位等级或者撤职的处分;对有关医务人员,暂停六个月以上一年以下执业活动;情节严重的,给予或者责令给予开除的处分,并吊销有关医务人员的执业证书:

(一)违反本法规定实施约束、隔离等保护性医疗措施的;

(二)违反本法规定,强迫精神障碍患者劳动的;

(三)违反本法规定对精神障碍患者实施外科手术或者实验性临床医疗的;

(四)违反本法规定,侵害精神障碍患者的通讯和会见探访者等权利的;

(五)违反精神障碍诊断标准,将非精神障碍患者诊断为精神障碍患者的。

第七十六条　有下列情形之一的,由县级以上人民政府卫生行政部门、工商行政管理部门依据各自职责责令改正,给予警告,并处五千元以上一万元以下罚款,有违法所得的,没收违法所得;造成严重后果的,责令暂停六个月以上一年以下执业活动,直至吊销执业证书或者营业执照:

(一)心理咨询人员从事心理治疗或者精神障碍的诊断、治疗的;

(二)从事心理治疗的人员在医疗机构以外开展心理治疗活动的;

(三)专门从事心理治疗的人员从事精神障碍的诊断的;

(四)专门从事心理治疗的人员为精神障碍患者开具处方或者提供外科治疗的。

心理咨询人员、专门从事心理治疗的人员在心理咨询、心理治疗活动中造成他人人身、财产或者其他损害的,依法承担民事责任。

第七十七条　有关单位和个人违反本法第四条第三款规定,给精神障碍患者造成损害的,依法承担赔偿责任;对单位直接负责的主管人员和其他直接责任人员,还应当依法给予处分。

第七十八条　违反本法规定,有下列情形之一,给精神障碍患者或者其他公民造成人身、财产或者其他损害的,依法承担赔偿责任:

（一）将非精神障碍患者故意作为精神障碍患者送入医疗机构治疗的；

（二）精神障碍患者的监护人遗弃患者，或者有不履行监护职责的其他情形的；

（三）歧视、侮辱、虐待精神障碍患者，侵害患者的人格尊严、人身安全的；

（四）非法限制精神障碍患者人身自由的；

（五）其他侵害精神障碍患者合法权益的情形。

第七十九条　医疗机构出具的诊断结论表明精神障碍患者应当住院治疗而其监护人拒绝，致使患者造成他人人身、财产损害的，或者患者有其他造成他人人身、财产损害情形的，其监护人依法承担民事责任。

第八十条　在精神障碍的诊断、治疗、鉴定过程中，寻衅滋事，阻挠有关工作人员依照本法的规定履行职责，扰乱医疗机构、鉴定机构工作秩序的，依法给予治安管理处罚。

违反本法规定，有其他构成违反治安管理行为的，依法给予治安管理处罚。

第八十一条　违反本法规定，构成犯罪的，依法追究刑事责任。

第八十二条　精神障碍患者或者其监护人、近亲属认为行政机关、医疗机构或者其他有关单位和个人违反本法规定侵害患者合法权益的，可以依法提起诉讼。

第七章　附　　则

第八十三条　本法所称精神障碍，是指由各种原因引起的感知、情感和思维等精神活动的紊乱或者异常，导致患者明显的心理痛苦或者社会适应等功能损害。

本法所称严重精神障碍，是指疾病症状严重，导致患者社会适应等功能严重损害、对自身健康状况或者客观现实不能完整认识，或者不能处理自身事务的精神障碍。

本法所称精神障碍患者的监护人，是指依照民法通则的有关规定可以担任监护人的人。

第八十四条　军队的精神卫生工作，由国务院和中央军事委员会依据本法制定管理办法。

第八十五条　本法自2013年5月1日起施行。

国家教育考试违规处理办法

（2012年1月）

（2004年5月19日中华人民共和国教育部令第18号发布；根据2012年1月5日《教育部关于修改〈国家教育考试违规处理办法〉的决定》修正）

第一章 总 则

第一条 为规范对国家教育考试违规行为的认定与处理，维护国家教育考试的公平、公正，保障参加国家教育考试的人员（以下简称考生）、从事和参与国家教育考试工作的人员（以下简称考试工作人员）的合法权益，根据《中华人民共和国教育法》及相关法律、行政法规，制定本办法。

第二条 本办法所称国家教育考试是指普通和成人高等学校招生考试、全国硕士研究生招生考试、高等教育自学考试等，由国务院教育行政部门确定实施，由经批准的实施教育考试的机构承办，面向社会公开、统一举行，其结果作为招收学历教育学生或者取得国家承认学历、学位证书依据的测试活动。

第三条 对参加国家教育考试的考生以及考试工作人员、其他相关人员，违反考试管理规定和考场纪律，影响考试公平、公正行为的认定与处理，适用本办法。

对国家教育考试违规行为的认定与处理应当公开公平、合法适当。

第四条 国务院教育行政部门及地方各级人民政府教育行政部门负责全国或者本地区国家教育考试组织工作的管理与监督。

承办国家教育考试的各级教育考试机构负责有关考试的具体实施，依据本办法，负责对考试违规行为的认定与处理。

第二章 违规行为的认定与处理

第五条 考生不遵守考场纪律，不服从考试工作人员的安排与要求，有下列行为之一的，应当认定为考试违纪：

（一）携带规定以外的物品进入考场或者未放在指定位置的；

（二）未在规定的座位参加考试的；

（三）考试开始信号发出前答题或者考试结束信号发出后继续答题的；

（四）在考试过程中旁窥、交头接耳、互打暗号或者手势的；

（五）在考场或者教育考试机构禁止的范围内，喧哗、吸烟或者实施其他影响考场秩序的行为的；

（六）未经考试工作人员同意在考试过程中擅自离开考场的；

（七）将试卷、答卷（含答题卡、答题纸等，下同）、草稿纸等考试用纸带出考场的；

（八）用规定以外的笔或者纸答题或者在试卷规定以外的地方书写姓名、考号或者以其他方式在答卷上标记信息的；

（九）其他违反考场规则但尚未构成作弊的行为。

第六条　考生违背考试公平、公正原则,在考试过程中有下列行为之一的,应当认定为考试作弊:

（一）携带与考试内容相关的材料或者存储有与考试内容相关资料的电子设备参加考试的;

（二）抄袭或者协助他人抄袭试题答案或者与考试内容相关的资料的;

（三）抢夺、窃取他人试卷、答卷或者胁迫他人为自己抄袭提供方便的;

（四）携带具有发送或者接收信息功能的设备的;

（五）由他人冒名代替参加考试的;

（六）故意销毁试卷、答卷或者考试材料的;

（七）在答卷上填写与本人身份不符的姓名、考号等信息的;

（八）传、接物品或者交换试卷、答卷、草稿纸的;

（九）其他以不正当手段获得或者试图获得试题答案、考试成绩的行为。

第七条　教育考试机构、考试工作人员在考试过程中或者在考试结束后发现下列行为之一的,应当认定相关的考生实施了考试作弊行为:

（一）通过伪造证件、证明、档案及其他材料获得考试资格、加分资格和考试成绩的;

（二）评卷过程中被认定为答案雷同的;

（三）考场纪律混乱、考试秩序失控,出现大面积考试作弊现象的;

（四）考试工作人员协助实施作弊行为,事后查实的;

（五）其他应认定为作弊的行为。

第八条　考生及其他人员应当自觉维护考试秩序,服从考试工作人员的管理,不得有下列扰乱考试秩序的行为:

（一）故意扰乱考点、考场、评卷场所等考试工作场所秩序;

（二）拒绝、妨碍考试工作人员履行管理职责;

（三）威胁、侮辱、诽谤、诬陷或者以其他方式侵害考试工作人员、其他考生合法权益的行为;

（四）故意损坏考场设施设备;

（五）其他扰乱考试管理秩序的行为。

第九条　考生有第五条所列考试违纪行为之一的,取消该科目的考试成绩。

考生有第六条、第七条所列考试作弊行为之一的,其所报名参加考试的各阶段、各科成绩无效;参加高等教育自学考试的,当次考试各科成绩无效。

有下列情形之一的,可以视情节轻重,同时给予暂停参加该项考试1至3年的处理;情节特别严重的,可以同时给予暂停参加各种国家教育考试1至3年的处理:

（一）组织团伙作弊的;

（二）向考场外发送、传递试题信息的;

（三）使用相关设备接收信息实施作弊的;

（四）伪造、变造身份证、准考证及其他证明材料,由他人代替或者代替考生参加考试的。

参加高等教育自学考试的考生有前款严重作弊行为的,也可以给予延迟毕业时间1至3年的处理,延迟期间考试成绩无效。

第十条　考生有第八条所列行为之一的,应当终止其继续参加本科目考试,其当次报名参加考试的各科成绩无效;考生及其他人员的行为违反《中华人民共和国治安管理处罚法》的,由公安机关进行处理;构成犯罪的,由司法机关依法追究刑事责任。

第十一条　考生以作弊行为获得的考试成绩并由此取得相应的学位证书、学历证书及其他学业证书、资格资质证书或者入学资格的,由证书颁发机关宣布证书无效,责令收回证书或者予以没收;已经被录取或者入学的,由录取学校取消录取资格或者其学籍。

第十二条　在校学生、在职教师有下列情形之一的,教育考试机构应当通报其所在学校,由学校根据有关规定严肃处理,直至开除学籍或者予以解聘:

（一）代替考生或者由他人代替参加考试的;

（二）组织团伙作弊的;

（三）为作弊组织者提供试题信息、答案及相应设备等参与团伙作弊行为的。

第十三条　考试工作人员应当认真履行工作职责,在考试管理、组织及评卷等工作过程中,有下列行为之一的,应当停止其参加当年及下一年度的国家教育考试工作,并由教育考试机构或者建议其所在单位视情节轻重分别给予相应的行政处分:

（一）应回避考试工作却隐瞒不报的;

（二）擅自变更考试时间、地点或者考试安排的;

（三）提示或暗示考生答题的;

（四）擅自将试题、答卷或者有关内容带出考场或者传递给他人的;

（五）未认真履行职责,造成所负责考场出现秩序混乱、作弊严重或者视频录像资料损毁、视频系统不能正常工作的;

（六）在评卷、统分中严重失职,造成明显的错评、漏评或者积分差错的;

（七）在评卷中擅自更改评分细则或者不按评分细则进行评卷的;

（八）因未认真履行职责,造成所负责考场出现雷同卷的;

（九）擅自泄露评卷、统分等应予保密的情况的;

（十）其他违反监考、评卷等管理规定的行为。

第十四条　考试工作人员有下列作弊行为之一的,应当停止其参加国家教育考试工作,由教育考试机构或者其所在单位视情节轻重分别给予相应的行政处分,并调离考试工作岗位;情节严重,构成犯罪的,由司法机关依法追究刑事责任:

（一）为不具备参加国家教育考试条件的人员提供假证明、证件、档案,使其取得考试资格或者考试工作人员资格的；

（二）因玩忽职守，致使考生未能如期参加考试的或者使考试工作遭受重大损失的；

（三）利用监考或者从事考试工作之便，为考生作弊提供条件的；

（四）伪造、变造考生档案（含电子档案）的；

（五）在场外组织答卷、为考生提供答案的；

（六）指使、纵容或者伙同他人作弊的；

（七）偷换、涂改考生答卷、考试成绩或者考场原始记录材料的；

（八）擅自更改或者编造、虚报考试数据、信息的；

（九）利用考试工作便利，索贿、受贿、以权徇私的；

（十）诬陷、打击报复考生的。

第十五条　因教育考试机构管理混乱、考试工作人员玩忽职守，造成考点或者考场纪律混乱，作弊现象严重；或者同一考点同一时间的考试有1/5以上考场存在雷同卷的，由教育行政部门取消该考点当年及下一年度承办国家教育考试的资格；高等教育自学考试考区内一个或者一个以上专业考试纪律混乱，作弊现象严重，由高等教育自学考试管理机构给予该考区警告或者停考该考区相应专业1至3年的处理。

对出现大规模作弊情况的考场、考点的相关责任人、负责人及所属考区的负责人，有关部门应当分别给予相应的行政处分；情节严重，构成犯罪的，由司法机关依法追究刑事责任。

第十六条　违反保密规定，造成国家教育考试的试题、答案及评分参考（包括副题及其答案及评分参考，下同）丢失、损毁、泄密，或者使考生答卷在保密期限内发生重大事故的，由有关部门视情节轻重，分别给予责任人和有关负责人行政处分；构成犯罪的，由司法机关依法追究刑事责任。

盗窃、损毁、传播在保密期限内的国家教育考试试题、答案及评分参考、考生答卷、考试成绩的，由有关部门依法追究有关人员的责任；构成犯罪的，由司法机关依法追究刑事责任。

第十七条　有下列行为之一的，由教育考试机构建议行为人所在单位给予行政处分；违反《中华人民共和国治安管理处罚法》的，由公安机关依法处理；构成犯罪的，由司法机关依法追究刑事责任：

（一）指使、纵容、授意考试工作人员放松考试纪律，致使考场秩序混乱、作弊严重的；

（二）代替考生或者由他人代替参加国家教育考试的；

（三）组织或者参与团伙作弊的；

（四）利用职权，包庇、掩盖作弊行为或者胁迫他人作弊的；

（五）以打击、报复、诬陷、威胁等手段侵犯考试工作人员、考生人身权利的；

（六）向考试工作人员行贿的；

（七）故意损坏考试设施的；

（八）扰乱、妨害考场、评卷点及有关考试工作场所秩序后果严重的。

国家工作人员有前款行为的，教育考试机构应当建议有关纪检、监察部门，根据有关规定从重处理。

第三章 违规行为认定与处理程序

第十八条 考试工作人员在考试过程中发现考生实施本办法第五条、第六条所列考试违纪、作弊行为的，应当及时予以纠正并如实记录；对考生用于作弊的材料、工具等，应予暂扣。

考生违规记录作为认定考生违规事实的依据，应当由2名以上监考员或者考场巡视员、督考员签字确认。

考试工作人员应当向违纪考生告知违规记录的内容，对暂扣的考生物品应填写收据。

第十九条 教育考试机构发现本办法第七条、第八条所列行为的，应当由2名以上工作人员进行事实调查，收集、保存相应的证据材料，并在调查事实和证据的基础上，对所涉及考生的违规行为进行认定。

考试工作人员通过视频发现考生有违纪、作弊行为的，应当立即通知在现场的考试工作人员，并应当将视频录像作为证据保存。教育考试机构可以通过视频录像回放，对所涉及考生违规行为进行认定。

第二十条 考点汇总考生违规记录，汇总情况经考点主考签字认定后，报送上级教育考试机构依据本办法的规定进行处理。

第二十一条 考生在普通和成人高等学校招生考试、高等教育自学考试中，出现第五条所列考试违纪行为的，由省级教育考试机构或者市级教育考试机构作出处理决定，由市级教育考试机构作出的处理决定应报省级教育考试机构备案；出现第六条、第七条所列考试作弊行为的，由市级教育考试机构签署意见，报省级教育考试机构处理，省级教育考试机构也可以要求市级教育考试机构报送材料及证据，直接进行处理；出现本办法第八条所列扰乱考试秩序行为的，由市级教育考试机构签署意见，报省级教育考试机构按照前款规定处理，对考生及其他人员违反治安管理法律法规的行为，由当地公安部门处理；评卷过程中发现考生有本办法第七条所列考试作弊行为的，由省级教育考试机构作出处理决定，并通知市级教育考试机构。

考生在参加全国硕士研究生招生考试中的违规行为，由组织考试的机构认定，由相关省级教育考试机构或者受其委托的组织考试的机构作出处理决定。

在国家教育考试考场视频录像回放审查中认定的违规行为，由省级教育考试机构认定并作出处理决定。

参加其他国家教育考试考生违规行为的处理由承办有关国家教育考试的考试机构参照前款规定具体确定。

第二十二条　教育行政部门和其他有关部门在考点、考场出现大面积作弊情况或者需要对教育考试机构实施监督的情况下,应当直接介入调查和处理。

发生第十四、十五、十六条所列案件,情节严重的,由省级教育行政部门会同有关部门共同处理,并及时报告国务院教育行政部门;必要时,国务院教育行政部门参与或者直接进行处理。

第二十三条　考试工作人员在考场、考点及评卷过程中有违反本办法的行为的,考点主考、评卷点负责人应当暂停其工作,并报相应的教育考试机构处理。

第二十四条　在其他与考试相关的场所违反有关规定的考生,由市级教育考试机构或者省级教育考试机构作出处理决定;市级教育考试机构作出的处理决定应报省级教育考试机构备案。

在其他与考试相关的场所违反有关规定的考试工作人员,由所在单位根据市级教育考试机构或者省级教育考试机构提出的处理意见,进行处理,处理结果应当向提出处理的教育考试机构通报。

第二十五条　教育考试机构在对考试违规的个人或者单位作出处理决定前,应当复核违规事实和相关证据,告知被处理人或者单位作出处理决定的理由和依据;被处理人或者单位对所认定的违规事实认定存在异议的,应当给予其陈述和申辩的机会。

给予考生停考处理的,经考生申请,省级教育考试机构应当举行听证,对作弊的事实、情节等进行审查、核实。

第二十六条　教育考试机构作出处理决定应当制作考试违规处理决定书,载明被处理人的姓名或者单位名称、处理事实根据和法律依据、处理决定的内容、救济途径以及作出处理决定的机构名称和作出处理决定的时间。

考试违规处理决定书应当及时送达被处理人。

第二十七条　考生或者考试工作人员对教育考试机构作出的违规处理决定不服的,可以在收到处理决定之日起15日内,向其上一级教育考试机构提出复核申请;对省级教育考试机构或者承办国家教育考试的机构作出的处理决定不服的,也可以向省级教育行政部门或者授权承担国家教育考试的主管部门提出复核申请。

第二十八条　受理复核申请的教育考试机构、教育行政部门应对处理决定所认定的违规事实和适用的依据等进行审查,并在受理后30日内,按照下列规定作出复核决定:

(一)处理决定认定事实清楚、证据确凿,适用依据正确,程序合法,内容适当的,决定维持。

(二)处理决定有下列情况之一的,决定撤销或者变更:

1.违规事实认定不清、证据不足的;

2.适用依据错误的;

3.违反本办法规定的处理程序的。

作出决定的教育考试机构对因错误的处理决定给考生造成的损失,应当予以补救。

第二十九条　申请人对复核决定或者处理决定不服的,可以依法申请行政复议或者提起行政诉讼。

第三十条　教育考试机构应当建立国家教育考试考生诚信档案,记录、保留在国家教育考试中作弊人员的相关信息。国家教育考试考生诚信档案中记录的信息未经法定程序,任何组织、个人不得删除、变更。

国家教育考试考生诚信档案可以依申请接受社会有关方面的查询,并应当及时向招生学校或单位提供相关信息,作为招生参考条件。

第三十一条　省级教育考试机构应当及时汇总本地区违反规定的考生及考试工作人员的处理情况,并向国家教育考试机构报告。

第四章　附　　则

第三十二条　本办法所称考场是指实施考试的封闭空间;所称考点是指设置若干考场独立进行考务活动的特定场所;所称考区是指由省级教育考试机构设置,由若干考点组成,进行国家教育考试实施工作的特定地区。

第三十三条　非全日制攻读硕士学位全国考试、中国人民解放军高等教育自学考试及其他各级各类教育考试的违规处理可以参照本办法执行。

第三十四条　本办法自发布之日起施行。此前教育部颁布的各有关国家教育考试的违规处理规定同时废止。

参 考 文 献

[1] 马克思,恩格斯.马克思恩格斯选集:第1卷[M].3版.中央编译局,译.北京:人民出版社,2012.
[2] 马克思,恩格斯.马克思恩格斯选集:第2卷[M].3版.中央编译局,译.北京:人民出版社,2012.
[3] 马克思,恩格斯.马克思恩格斯选集:第3卷[M].3版.中央编译局,译.北京:人民出版社,2012.
[4] 马克思,恩格斯.马克思恩格斯选集:第4卷[M].3版.中央编译局,译.北京:人民出版社,2012.
[5] 习近平.习近平谈治国理政:第1卷[M].北京:外文出版社,2014.
[6] 习近平.习近平谈治国理政:第2卷[M].北京:外文出版社,2017.
[7] 习近平.习近平谈治国理政:第3卷[M].北京:外文出版社,2020.
[8] 习近平.习近平谈治国理政:第4卷[M].北京:外文出版社,2022.
[9] 习近平.论党的宣传工作[M].北京:中央文献出版社,2020.
[10] 习近平.论中国共产党历史[M].北京:中央文献出版社,2021.
[11] 习近平.论教育[M].北京:中央文献出版社,2022.
[12] 习近平.论党的青年工作[M].北京:中央文献出版社,2022.
[13] 中共中央文献研究室.建国以来重要文献选编[M].北京:中央文献出版社,1993.
[14] 侯惠勤.正确世界观人生观的磨砺[M].南京:南京大学出版社,1996.
[15] 刘建军.马克思主义信仰论[M].北京:中国人民大学出版社,1998.
[16] 张耀灿,郑永廷,刘书林,等.现代思想政治教育学[M].北京:人民出版社,2001.
[17] 陈万柏,张耀灿.思想政治教育学原理[M].武汉:华中师范大学出版社,2009.
[18] 冯刚,沈壮海,等.中华人民共和国学校德育编年史[M].北京:中国人民大学出版社,2010.
[19] 中共中央文献研究室.建党以来重要文献选编:1921—1949[M].北京:中央文献出版社,2011.
[20] 孙正聿.理想信念的理论支撑[M].长春:吉林人民出版社,2014.
[21] 教育部思想政治工作司.加强和改进大学生思想政治教育重要文献选编:1978—2014[M].北京:知识产权出版社,2015.
[22] 陈先达.文化自信:做理想信念坚定的中国人[M].长春:吉林人民出版社,2017.
[23] 骆郁廷.思想政治教育引论[M].北京:中国人民大学出版社,2018.
[24] 王炳林,张泰城.高校红色文化资源育人发展报告[M].北京:人民出版社,2017.
[25] 罗尔斯.政治自由主义[M].万俊人,译.南京:译林出版社,2000.
[26] 卢梭.爱弥儿:论教育[M].李平沤,译.北京:商务印书馆,2009.

[27] 习近平.在庆祝中国共产党成立95周年大会上的讲话[N].人民日报,2016-07-02(2).

[28] 习近平.决胜全面建成小康社会 夺取新时代中国特色社会主义伟大胜利[N].人民日报,2017-10-28(1).

[29] 习近平.在北京大学师生座谈会上的讲话[N].人民日报,2018-05-03(2).

[30] 习近平.在纪念马克思诞辰200周年大会上的讲话[N].人民日报,2018-05-05(2).

[31] 习近平.在庆祝改革开放40周年大会上的讲话[N].人民日报,2018-12-19(2).

[32] 习近平.学习马克思主义基本理论是共产党人的必修课[J].社会主义论坛,2019(12):4-6.

[33] 习近平.高举中国特色社会主义伟大旗帜 为全面建设社会主义现代化国家而团结奋斗:在中国共产党第二十次全国代表大会上的报告[N].人民日报,2022-10-26(1).

[34] 高博,王小东.新形势下大学生励志教育刍议[J].教育评论,2016(7):78-80.

[35] 柴宝勇,付瑞智.论习近平五位一体的青年成长观[J].中国青年社会科学,2016,35(2):23.

[36] 李琼.新形势下大学生爱国主义教育的有效路径[J].思想理论教育导刊,2017(4):143-147.

[37] 王元彬,李航敏.创新高校大学生党支部建设的实践探索[J].思想理论教育导刊,2017(1):137-139.

[38] 刘锦鑫,张业华,肖薇薇.共青团视阈下高校青年红色网络大V培养研究[J].教育现代化,2018,5(51):147-148.

[39] 左征军.美国高校大学生理想信念教育对我国的启示[J].学校党建与思想教育,2019(5):91-93.

[40] 石海兵,王苗.培育和践行社会主义核心价值观常态化机制研究[J].学校党建与思想教育,2019(21):23-26.

[41] 颜怡.学生干部有效参与高校安全稳定工作探究[J].学校党建与思想教育,2021(2):70-72.

[42] 项久雨,范海群.青年理想信念教育常态化制度化的百年回顾与新时代推进理路[J].思想理论教育,2021(7):47-53.

后记

《新时代高校学生工作研究》终于和大家见面了,这一刻我倍感欣慰,这是我利用3年的时间对从事高校学生工作以来的研究成果进行认真梳理的成果。作为一名高校学生工作者,我始终牢记"为党育人,为国育才"神圣使命,在15年的高校学生工作中一直坚持围绕高校学生工作开展理论与实践研究,正是这样的坚持,让我的学生工作能力得到不断提高。当然,高校学生工作科学化水平的提升需要千千万万高校学生工作者一起努力。希望本书的出版,能够在促进高校学生工作者相互交流的过程中,带动更多的高校学生工作者围绕高校学生工作实践开展深入研究,从而更好地发现和应用高校学生工作规律,进而提升高校人才培养质量。

本书的出版得到了各方面的大力支持,在此对汪荣有、梁尔铭、肖发生、肖长春、黄坚亮、王玲、符杏如、刘健玲、李豪等的无私帮助表示衷心的感谢。

基于马克思主义理论与思想政治教育的学科背景和井冈山大学丰富的红色资源,我在大学生社会主义核心价值观教育、大学生传承红色基因、大学生励志教育方面的成果较为集中,其他方面的研究则相对零散。我于2024年6月出版了专著《高校辅导员职业化研究》,因此关于高校辅导员队伍建设的相关研究成果也不在本书中呈现。高校学生工作涉及的方面比较多,但由于我精力及水平有限,本书呈现的该领域的研究成果,难免挂一漏万,还请大家多多指正。

"在科学上没有平坦的大道,只有不畏劳苦沿着陡峭山路攀登的人,才有希望达到光辉的顶点。"希望能够与更多的同仁一起开展高校学生工作理论与实践研究,勇于登攀,不断提升高校学生工作的科学化水平。由于自身水平有限,本书难免有不足之处,敬请大家海涵和不吝赐教。